重庆市人文社会科学重点研究基地资助
西南大学马克思主义理论与思想政治教
育研究中心项目：
"20 世纪 60 年代的美国青年运动与美国
治乱之道"

高校社科文库
University Social Science Series

教育部高等学校
社会科学发展研究中心

汇集高校哲学社会科学优秀原创学术成果

搭建高校哲学社会科学学术著作出版平台

探索高校哲学社会科学专著出版的新模式

扩大高校哲学社会科学科研成果的影响力

张永红/著

20世纪60年代美国青年反战思潮研究

A Study on the Youth Antiwar Thought in America in 1960s

光明日报出版社

图书在版编目（CIP）数据

20 世纪 60 年代美国青年反战思潮研究 ／ 张永红著 . --北

京：光明日报出版社，2009. 11（2024. 6 重印）

（高校社科文库）

ISBN 978 - 7 - 5112 - 0469 - 1

Ⅰ. ①2… Ⅱ. ①张… Ⅲ. ①反战动运（美国）—研究 Ⅳ.

①D437. 12

中国版本图书馆 CIP 数据核字（2009）第 204350 号

20 世纪 60 年代美国青年反战思潮研究

20 SHIJI 60 NIANDAI MEIGUO QINGNIAN FANZHAN SICHAO YANJIU

著　　者：张永红

责任编辑：田　苗　　　　　　　责任校对：施凌波　王　莹

封面设计：小宝工作室　　　　　责任印制：曹　净

出版发行：光明日报出版社

地　　址：北京市西城区永安路 106 号，100050

电　　话：010-63169890（咨询），010-63131930（邮购）

传　　真：010-63131930

网　　址：http：//book. gmw. cn

E － mail：gmrbcbs@ gmw. cn

法律顾问：北京市兰台律师事务所龚柳方律师

印　　刷：三河市华东印刷有限公司

装　　订：三河市华东印刷有限公司

本书如有破损、缺页、装订错误，请与本社联系调换，电话：010-63131930

开　　本：165mm×230mm

字　　数：275 千字　　　　　　印　　张：14. 75

版　　次：2009 年 11 月第 1 版　　印　　次：2024 年 6 月第 2 次印刷

书　　号：ISBN 978 - 7 - 5112 - 0469 - 1 - 01

定　　价：68. 00 元

CONTENTS 目 录

第一章

引　言

1.1　选题背景和意义

在西方，"60 年代"是个特殊的词汇，有着特殊的涵义。就它的起止时间来看，理论界并没有形成一致的说法。美国学者乔治·F·维尔（George F. Will）认为，它的起始时间应该在 1963 年 11 月，也就是肯尼迪总统遇刺身亡的时候，因为这一事件粉碎了美国战后令人愉悦的氛围，"结束了美国的清白"。而它的终止时间是 1973 年 10 月，即赎罪日战争（Yom kippur war）的爆发和由此导致的石油禁运和石油危机。① 英国社会历史学家阿瑟·马威克（Arthur Marwick）在《六十年代》一书中将这个时间段划定为从 1958 年到 1974 年。我国学者许平认为，"60 年代"是指始于 50 年代末（以新左派运动的兴起为标志）、止于 70 年代初（以"黄金时代"终结、各种社会运动取得阶段性成果为标志）的历史时期，② 与阿瑟·马威克的划分较为接近。这几种说法的一个共同之处在于它们都认为"60 年代"的划分与一般的"年代"划分方法不同，表明历史意义上的年代有着特殊的内涵，并不完全以时间纪年为准。对这几种说法，我们较倾向于后面两种。因为"60 年代"在很大意义上正是伴随着"新左派"的产生而引起人们的关注并因此成为一个特殊的时代

---

① 参阅 Stephen Macedo, *Reassessing the Sixties*, （New York and London：W. W. Norton&Company, Inc., 1997），pp. 4～5. Yom Kippur 是犹太人的赎罪日。1973 年的赎罪日，埃及和叙利亚军队对以色列发动了突然袭击，以军措手不及，损失惨重。但以军随后利用其空中优势进行反击，迅速夺回了所失领土，最后甚至直逼埃及首都开罗。在这一战争中，美国和许多西方国家站在以色列一边。中东紧张局势导致了石油禁运，加上美国国内水门事件升温及经济形势急速恶化（高通货膨胀及高利率）等因素，美国股市受到压抑。

② 参阅许平等：《一场改变了一切的虚假革命》，上海，上海人民出版社，2004 年 1 月版，序言第 3 页。

的；况且，美国战后的愉悦氛围和"美国的清白"的结束也很难说是从 1963 年开始的，实际上，它在 50 年代末、甚至更早时候就开始了。这一点会在后文具体谈到。因此，本文除具体设定时间范围（如 60 年代初或 50 年代末 60 年代初等）的地方，其余凡本文作者指涉"60 年代"的地方，均指从 50 年代末期到 70 年代初期的历史时期。

"60 年代"是一个特殊的时代。在美国，有人将它看作是 20 世纪除 30 年代新政十年之外的又一个政治上伟大的十年。因为它们都为美国的民主传统做出了永久贡献。① 它虽然已经过去三十多年，但至今提起，还会在许多人心中激起强烈的情感冲动。对他们来说，"60 年代"并不遥远，因为今天生活中的许多内容、许多方面就源于那个时代。

60 年代的美国也像其他西方国家（法国、联邦德国、英国、意大利等）一样，出现了许多内在逻辑相同，但色彩缤纷、表现各异的事情，包括黑人民权运动、青年反主流文化运动、反越战运动、女权运动、环境保护运动、后现代思潮崛起等等。这些运动和思潮彼此影响，互相推动、延展，因而声势更为浩大，影响更加广泛，意义也更加深远。特别引人注目的是，在这些事件中，青年②充当了革命的主体，塑造明日世界的不再是传统的革命力量——产业无产阶级，而是全新的社会力量——青年、尤其是青年学生。以往一直处于社会边缘的青年，突然像火山爆发一样涌上历史的舞台，以一种全新的姿态和全新的反抗形式，展示自己的力量，其中的历史涵义耐人寻味。事实上，青年问题作为社会学和制定政策方面的一个概念，就是在 60 年代那些有声有色的特殊事件中形成的。1965 年，联合国大会通过了第一个有关青年的决议——《在青年中推广和平理想、人民间相互尊重和理解的宣言》。之后，1979 年，联合国大会 34/151 号决议《国际青年：参与、发展、和平》强调联合国不仅要更

---

① 参阅 Stephen Macedo （ed.），*Reassessing the Sixties*，（New York and London：W. W. Norton&Company, Inc.，1997），p. 143.

② 对青年的年龄界定目前尚无统一说法。国际组织的有关界定有：联合国教科文组织的界定：14～34 岁为青年人口（1982 年）；世界卫生组织的界定：14～44 岁为青年人口（1992 年）；联合国人口基金的界定：14～24 岁为青年人口（1998 年）。我国的有关界定有：国家统计局的界定：15～35 岁为青年人口（全国千分之一人口调查）；《团章》的界定：14～28 岁为青年人口。综合有关资料和依据，根据60 年代美国反叛青年的实际状况，本文中的"青年"大致是指年龄在 14～35 岁之间的人群，而以高校学生为主要的论述对象。这里考虑更多的不是青年的生理状态，而是他们的精神面貌。

加关注今日青年的作用和角色，同时还要关注青年人对明日世界的要求。① 80 年代初，联合国教科文组织提出的一份报告开头指出："必须彻底重新估量我们对青年的概念以及我们的青年政策，要把青年作为一个明确的活生生的实体来看待。"② 1985 年，联合国通过了《青年领域中的后续和深入的计划》，提出了"青年参与"和"青年政策"这两个今天为人们广为接受的概念。在一定意义上说，这些决议和政策的制订和出台，正是对 60 年代青年思潮和运动反思的结果。

历史告诉我们，一定时期社会上存在的诸多思潮和运动并不总是势均力敌、相互平行的，而往往会形成某种思潮和运动居于支配地位，其他思潮和运动处于非支配地位或被支配地位的局面。具有支配地位的思潮和运动虽然难以完全取代其他思潮和运动的存在，但作为一种思想观念的主导潮流，与处于非支配地位的思想观念相比，对人们的思想状况和政策决定起着明显和重要的作用。60 年代中期之后，反战成为最容易动员广大青年参与的、最具有普遍挑战性的运动。反战思潮成了美国政治生活的核心，所有其他的抗议内容都在反战主题的统摄之下展开，青年的力量也在其中得到充分的体现。这一思潮的发生和发展，有着极其深厚的社会历史根源。

二战后，美国经济大幅增长，"富裕社会"（affluent society）出现了。对于大多数美国人来说，温饱已经不再是一个迫在眉睫的问题。富裕社会使人们相信，不断的经济增长和发展了的教育会最终使人们解决所有社会问题。而另一方面，随着战后美国垄断组织的不断完善，美国逐渐发展成为一个"公司化的国家"。在这个国家中，权力结构中最有影响力的大商业机构开发可利用的一切自然和人的资源，而不去考虑这样做对于环境的污染和破坏，以及对人性的压制和扼杀。发达工业社会的强制力量将社会生活的一切方面都卷入到一场个人无法控制的疯狂漩涡中。而战后美国"军工复合制"的发展，不但没有使人们体会到经济繁荣的快乐，反而更加深切地感受到战争的阴影。这样，60 年代的美国社会产生了尖锐的矛盾：一方面是物质上的丰裕、闲暇时间的增多和随之而来的人们精神需求的增长以及强烈的探索人生真谛的愿望；而另一方面，则是资本主义的技术文明面对这些需求和愿望的无能为力。这个矛盾使许

① 团中央国际联络部编：《国外青年与青年工作》，北京，外文出版社，2004 年版，第 10、11 页。

② 联合国教科文组织编：《八十年代世界青年问题》，刘朴等译，北京，中国对外翻译出版公司，1985 年版，第 6 页。

多美国人感到压抑和不满，他们起而反抗这个"非人性"的工业社会。这样，在50 年代末和60 年代初形成了一股广泛的、反传统和反现代文明的社会思潮。在这种社会背景下，青年集聚着反叛的力量。青年反战思潮正是在这种情况下发生的。

而60 年代青年反战思潮最直接的诱因，则是美国的越南战争政策。越南原是法国的殖民地，1954 年法国势力撤出印度支那后，美国开始扶植吴庭艳出掌南方政权，目的在于支持南越作为一个独立国家的"义务"，以遏制共产主义在东南亚的扩张。美国占主导地位的国际政治理论就是共产主义将会造成的"多米诺骨牌效应"，会使得资本主义世界一败涂地。为了阻止所谓"共产主义狂潮的多米诺骨牌效应"，美国不惜一切代价，开始在全球范围内发动战争。在履行国际义务的旗帜下，对外推行霸权主义的侵略政策，对内搞法西斯式的"麦卡锡主义"，剥夺人民群众的民主权利，最终当然是为了满足军工集团的利益。在这一政策基调之上，美国在越南的政策从肯尼迪时期的"有限介入"发展到1964 年美国在越南南方发动"特种战争"失败后约翰逊政府提出的"战争逐步升级"的理论，大规模卷入了侵越战争。随着越战中双方伤亡人数的不断增加和越南人民的顽强反抗，南越的战局引起了国际社会的强烈关注，美国四面楚歌。美国人民也逐渐认识到，所谓的"圣战"不过是一场骗局，人们不禁开始思考"修正派"史学家对美国外交政策的怀疑，进而对外交政策背后的美国价值观产生了疑问。青年是越战最直接的受害者。在越战年代，美国约有2700 万男子符合征兵年龄，他们随时都有被征召入伍的可能，随时都可能在战场上丢掉性命，因此感受尤深。他们不仅为自己在越战中的命运担忧，而且开始意识到，美国政府所谓的"民族自决"、"自由民主"是虚伪的。这样，青年心中蕴藏的不可抗拒的反叛精神被战争激发出来。

60 年代美国青年反战思潮的影响是巨大而深远的，它不仅影响了当时美国的对外政策和社会生活，而且时至今日仍是美国政府制定对外政策的参照系，仍然深深影响着美国社会的思想观念和价值判断。但是，国内对这一思潮还缺乏全面而深入的介绍和讨论。原因在于，自20 世纪70 年代末以来，中国学人将其注意力主要倾注在政治改革和改良之类的问题上，对西方的研究则转向对西方资产阶级主流政治社会的研究，对西方政治思潮的介绍以自由主义和保守主义为主，而对西方左翼运动的关注锐减。然而，当我们步入21 世纪，回顾上个世纪的历史，审视今天的现实时，我们是无法漠视它的。今天研究这个课题的意义就在于：

第一，有助于我们认识资本主义社会矛盾，坚定社会主义的理想信念。二战后，资本主义发达国家经济上繁荣发展，但却并没能消除社会矛盾，事实上，资本主义社会的矛盾不仅表现为无产阶级与资产阶级之间的矛盾，而且表现为阶层之间、利益集团之间、种族之间、意识上激进与保守之间等纠缠交织的社会矛盾，以及资本主义条件下人与物、人与社会的矛盾关系。这告诉我们，认识资本主义社会不能以偏概全、一叶障目，更不能搞绝对化；我们既要承认资本主义取得的成就，不全盘否定，又要看到在其繁荣背后依然存在的不足和弊端，不能盲目崇拜。因此，通过对 20 世纪 60 年代美国青年反战思潮的研究，坚持一分为二地认识资本主义社会，有利于我们更理性、更准确地认识资本主义。这对于我们深刻认识社会历史发展规律，具有重要意义。

第二，有助于深化我们对当今西方资本主义国家、尤其是美国社会思潮和文化（包括反战思潮和文化）走向的理解；有助于我们对当代资本主义社会中批判资本主义的社会力量的把握；有助于深化我们对世界范围内第三世界的变动对发达资本主义国家影响的认识。在日渐"全球化"的今天，这一点将表现得更加突出。此外，60 年代青年思潮与"老左派"在思想上和政治上的冲突，也促使我们去思考如何从理论上和战略上对待资本主义社会的问题。研究它，可以增强我们在国际交往中的主动性、针对性和实效性。

第三，它对于维护我国的社会稳定、构建社会主义和谐社会具有重要意义。社会稳定既是重大的社会问题，也是重大的政治问题。它不仅关系到人民群众的安居乐业，而且关系到共产党执政地位的巩固，关系到国家的长治久安。党的十六届四中全会强调要加强党的执政能力建设，而党的执政能力中很重要的一点就是整合社会关系、解决社会矛盾、保持社会稳定的能力。尤其是，自十六大以来，我党提出了构建"和谐社会"的思想并做了相应部署，这更需要我们妥善协调社会各方面的利益关系，正确处理人民内部矛盾和其他社会矛盾，切实维护和实现社会公平和正义。青年是国家建设的重要力量，也是国家和民族的未来希望。他们的思想状况和精神状态如何，他们与社会的关系如何，不仅对当前的社会稳定和发展至关重要，而且还潜在地影响着国家未来的走向和面貌，影响着社会主义和谐社会的构建成效。而随着现代社会的发展和知识经济的成长，青年、尤其是掌握科学知识较多的青年学生更被推向社会的中心，成为影响社会运转和未来发展的重要一环。因此，正如江泽民同志指出的那样："青年兴则国家兴，青年强则国家强。青年的茁壮成长决定着我们民族和国家的未来。"① 在新世纪新阶段，随着社会的急剧变革、利益关系的快速调整，社会思潮趋于活跃，青年群体作为社会思潮不断兴起和传播的一个主要载体的特点也愈发突出，对青年思潮的研究也更显重要和紧迫。研究60 年代美国青年反战思潮，从中发现在现代化发展进程中影响青年思想状况的因素，恰当应对青年当中出现的新的思想、新的观念和新的行为，并给予他们正确的引导，消除一切不利于社会和谐稳定的因素，使青年成为社会主义现代化建设的积极推动力量，是一件具有重要现实意义的事情。

1.2　文献综述

1.2.1　该课题的国外研究现状

国外学者对20 世纪60 年代美国青年反战思潮的研究起步较早，而且也取得了一些成果。从资料收集的情况看，有关这方面的外文书籍和中译本在我国可以看到的就有大概五六十本，另外还可以从美国的《政治事件》（Political Affairs）等杂志及相关网站上发现一些对这一思潮的报道和评论。下面从几个方面简要介绍一下国外对这一思潮的研究状况。

1.2.1.1　思潮的实质

20 世纪60 年代美国青年反战思潮是当时美国青年运动的一个重要组成部分，对它的考察需要放在远比越战爆发和美国政府对越政策更为宽广的历史背景中进行，否则，对这一思潮的认识就会流于片面和肤浅。国外学者也正是将它放在大的历史场景中认识其实质的。

60 年代美国的青年思潮和运动为什么会发生？对这一问题，许多美国人（还有其他西方学者）在思潮和运动发生的当时就著书撰文予以评论。不过当时舆论界和出版界对此持否定态度的居多，而学生领袖和部分激进知识分子所发表的各种文章、宣传小册子和地下出版物，则为之助威呐喊，双方都带有浓厚的政治辩论色彩，较少学术研究的客观和冷静态度。

70 年代以来，这场运动对美国社会的影响及深远意义逐渐显露出来，对运动的研究也引起人们的普遍关注。学者们从各个角度、以各种方式来解释和分析这场运动，至今的研究已达到一定的深度。大体上说，学者们基本上从两

---

① 江泽民：《在纪念中国共产主义青年团成立八十周年大会上的讲话》，《人民日报》，2002 年5月16 日，第1 版。

个角度来分析其实质：一种是把它作为超社会形态的社会问题；一种则把它当作发达国家中的新型革命。

西方许多社会学家和心理学家将青年思潮和运动当作一种普遍存在的社会问题来看待。许多心理学家在解释青年思潮和运动时坚持了 2500 多年前亚里士多德对青年的描述：

"他们比较勇敢，因为他们浑身火气，满怀希望，前者使他们无所畏惧，后者使他们有胆量，因为发怒的人无所畏惧，希望有好结果的人有胆量。……他们心高志大，因为他们还没有遭受生活上的屈辱，还没有经受逼迫；……他们的生活受性格支配，而不是受理智支配……"①

上世纪初（或者可以追溯到 19 世纪末），资产阶级社会学家、心理学家对资本主义发展出现的衰颓情势作出了种种臆测，发展了这种观点。美国机能主义心理学家荷尔在他 1904 年发表的两卷本巨著《青年期》中，认为激进是青年的一种本能：青少年"现在变得难以驾驭，执拗不驯，充满反抗精神，而且抑制不住对周围的风俗习惯和人物的极其高傲的优越感。……年轻人觉得世界混乱无章，……对于他的初具雏形的理智来说，他很想对那些似乎不合于真善美的东西加以怀疑、抛弃，并亲自予以改造。"② 德国社会学家齐美尔从文化冲突理论出发，认为青年的人生态度使他们"几乎对一切形式都采取貌视态度；青年反抗运动的社会心理根源在于青年标新立异的企望"。③ 在《代际冲突：学生运动的特征和意义》一书中，路易斯·福厄认为青春期和成熟期心理上的不一致是导致代际冲突的首要根源。他指出，没有一个社会能把其中的各种心理形态塑造得完全符合其物质和经济的需要。这样，那些不仅独立于社会经济基础，而且实际上与社会制度所要求的经济道德相悖的心理动机就成为历史发展的主要动力。④ 这种解释看到了青年思潮和运动的心理根源，但没能深入揭示其社会根源，在认识上流于表面。

对于 60 年代青年反叛思潮和运动的解释，有一种颇具代表性的观点，即"代沟说"。它认为，急剧的社会变迁以及它所造成的两代人之间的不同感受，

① 《罗念生全集》（第 1 卷），上海，上海人民出版社，2004 年 6 月版，第 242 页。
② 参阅张述祖等审校：《西方心理学家文选》，北京，人民教育出版社，1983 年版，第 122～132 页。
③ "青运辞典"之"青年运动理论"条目，《青年运动论丛》，1989 年第 1 期，第 60 页。
④ 参阅 Lewis S. Feuer, *The Conflict of Generations: the Character and Significance of Student Movements*, (New York and London: Basic Books, Inc., Publishers, 1969), p. 4.

是青年反叛的根源。通俗地说，就是代沟产生了青年运动。由于战后发达资本主义社会的急速发展，使代沟以青年运动这种极端的形式表现出来。持这种观点的代表人物是玛格丽特·米德。她指出，现代社会令人目眩的变化速度使得新一代以全新的眼光对他们的所见所闻进行思考和判断，去审视一个以前从未有过的世界；他们痛斥他们所受到的控制，就像是在一个新国家中出生的第一代人那样。在他们看来，"老年人使用的工具很蹩脚，既不好用，工作成果也不稳定"，尽管他们不知道怎么办才好，"但却觉得一定会有更好的办法。"于是，整个世界都"处于一个前所未有的局面之中，年轻人和老年人——青少年和所有比他们年长的人——隔着一条深沟在互相望着。"她并且认为，这种代与代之间的断裂是全新的：它是全球性的、带有普遍性的。正是这种断裂导致了青年对上辈的反叛。① 实际上，早在1940 年，金斯利·戴维斯在分析代际冲突时就提出过类似的观点。他认为：

"与大多数社会相比，现代文明的急速变迁容易增加父辈和青年间的冲突，因为在快速变迁的社会秩序中，代际时间差……变得极具历史意义，因而在一代人和下一代人之间产生了裂隙。……在此条件下，青年在不同于父辈的环境中成长；从而父辈显得守旧，青年变得不服管教，冲突产生了……"②

总之，"代沟说"将青年的反叛行为理解为两代人在具有极其不同的经历的条件下产生的一种极端表达方式。

这几种观点在西方很流行，具有一定的科学依据。但这几种解释显然只片面地注意到青年个体的心理特征和社会心理特点（并且往往注重于其消极方面或某些带有极端性质的特性），因此，它们对青年思潮和运动的理解，或者是把它看作青年追求自己独自天地的思潮和运动，或者把它等同于一般的社会文化现象。这显然不符合青年思潮和运动发展的历史事实。把60 年代的美国青年思潮和运动说成是单纯作为一种代沟的极端表现形式或者青年心理特征的行为表现，也显然贬低了这一思潮和运动的历史意义。

在这一点上，理查德·弗拉克斯、兰登·琼斯和查尔斯·莱克等人在认识上前进了一步。理查德·弗拉克斯是从社会自身的矛盾冲突上解释这种思潮和运动的。在《青年与社会变迁》一书中，他指出："当人们政治改革运动软弱

---

① 参阅［美］玛格丽特·米德：《代沟》，曾胡译，北京，光明日报出版社，1988 年1 月版，第75、6、66 页。

② Kingsley Davis, "The Sociology of Parent-Youth Conflict," *American Sociological Review*, Vol. 5, No. 4（Aug. , 1940）, p. 523.

的时候，下一代的反抗是有可能出现的。"反抗的冲击力，"是美国社会化危机的一种结果，但其中的偏激化则要归因于，由于现存的力量不足以促进有效的社会改革，青年的亚文化必然孕育出偏激化的情绪。"他并且结合反战思潮指出："大学里的行动人物日渐把越战及军事至上的行动看成是国内社会改革的主要绊脚石。"① 兰登·琼斯表达了同样的观点。他说："年轻人的真正斗争不是同父母进行的，而是同那个不能容纳他们的社会进行的。"② 查尔斯·莱克在《美国的返青》（*the Greening of America*）一书中则将社会意识分为三种。第一种意识是指存在于 19 世纪的农民、小商人和工人中的美国传统的中产阶级价值观，它已成为时代的错误；第二种意识是指美国官方倡导的价值观，它是人的解放的真正敌人；第三种意识是青年意识，就是他所说的新的意识。这种意识形成于个体摆脱了社会加于的"虚假意识"之时，其根本是人的解放。他认为，新的意识是两种力量相互作用的结果：一种力量是丰裕、技术、解放和理想所呈现给青年的美好前景，另一种是社会丑恶、烦人的工作和战争、核灾难对这一前景的威胁。理想和现实的冲突导致了青年反叛意识的生成。

另有一些激进的理论家从社会变革和社会进步的角度解释这种思潮和运动。西方马克思主义者和新左派理论家甚至把青年运动作为在发达资本主义社会中进行革命的形式。他们认为在发达国家中，青年、尤其是学生成了革命的主力军和先锋队，青年人盲目的、无政府的、破坏性的以及反主流文化的反叛是推翻现存资本主义制度的最有力形式。在大规模青年思潮和运动形成之前就有少数知识分子提出这种看法，如诺曼·梅勒（Norman Mailer）1957 年写的《白种黑人》和保罗·古德曼（Paul Goodman）1960 年写的《荒诞的成长》。青年思潮和运动的蓬勃发展使这种观点的影响越来越广泛，60 年代的研究著作都或多或少地受到这种看法的影响。这种观点最著名的代表人物是马尔库塞。这些理论家和学者充分肯定了青年对现存体制的批判和对新理想的追求，高度评价了青年思潮和运动对于探索一条适合于发达国家的革命道路的实验性意义。但他们过高估计了青年的作用，对运动的评价主观色彩浓厚。运动衰落之后，这种观点越来越缺乏说服力。

根据历史唯物主义观点，我们认为，青年思潮和运动是与一定社会历史阶

---

① ［美］理查德·弗拉克斯：《青年与社会变迁》，李青等译，北京，北京日报出版社，1989 年 4 月版，第 84、83、79 页。

② ［美］兰登·琼斯：《美国坎坷的一代》，贾蔼美等译，北京，社会科学文献出版社，1989 年 7 月版，第 80 页。

段的社会经济、政治、思想、文化状况相联系着的青年社会群体的整体动向。它的产生，既根源于深刻的社会历史原因，又充分体现了青年已达到与人的社会属性充分同化，成为社会运动中的一部分不可分割的重要认识和实践力量的状态。它是青年充分认识和改造社会客观存在的过程，是青年从"自然人"过渡到"社会人"的重要形式和体现，是青年社会化过程的集中表现形式。

1.2.1.2 思潮的状况

对思潮发展状况的介绍和评述较多，比较有代表性的著作有：理查德·弗拉克斯的《青年与社会变迁》、兰登·琼斯的《美国坎坷的一代》、大卫·法伯（David Farber）的《大梦的年代》、朱尔斯·阿彻（Jules Archer）的《不可思议的60 年代》、马克·贾森·吉尔伯特（Marc Jason Gilbert）的《校园里的越战》（其中对校园保守主义群体的表现作了一定的介绍）、西摩·马丁·李普塞特（Seymour Martin Lipset）的《大学里的反叛》（其中对参加人员特征和发生地特征作了一些探讨，但不够系统和深入）、阿兰·马图索（Allen J. Matusow）的《美国的分散》以及维利斯·鲁狄（Willis Rudy）的《危机中的校园和国家》等。这些著作都是从宏观上对思潮作出评介的。

还有些作者对思潮作了微观上的研究，如本杰明·维洛奇（Benjamin Weihrauch）在《一项对威斯康星州立大学——拉克鲁斯市反越战运动的调查，1965～1973》一文中分析了威斯康星州立大学的反战运动与全国范围的反战思潮和运动的联系，并指出其非暴力的特征。① 这种微观分析方法有助于我们深化对思潮复杂性的认识，与宏观研究方法相辅相成。

在介绍反战思潮时，许多作者都谈到了青年反战的原因，如在《和平? 或者失败?》中，詹姆斯·韦伯（James Webb）回顾了60 年代激进反战青年的言行，说明他们在越战期间希望美国失败，这是因为在他们看来，美国是"邪恶的力量"，② "美国的失败会削弱各地的压迫"。③ 可见，他们反战是因为战争的非正义性。这种观点带有普遍性。但青年反战不仅仅出于这一个原因，而且还有维护自身权利的考虑，它是青年理想主义与现实主义共同作用的结果。

---

① Benjamin Weihrauch, "An Examination of the Vietnam Antiwar Movement at Wisconsin State University-La Crosse, 1965 ～ 1973," pp. 151 ～ 183, http: //murphylibrary. uwlax. edu/digital/jur/2002/weihrauch. pdf.

② James Webb, "Peace? Or Defeat?" *The American Enterprise*, May/June, 1997, p. 48.

③ Ibid. , p. 49.

1.2.1.3　思潮的影响

在《六十年代》中，特利·安德森（Terry H. Anderson）援引《生活》上的一段话说："这些爆炸性的年代将继续进入 70 年代，不可能预测得出它们何时结束。"① 说明了这一思潮和运动影响的久远。亚历山大·布卢姆（Alexander Bloom）在《久已逝去的岁月》一书中表达了同样的意思。他说："对美国人来说，那十年结束之后三十年，60 年代依然活着。"② 他认为，60 年代对美国政治和社会仍有巨大的影响，因此有研究它的必要。

对这一思潮和运动的影响，学者们主要是从两个方面论述的：一是对美国政府内外政策的影响；二是对美国人的思想观念和美国社会意识的影响。特利·安德森指出：

"单独的反战运动没有结束美国在越南的参与，但它引导公民摆脱了冷战忠诚，引发和集中了公众反抗，并影响了约翰逊和尼克松总统。"③

在《60 年代的社会运动》中，斯迪尔特·波恩斯（Stewart Burns）也指出：

"尽管在某些方面走得太远或不够远，但这些运动改善了美国社会。"这种改善表现在："尽管实际参加者只是一小部分人，但美国的反越战运动是世界历史上最强大的和平动员……""通过教育和直接行动，它发动并且明显地集中了大多数公众的反抗，这种反抗结束了这个国家最长的战争。""十年和平之战的成功带来了一个美国没有大的战争的较长时期，尽管隐秘的干涉没有停止，世界和平仍是一个梦想。"④

这可以说是第一种观点的代表。

就思潮和运动对美国人的思想观念和美国社会意识的影响，莫里斯·迪克斯坦在《伊甸园之门》中有所论述：

"我们在 60 年代获得了许多有益而难忘的教训，其中之一便是切勿轻信标榜客观的姿态。当我们听到至理名言时，我们想知道是谁在讲话。当理智的声音在发言时，我们往往会问是什么下意识的需要在起作用。当我们考察社会或经济结构时，我们想知道它是在为谁的利益服务。""我们的怀疑和批判的

①　Terry H. Anderson, *The Sixties*, （New York：Longman, 1999）, p. 181.

②　Alexander Bloom, *Long Time Gone*, （New York：Oxford University Press, 2001）, p. 3.

③　Terry H. Anderson, *The Sixties*, （New York：Longman, 1999）, p. 219.

④　Stewart Burns, *Social Movements of the 1960s：Searching for Democracy*, （Boston：Twayne Publishers, 1990）, pp. 11, 162.

思想习惯仍证明是60 年代最经久不衰的遗产之一。"①

特利·安德森也认为，这一思潮和运动"失去了每场战役却最终赢得了战争——一场对美国思想，尤其是其灵魂发动的战争。"② 在《美国的苦难经历》中，查尔斯·狄班尼丹迪（Charles Debenedentti）表达了同样的观点：

"政治怀疑是60 年代的一项遗产"，"许多人，包括学生，今天正在将美国变成一个更公正和人道的社会，实际上，大学仍是许多政治行动主义的场所。"③

在分析了60 年代反战思潮对之后的美国反战意识和思潮的影响后，亚当·卡冯考（Adam Garfinkle）在《揭露的心》中得出结论，越战和反战运动是政治修正的温床，并且，反战运动为修正现代政治的多元文化主义留下了内在的反美主义这一遗留物。在客观上，这使美国政治的一致性受到挑战。这有助于我们认识当今美国社会中的反战力量及其渊源，有助于我们认识西方国家的和平民主力量，为团结一切可以团结的力量反对战争、争取世界和平提供了新的视角。

总之，国外学者从不同的方面、站在不同的立场对60 年代美国的青年反战思潮和运动做了多方面的介绍和论述，取得了一定的成果，但其中也有不足之处。这主要表现在这样几个方面：第一，长于对思潮和运动的过程和现象的介绍，在理论分析和规律的把握上比较欠缺；第二，某些方面的研究还显不够（如在对反战青年主流化的研究上）；第三，由于所处立场和个人思想倾向不同，在对思潮和运动的认识上缺乏站在马克思主义立场上看问题的全面性、客观性和公正性。

1.2.2 该课题的国内研究现状

就国内的研究情况看，我国对上世纪60 年代美国青年思潮、包括青年反战思潮的研究还很不够，只有为数不多的学者和作者论述或涉及到这个问题。

---

① ［美］莫里斯·迪克斯坦：《伊甸园之门》，方晓光译，上海，上海外语教育出版社，1985 年8 月版，第248、250 页。

② Terry H. Anderson, *The Sixties*, (New York：Longman, 1999), p. 219.

③ Charles Debenedentti, *An American Ordeal*, (Syracuse University Press, 1990), p. 42. 行动主义（activism）是指一些青年由于不满现状，而又颇具责任感，所以力图通过实际行动，比如静坐、游行、演讲、暴力等方式来反抗现有社会的一系列活动。与行动主义者相反，相当一部分受到存在主义思潮影响的青年在令人失望的现实面前，感到失落，感到无能为力，于是，他们采用吸毒、群居、逃往国外等形式来回避现实。由于信仰危机而出现的种种消极对抗就是青年反叛中的逃避主义。一些厌恶越战的青年选择加拿大、法国、瑞士和墨西哥等国家作为躲避兵役之所，就是逃避主义的一种表现。

现简介如下：

　　陈嘉放等人在《文明与暴力》一书中对学生思潮的表现和一些派别的情况做了一定的介绍，他们并且指出："在中国走向现代化的进程中，美国不仅将提供一些重要的技术和资金，而且是许多重要领域里的参照物。"① 说明了研究西方青年思潮的重要性。在《西方新社会运动初探》中，奚广庆等对青年反战运动的经过做了简要的介绍。另外，张友伦等在《美国历史上的社会运动和政府改革》中对"五二运动"、"全国越南考试"、新左派的"工人阶级理论"等涉及青年反战思潮的内容做了一定的介绍。他们还指出："那种把美国社会理想化，把它看成是无冲突，或者是协调一致社会的看法，或者夸大美国社会矛盾，否认美国社会自身调节能力的观点都是不正确的，都无助于我们正确了解美国的历史和社会。"② 这为我们研究美国青年思潮提供了方法论指导。

　　在近几年问世的研究60年代西方青年思潮和运动的著作中，较有代表性的是许平等人所著的《一场改变了一切的虚假革命》和沈汉等人所著的《反叛的一代》。这两本书较全面地介绍了60年代西方各国青年运动、尤其是学生运动的历史背景和主要表现，让我们看到在60年代西方青年思潮的研究上中国学者取得的可喜成绩。但由于它们是对这场运动全景式的描述，涉及面较广，因而具体到每一个问题上既着墨不多，在理论分析上也有待深入。

　　专门研究60年代美国青年反战思潮的学术论文很少，但有些文章对我们理解青年反战思潮有所帮助。沈汉在《20世纪60年代西方学生运动的若干特点》一文中概括了20世纪60年代西方大规模的学生运动极端"左"倾政治化和深受外部因素影响等特点，说明了"这次运动的特殊历史地位"。③ 徐飞著文《美国青年文化？让伍德斯托克告诉你》对1969年发生在伍德斯托克的摇滚狂欢节和1994年的摇滚狂欢节作了比较，发现1994年的美国青年对弘扬60年代反文化的"伍德斯托克"精神毫无兴趣，持激进政治态度的青年人数已大为下降。青年文化逐渐失去了其反文化的蕴涵而成为与美国主流文化和睦相处的中性文化。④ 他从一种"现象"在不同时期的不同内涵说明了美国青年

---

① 　陈嘉放等著：《文明与暴力》，成都，四川人民出版社，2003年3月版，总序第8页。
② 　张友伦等著：《美国历史上的社会运动和政府改革》，天津，天津教育出版社，1992年2月版，第2页。
③ 　沈汉：《20世纪60年代西方学生运动的若干特点》，《史学月刊》，2004年第1期，第80页。
④ 　徐飞：《美国青年文化？让伍德斯托克告诉你》，《青年研究》，1995年第7期，第47、49页。

文化的变化，具有一定的说服力，但在对这种变化的原因分析上则显不足。

研究和涉及 60 年代美国青年反叛文化的硕士学位论文有陈少羽的《六十年代的美国反叛文化》（从内容、形式、社会历史原因等方面对青年反叛文化作了分析和论述）、程魏的《六十年代研究》（从文化、主要是文学的角度作了研究）、史晓玲的《美国六十年代反文化运动透视》以及夏岚的《六十年代美国反主流文化运动中的个性表现问题》等。这些论文对于我们了解 60 年代青年反战思潮的发生背景不无帮助，但在理论分析上有待进一步深入。

此外，在 60 年代的《人民日报》、《中国青年报》等报刊上也有一些对美国青年思潮和运动的介绍性和评论性的文章，由于时代和文章写作目的的原因，这些文章大多具有鲜明的政策导向性，而较少学术研究的严谨性和深刻性，但这些文章有助于我们对当时事件的了解和认识。另外，在《国际问题研究》、《青年研究》等刊物上也有少量评介性的文章。

总的看来，国内对这一课题的研究存在这样一些不足：第一，对问题的研究大多停留在表面化、现象化的阶段，缺乏较为深入的理论探讨；第二，对许多问题缺乏研究、研究不多或不够全面（如在研究思潮流派时，往往只提及"新左派"一个派别，对其他派别则少有涉及）；第三，缺乏"研究国外青年思潮，为我所用"的意识，往往将重点放在现象的介绍上，而不重视思潮规律的总结及其对我们的启示，因而在很大程度上使研究缺乏明确的落脚点和目的性，削弱了研究的意义；第四，研究方法单一，长于历史叙述，疏于对历史学研究和社会学研究、整体研究和个案研究等方法的综合运用。这些不足，正是本文力求克服的。

1.3 研究目的、内容及方法

1.3.1 本课题研究的主要目的

本课题通过对 20 世纪 60 年代美国青年反战思潮的描述和分析，旨在探讨这一思潮的发展脉络、表现、根源以及青年思潮与社会发展的关系等，力求从中发现这一思潮的特征，揭示思潮的发生背景和青年思潮的实质，从而使我们更好地认识青年思潮的发生、发展规律，把握应对青年思潮的方式、方法；在此基础上，进而审视我国青年思潮的现实状况，以史为鉴，加深对我国青年思潮的认识和理解，以利于我国的青年思潮引导工作，从而达到化解社会矛盾、整合青年力量的目的。

1.3.2 本课题研究的主要内容

本文共分六章：第一章是引言，第六章是结论，文章的主体部分共四章。

引言部分主要是对课题研究意义、研究现状等的阐述。第二章是对 20 世纪 60 年代美国青年反战思潮的总体描述，目的是对这一思潮的发生、发展和表现等有一个比较全面的把握，为下文的分析和论述打下基础。第三章着重分析美国的战争政策与反战思潮的关系，旨在揭示战争对青年的重大影响以及青年对此的反应，并进而透过引发青年反战思潮的直接的、"偶发"的因素（战争）发现影响青年思潮的"恒定"因素。第四章是对影响青年反战思潮的深层社会因素的分析，目的在于揭示青年思潮表现形态的"偶然性"和思潮发生的必然性之间的关联。通过本章分析，可以加深我们对青年思潮发生规律的认识，是对青年反战思潮认识上的进一步深化。第五章分析政府和社会应对青年思潮的不同态度和策略对思潮产生的不同影响，旨在揭示实现反叛青年主流化的社会原因，从而为我国的青年工作提供有益的借鉴。结论部分是对前几章内容的总结，同时在此基础上提出做好我国青年工作的建设性意见。本课题的每章内容既有一定的独立性，各章之间又有着紧密的联系，它们从不同的角度和侧面服务于认识青年思潮规律、做好青年思潮引导工作、维护社会和谐稳定这个中心论题。

1.3.3 本课题研究方法

本课题在马克思主义理论指导下，将综合运用以下一些研究方法：

第一，文献分析法：通过对文献的大量占有和消化，从中发现思潮的发展脉络和规律。

第二，历史研究法：通过对相关社会历史过程的史料的分析、破译和整理，认识反战思潮的过去，探求反战思潮的发展过程和人们对它的认识过程，而不是单纯地描述具体的历史事件或历史人物的活动。另外，运用历史研究法就是要把历史事件、人物放在特定的历史背景中考察，作出客观、公正的分析和评价；对概念的涵义，也要放在特定的时空中予以界定。

第三，分析归纳法：通过对思潮各种因素的分解和对典型个案的分析，使我们看清其内部的构成和运动规律，从而获得对事件、人物和思潮的清晰认识；在分析阶段的清晰认识后，再通过对各个部分的归纳、结合，从整体的意义上解释思潮。这样就会使我们认识到思潮的全貌。

第四，比较研究法：本课题在许多情况下都要运用到这一方法。例如，美国青年反战思潮在 60 年代前就有所表现，因此，在对 60 年代青年反战思潮进行研究时，不可避免地要运用比较研究的方法，对青年反战思潮作出纵向的对比，以突出这一思潮的特点，加深对它的认识；研究这一思潮的一个出发点是为了在面对我国的青年思潮时有所借鉴，这就需要我们将这一思潮与我国青年思潮发生的相同的和不同的历史背景和社会条件作出分析比较；等等。

此外，本课题还将运用社会学和青年学的相关理论，用以解释和说明青年思潮中的现象和规律。

1.4　本章小结

本章对选题的背景、意义及研究现状等作了说明。对于美国 20 世纪60 年代的青年反战思潮，人们一般将研究重点放在思潮的表现和事件的描述上，本文则主要从有利于社会稳定的视角出发，着重研究青年反战思潮发生、发展的规律，解决战争如何导致了青年反战思潮、什么是青年反战思潮的深层根源、如何应对青年思潮以尽量减少其对社会的消极影响等问题。

第二章

20 世纪 60 年代美国青年反战思潮概况

本章着重分析思潮的概况、思潮的流派和激进反战青年所具有的特点，旨在揭示思潮的全貌，为下文的进一步分析打下基础。

2.1 60 年代美国青年反战思潮发展概况

2.1.1 60 年代前的青年反战思潮简述

美国青年争取和平、反对战争的思潮和运动并不是 20 世纪 60 年代才出现的独特现象。实际上，它的历史相当悠久。但是，之前的青年反战思潮无论在规模、持续时间还是影响上都无法与发生在 60 年代的反战思潮相比。下面简单回顾 60 年代前的青年反战思潮，以突出 60 年代青年反战思潮的独特之处。

早在南北战争时期，美国青年学生就参加过反征兵运动，但在 1900 年前，美国还没有出现有组织的学生运动团体。一战初期，许多美国大学生采取孤立主义的立场，对于联邦政府的校园军事训练计划——"后备役军官训练团"计划（Reserve Officers Tranings Corps），多数学生表示反对。当美国最终于 1917 年对轴心国宣战后，针对美国重整军备和参加一战的问题，成立于 1905 年的"校际社会主义社会"（ISS）组织的成员产生了极大的分歧，青年们在战争问题上持有不同的立场。1918 年到 1919 年，威尔逊政府的司法部长米切尔·帕尔玛（Mitchell Palmer）和他的特别助手、后来的联邦调查局局长胡佛乘机向美国公众渲染反共的"红色恐惧"（the Red Scare），并对美国的左翼势力进行了无情的镇压。这大大抑制了青年反战思潮的发展，许多自由主义和激进的知识分子对战争问题感到迷惑。"校际社会主义社会"组织虽然不支持战争，但也没有对其进行谴责；"青年社会主义联盟"（YPSL）坚决反战，但战争还是夺去了其大批成员的生命。总的来看，这时反战还没有成为青年中占主导地位的思潮，反战的声音比较微弱，力量也极其有限。

20 世纪30 年代，美国青年生活在战争的阴影当中，反战成为校园里最重要的问题。在美国的许多大学里，成千上万的学生参加了运动。尽管涉及战争的学生运动最终没有成功，但却第一次得到了校园内外公众的支持。1934 年，全国学生联盟（National Student League）在美国加入一战纪念日这一天举行了一个小时的全国学生反战罢课；在 1936 年的反战罢课中，有近一半的美国高校学生参加。一项由"校际裁军理事会"在 1931 年所做的民意测验表明，在 70 所大学的两万多名被访学生中，39% 的人称不会参加战争，33% 的人声明只有在美国遭受入侵时才会参加战斗。① 布朗大学的《先驱日报》（Daily Herald）对 65 所大学的近 22000 名学生进行了民意测验，在做出回应的 15636 名学生中，约 50% 的人称只有在美国遭到入侵的情况下，他们才会拿起武器。②

随着二战的开始，美国青年运动有所衰落。由于成人激进运动在战争和与之相关的外交政策问题上的分裂，青年中的激进反战分子理想破灭，变得迷茫起来，而其他激进分子和自由主义者则投身到寻求集体安全的运动中，他们反对法西斯主义，支持同盟国的事业。1941 年美国卷入二战后，许多青年学生自愿或应征入伍，尤其是随着"珍珠港事件"的爆发和大批男青年加入战争，大学人数减少了近三分之一，校园行动主义随之结束。二战结束后，尽管美国国内有些组织（如"争取工业民主学生联盟"、"美国青年争取民主组织"等）想努力恢复学生运动，但收效甚微。这时较有影响的战后学生组织是那些要求持久和平的组织。在这些组织的成员中，有许多是从战场上回来的老兵，他们急切地想要完成学业、安心工作。此时，一个叫做"联合世界联邦主义者"的组织在校园里得到了短期的支持。这个组织从事了各种旨在使美国放弃国家主权并加入世界政府的教育计划。尽管这些组织没有提出明确的反战主张，甚至带有明显的理想主义色彩，但它们都表现了爱好和平、反对战争的思想倾向。

朝鲜战争期间，美国青年并没有表现出后来在 60 年代越南战争时期那

---

① Gerard J. Degroot, *Student Protest*: *the Sixties and after*, (London and New York: Longman, 1998), pp. 18 ~ 19.

② 参阅 Philip G. Altbach and Robert S. Laufer, *the New Pilgrims*: *Youth Protest in Transition*, (New York: David McKay Company, Inc., 1972), p. 21.

样的反战热情。1953 年的一项民意测验表明，26% 做出回应的学生坚决反对战争，而 36% 的学生对此持有极大的保留意见。① 那时也没有什么组织去动员反战情绪，因此在朝鲜战争的问题上，校园里基本上是沉默的。这与当时美国的经济文化氛围，以及国内外政治环境是密切相关的。后文将对此作出解释。

总的看来，20 世纪 60 年代前的青年反战思潮具有这样几个特点：首先，在这一时期，青年反战思潮和运动与成人政治运动密切相联，并往往从成人运动那里得到指导，青年的独立性表现还不明显。其次，此时的青年反战思潮和运动往往采取非暴力和合法的行动策略，而很少表现为大规模的暴力抗争。再次，此时的青年反战思潮和运动并没有多少反文化的色彩，对于青年们来说，他们关注的只是战争本身，对于与之相关的其他社会问题则较少思考和关心，他们也没有尝试打破社会的现状。这与 60 年代的反战青年有所不同：他们在很大程度上避免了这些"束缚"，因而表现得更为激进。

2.1.2　60 年代青年反战思潮的表现

20 世纪 60 年代的青年反战思潮是随着越南战争的爆发和逐步升级发生和发展的，它是由青年掀起的美国历史上规模最大的反战思潮。这时，反战青年的政治思想或意识形态方面的想法走出了理论的圈子，进入到行动的洪流当中。60 年代的青年诞生于二战末期或二战刚刚结束的时候（二战之后美国遭遇的那个生育高潮出生的一代被称为"baby boomers"，即"婴儿潮"的一代），中间经历了朝鲜战争，60 年代又遭遇了越南战争，因此，在他们的成长过程中，"战争像幽灵一样追随着他们。"他们痛恨战争，意识到"美国的原子弹随时可能把他们和他们的朋友送进地狱。"② 战争的威胁以及 60 年代美国复杂的社会背景使得大批青年走上了反战的道路。

这一时期的美国青年反战思潮有一个显著特点，就是它的潮起潮落随战争进程的变化而变化。当战争规模不大、烈度较小的时候，思潮就表现得相对温和；当战争升级，烈度较大时，思潮就表现得相对激进。就美国介入越南战争

---

① Edward Suchman, Rose K. Goldsen, and Robin Williams, Jr., "Attitudes toward the Korean War," *Public Opinion Quaterly*17 (1953): 173, 182. 转引自 Philip G. Altbach and Robert S. Laufer, *The New Pilgrims: Youth Protest in Transition*, (New York: David McKay Company, Inc., 1972), p. 26.

② 张友伦等：《美国历史上的社会运动和政府改革》，天津，天津教育出版社，1992 年 2 月版，第 310 页。

的起止时间看，美国官方的国会图书馆有关美国介入的主题标题是《越南冲突，1961～1975》，表明这个时间段是从 1961 年到 1975 年。① 伊格南希尔·拉默尼特（Ignacio Ramonet）也指出，越南战争从 1961 年到 1975 年延续了 14年。1960 年 12 月，越南全国解放阵线成立。1961 年初，肯尼迪将特种部队投入到战争中，违反了 1954 年的《日内瓦协议》。随着林登·约翰逊和理查德·尼克松的当政，战争逐步升级，直到 1975 年 4 月 30 日南越政府和军队的垮台。② 但对许多参战者来说，这场战争始于 1965 年 3 月第三海军团的岘港登陆，终于 1972 年 8 月第二十一步兵部队陆军第三营的撤离。③ 因为这个时期是越南战争真正对美国产生影响并成为美国"国内战争"的时期，而反战思潮也主要凸现于这一时期。

60 年代的青年反战思潮大致可以分为四个阶段，即初起阶段、发展阶段、高潮阶段和逐渐衰落阶段。

2.1.2.1 初起阶段

直到 1964 年末，美国在越南的人员仅有 23300 人，战争还主要是越南的内战。因此，1965 年前美国的公开反战示威规模较小且为数不多。这时，人们的注意力主要集中在自由主义者领导的民权运动上面，越南战争还没有进入大多数人的视野。尽管如此，反战思潮还是露出了端倪。

1963 年 3 月，有 55 名知名人士向白宫发出公开信，要求肯尼迪接受民主党议员曼斯菲尔德、专栏作家利普曼和法国总统戴高乐等人通过南越中立化结束战争的意见。这封信刊登在报刊上，产生了较大的影响。8 月，美国发生了抗议南越吴庭艳政权迫害佛教徒④的游行示威。之后，主要由激进的和平主义者组织的反对干涉越南的小规模抗议时有发生。9 月，"理智核政策全国委员

---

① Greta E. Marlatt, "Reseaching the Vietnam Conflict through U. S. Archival Sources," *Journal of Government Information*, Vol. 22, No. 3 (1995), p. 195.

② Ignacio Ramonet, "Show Us the Truth about Vietnam," http: //mondediplo. com/2000/04/ 15vietnam? var_ recherche = Show + Us the + Truth + About + Vietnam.

③ Greta E. Marlatt, "Reseaching the Vietnam Conflict through U. S. Archival Sources," *Journal of Government Information*, Vol. 22, No. 3 (1995), p. 195.

④ 1963 年 5 月 8 日，一场为纪念佛主诞生的庆祝活动在顺化举行。由于西贡政权禁止陈列佛教旗帜，这次活动演变为反对西贡政权的示威游行。在此过程中，南越军队和民兵镇压了示威者，并造成人员伤亡。为表示抗议，6 月 11 日，佛教界德高望重的广德和尚在西贡闹市街头自焚身亡。由于佛教协会提前通知记者到场，这一事件在全世界，包括在美国国内引起巨大震动。后来，又有一些和尚相继效仿。佛教危机暴露出西贡政权与非共产党反对派矛盾的加深，最终使美国下决心推翻吴庭艳政权，中途换马。

会"（即 National Committee for a Sane Nuclear Policy，简称 SANE）公开要求美国从越南"脱身"，但它没有发起公开的抗议，而且之后其观点也变得更为温和。

此时，青年的力量也开始展现出来。1963 年 10 月，"学生和平联合会"（Student Peace Union，即 SPU）和"学生争取民主社会组织"（Students for a Democratic Society，简称 SDS）的激进学生组织了对吴庭艳的弟妹访美的抗议。1964 年 4 月，老左派在纽约办的报纸《国家保卫者》（*National Guardian*）上登载了 87 名大学生因美国介入越南而抵制服兵役的誓言。许多自由主义出版物因其签名者都自称是左派分子而拒绝刊载这份公告。5 月，一位名叫菲利普·卢斯（Phillip Luce）的人将一份类似的公告刊登在了《纽约先驱论坛报》上，其中有 149 名男子发誓决不应征去越南。5 月 2 日，一个自称"五二运动"（M2M）的青年毛派组织在美国五个城市组织了约 1000 名激进的"社会主义者"，宣布拒绝"为镇压越南争取民族独立的斗争"而战。实际上，这些行动早在几周前就由进步劳工党的一个分支组织在耶鲁大学计划好了。此后不久，激进青年组织"杜波依斯俱乐部"（the Dubois clubs）在成立大会上决定发动"一场大规模的群众运动"，反对美国介入越南。① 1964 年 7 月 3 日，大卫·丹林格（David Dellinger）等和平主义者在拉法亚特公园（Lafayette Park）组织了示威游行，并宣读了以非暴力方式反对越战的"良心宣言"。8 月，200 名激进的和平主义者在亚特兰大城的民主党全国会议外抗议美国越南政策的"非道德"本性。

总的说来，这一时期不断有组织加入到初起的反战运动当中，小规模的反战示威游行时有发生。但它们并没有引起媒体太多的关注，对政府对外政策的影响也微乎其微。在 1965 年 2 月越战"美国化"之前，战争对青年的影响尚不显著，青年还没有切实感受到战争带给他们的威胁，因而反战思潮带有较多的民权运动和人道主义的色彩，比较温和，"是一种由改革和净化的渴望、而非反叛或整肃的渴望动员起来的公民抗议。"其动员范围也极为有限，主要是"'家庭'内部的争论"，是"精英以及精英所属社会阶层内部"的争论。② 直到 1964 年夏末，尚有 72% 的美国人支持约翰逊总统对越南问题的处理，85%

---

① 参阅 Charles DeBenedetti，*The Peace Reform in American History*，（Bloomington：Indiana University Press，1980），pp. 170 ~ 171.

② Adam Garfinkle，*Telltale Hearts*，（London：Macmillan Press Ltd.，1995），p. 55.

的人支持美国对北越的空中打击。① 可见，反战问题在这一时期尚未成为美国人政治生活的主题，青年中的反战情绪还不够普遍。

2.1.2.2 发展阶段

越南战争的一个转折点——也是反战思潮发展的转折点——是 1965 年 2 月 7 日越南战争的升级。这一天，美国总统约翰逊命令美国空军轰炸了共产党在北越的军事目标，同时，他宣布东南亚的美国地面部队力量将大幅增加。如果必要，这些增加的军队将通过选择兵役制（selective service）来征集。2 月 19 日，约翰逊决定对北越开始正式的空中打击行动，密码代号是"滚雷"，美国从此走上了大规模军事行动的道路。3 月 8 日，美国首批地面作战部队在蚬港登陆，7 月，美军作战部队已全面投入对北越的军事行动。至此，"他们的战争"完全变成为美国的战争。

战争的升级引发了大规模的反战浪潮。美国进步劳工党在 11 月初发表的声明中指出：

"越来越多的美国公民已开始看到这场灭绝性的战争同希特勒进行的灭绝性战争是一样的。……许多人正在迅速地得出这样的结论：这场战争是不符合自己利益的，它只对一小撮工业巨头、他们的将军们以及他们的国家机器有好处。"②

甚至前总统艾森豪威尔也不再愿意"承担"侵越战争的"义务"了。约翰逊一直把艾森豪威尔捧为他"在越南问题上最亲密的顾问"，并且一再声言他的现行侵越政策是继承艾森豪威尔早已在 1954 年承担了的"保卫越南"的"义务"。实际上，艾森豪威尔确实相信约翰逊"在执行一项符合美国最大利益的政策"，他也并不是有意要拆约翰逊的台。但正如白宫新闻秘书莫耶斯所说的，艾、约两人尽管"在美国对东南亚的目的上意见是吻合的"。可是，美国扩大侵越战争凶多吉少，使得国内惶惶不安，反战运动日益高涨，约翰逊却竭力想要推卸责任，艾森豪威尔又怎肯为人作嫁，分担历史的罪责呢？③ 此

---

① James Kirkpatrick Davis, *Assault on the Left*,（New York：Praeger, 1997），p. 27. 对北越的空中打击指约翰逊政府对"东京湾事件"的反应。1964 年 8 月 2 日，白宫宣称，两艘在东京湾巡逻的美国驱逐舰遭到北越鱼雷艇的攻击。美国人进行了还击。两天后，又发动了一次进攻。美国以对北越"石油和海军设施"的空中打击进行报复。之后不久，参议院几乎全票通过所谓"东京湾决议案"，授权总统保护越南的美国部队，并避免越南的再次"侵略"。这为约翰逊的军事升级打开了方便之门。

② 《前进吧，美国人民！》，《人民日报》，1965 年 11 月 29 日，第 4 版。

③ 何卓：《众叛亲离》，《人民日报》，1965 年 8 月 21 日，第 3 版。

外，与约翰逊关系密切的参议员威廉·富尔布莱特（William Fullbright）也开始对约翰逊的越南政策提出异议。他觉得战争出了问题。1966 年 1 月，他告诉约翰逊，美国陷入了重置殖民统治的行动。他说道："如果我们赢了，我们做什么？我们要永远待在那儿吗？"① 尽管他"反对焚烧征兵卡这样的抗议行为"，但他认识到这种行为是他们这些被指望起来反战的人"保持沉默的不可避免的结果"。他指出："只是当国会没有质问行政部门，当反对派没有反对，当政客们一道保持了对有争议政策的虚假一致时，美国的校园、街道和广场才可能成为直接、无序民主的讲坛。"② 统治集团内部的分歧，进一步证明美国扩大侵越政策已到了步履维艰的地步。这时，美国许多大报刊对于越南战争也由原来的支持态度转变为反对态度，其中《纽约时报》转变的最早。这无疑对反战思潮起到了推波助澜的作用。1966 年 12 月 7 日，国防部长麦克纳马拉在访问哈佛大学时受到 SDS 行动主义者的包围。10 天后，参谋长联席会议主席厄尔·维勒在布朗大学演讲时受到听众的责难和嘲笑。12 月 29 日，由 100名学生领袖签名的写给总统的信发给了媒体，这封信语气虽然很客气，但它表明在美国大学校园里战争政策已经丧失了人心。它这样写道："除非这场冲突得到缓解，不然，美国会发现她最忠诚勇敢的一些年轻人宁愿选择进监狱，也不愿拿起他们国家的武器。"③ 这表明，反战思潮不论在统治集团内部还是在青年中间都具有了普遍的影响。

在这一阶段，反战思潮主要是通过"讲谈会"、和平示威以及焚烧、退还征兵卡、到国外躲避兵役等反征兵运动的形式表现出来，而暴力抗争还未成为反战的主要形式。下面就这几种斗争形式做一说明。

第一，"讲谈会"（teach-in）。④ 这个词是密歇根大学政治哲学家阿诺德·考夫曼（Arnold Kaufman）提出的。它最先出现在密歇根大学具有一定的偶然性。在越战征兵中，密歇根大学的反战学生在当地征兵处静坐，其中有一

---

① Diary Backup：Box28：Folder1 for Jan. 25，1966："Meeting in the Cabinet Room"；LBJL. 转引自
John Dumbrell, *Vietnam and the Antiwar Movement*, （Aldershot and Brookfield：Avebury, 1989），p. 107.

② Thomas Powers, *The War at Home*, （New York：Grossman Publishers, 1973），pp. 107~117.

③ Ibid. , p. 178.

④ "讲谈会"的名称是 1965 年出现的，但类似的抗议形式在 1963 年 SNCC 组织的"自由学校"（freedom schools）中就有所表现。在自由学校中，人们聚在一起讨论民权运动和和平运动面临的问题，以及文化和政治方面更为广泛的问题。它为普通民众和教育者提供了公开讨论的空间，它创造了一个知识分子可以参与的崇尚民主的民众集体。因此，当越战升级后，许多行动主义者认为，需要建立某种相似的东西来讨论美国外交政策方面的问题。

些人被逮捕。于是，反战的教授们宣布罢课，但学校当局却不允许停课。在这种情况下，反战的教职员工改变了策略，宣布要以这个国家的第一个越南讲谈会来代替预计的罢课。1965 年3 月24～25 日，该大学的一群著名学者和年轻教师组织了关于战争的讲谈会，他们与学生们分享信息、一起讨论和思考问题。由于广泛的媒体报道，密歇根大学的讲谈会引起了其他学校师生的关注。不久，这种方式就像野火一样蔓延开来，讲谈会成了校园里流行的事件，一位观察家用具有"类似狂欢节的气氛"①来形容它，其热烈程度可见一斑。讲谈会通常在晚上开始，一直持续到第二天凌晨。对许多学生来说，讲谈会是一种令人激动的学习经历。密歇根大学的一位优秀学生告诉一位参加集会的教授，说这种集会"是在校四年中大学给予她的第一次教育经历"。②1965 年5 月15日，讲谈会运动发展到全国规模。它由一个叫做"为公开听证越南大学间委员会"（Inter-University Committee for a Public Hearing on Vietnam）的组织计划，在华盛顿特区的谢拉顿公园旅社举行，为时达15 个多小时，其发起人称其为"也许是自宪法会议以来美国知识分子最重大的政治集会"。在这次集会上，约5000 人聆听了就越南问题不同观点的讨论，三个半小时的华盛顿会议也由电台和电视传送到了35 个州的约110 个大学校园里，收听和观看者超过100000 人。③华盛顿讲谈会更多地是一个交流不同观点的讲坛，而不单纯是对政府对外政策的反对，但它促进了青年对越南战争的思考。对于"讲谈会"这种形式，威廉姆斯给予了高度评价。他认为："在引发目前广泛的反越战运动上，是讲谈会而不是大进军起着重要的作用。"④

讲谈会是一种"自我教育"的形式，它表明参加者已不再偏信政府和传媒关于美国政府在越战中作用的说法。到1965 年末，大约120 所学院和大学就快速升级的战争举行了讲谈会，其中大部分是由教职员工和研究生组织的。像五年前民权运动中的静坐一样，讲谈会向青年们表明，"他们无需完全接受

---

① Calvin B. T. Lee, *The Campus Scene*, 1900～1970; *Changing Styles in Undergraduate Life*, (New York: McKay, 1970), p. 124.

② Willis Rudy, *The Campus and a Nation in Crisis*, (New Jersey, England and Ontario: Associated University Presses, 1996), p. 156.

③ Ibid., p. 157.

④ Kevin Mattson, *Intellectuals in Action*, (University Park: The Pennsylvania State University Press, 2002), p. 178.

政府告诉他们的事；他们可以有疑问，他们可以挑战，他们可以行动。"① 在讲谈会中，青年们已经开始蕴育反战的浪潮。

第二，和平示威。虽然成千上万的人在轰炸北越后几乎立即开始了反对越南战争的示威活动，但就规模和影响而言，最重大的反战示威活动出现在1965 年春天。这年4 月17 日，为抗议美国干涉越南，25000 人在华盛顿举行了"美国历史上最伟大的" 和平示威。参加这次示威的绝大多数（约占75％）是全国各地几十个大学里的学生，主要是由 SDS 以及学校一些和平团体和人权团体组织起来的，其中还有大批黑人参加。在这次示威中，学生们打出了这样的标语牌："我不去越南打仗"、"要谈判"、"撤出越南"、"无条件谈判，对！——杀害越南儿童，不行"、"把美军撤出来" 等。在集会上，SDS主席保罗·波特发表了演说。他指出：

"在越南的难以置信的战争成了一把利刃，它可怕的锋刃终于割断了认为美国外交政策的指导原则是道义的和民主的最后幻想。……我们在战争中发展起来和为之辩护的那种类型的镇压和毁灭是那样彻底，只能把它叫做有文化的种族灭绝行为。……"②

在学生们看来，越南战争是为不得人心的南越独裁政权进行的，而不是为自由进行的。美国进行的这场战争夺去了绝大多数南越人民要求的和平、自决和发展的机会。他们对这场战争的基本认识是：这个战争基本上是一场内战，是越南人民反对他们政府的战争；这是一场正在输掉的战争；这是一场自招失败的战争；这是一场危险的战争；这是一场国会从未宣布过的战争；这是一场极其不道德的战争。③ 在参加示威的学生们看来，美国的越南政策既不合法，也不道德，它注定是要失败的。

在这次示威中，激进的 SDS 起到了组织者和领导者的作用，说明它的反战思想已被其他组织和群众所接纳，人们的思想逐渐趋于激进。之后，这个组织成为反战思潮和运动的最主要推动者。对于它的作用，有人这样评价说："1964 年后，如果没有它，任何有关反战运动的说法都没有太大意义。"④

这次示威以和平的方式进行，没有发生示威者与政府方面的明显冲突，也

---

① David Farber, *The Age of Great Dreams*: *America in the 1960s*, （New York: Hill and Wang, 1994），pp. 156～157.

② 《所要求的是"和平"》,《国际问题译丛》, 1965 年7 期, 第24～26 页。

③ 参阅林标译:《向华盛顿进军》,《国际问题译丛》, 1965 年6 期, 第19、35 页。

④ Adam Garfinkle, *Telltale Hearts*, （London: Macmillan Press Ltd, 1995），p. 61.

没有对美国的越南政策产生重大影响，但它充分体现了青年学生的群体力量，进一步激发起他们的反战意识。一位 SDS 的成员说："我们也准备着逐步升级。约翰逊每扩大战争一次，我们也计划扩大我们的反应。"① 这种思想，成为日后推动反战思潮发展的一个有力因素。之后，大学校园成为反战行动主义的一个重要中心。在越战期间，青年反战示威的浪潮此起彼伏，连绵不断，示威成了"60 年代青年亚文化最容易看得到的表现之一"。②

第三，反征兵运动。美国全国范围的征兵最早发生在内战时期，在一战、二战、朝鲜战争时期也都出现过全国范围的征兵。尽管对征兵的敌意在任何时候都有所发生，但在 20 世纪 60 年代后半期之前，抵制征兵都只是零星事件。越战前美国历史上最引人注目的反征兵运动要数 1863 年 7 月纽约城发生的反对美国内战的征兵骚乱。在四天的时间里（从 7 月 13 日到 16 日），有约 120 名暴动者、旁观者、士兵和警察被杀。③ 20 世纪 60 年代的反征兵运动没有这么暴烈，但它持续时间长，参加人数多，而且在很大程度上取得了成功。在 60 年代纷乱的岁月里，军事征兵成了"影响美国校园的所有问题中最突出的"问题。④

1964 年，美国符合征兵条件的 18 岁男子为 140 万，一年后增长了 35%，上升到 190 万。到 1965 年 7 月 1 日，总的兵源比 1963 年增加了三分之一。⑤越战征兵是 1965 年开始的，在 12 月之前，每个月都会有 4000 多青年被征召。⑥ 到 1966 年，在越南有 25 万以上的美国士兵，征兵扩展到了校园。⑦ 战争结束时，有 160 万美国应征者在越南上过战场，他们几乎所有人都是 60 年代的成员。⑧ 日益增长的反战情绪不仅仅源于服兵役，但征兵的确加强了个人

---

① 《所要求的是"和平"》，《国际问题译丛》，1965 年 7 期，第 27 页。

② ［美］威廉·曼彻斯特：《光荣与梦想》（下），广州外国语学院美英问题研究室翻译组、朱协译，海口，海南出版社、三环出版社，2004 年 3 月版，第 1123 页。

③ 参阅 James M. McPherson, *Ordeal by Fire*: *the Civil War and Reconstruction*,（New York: Alfred A. Knopf, Inc., 1982），p. 360.

④ Willis Rudy, *The Campus and a Nation in Crisis*,（New Jersey, England and Ontario: Associated University Presses, 1996），p. 171.

⑤ ［美］兰登·琼斯：《美国坎坷的一代》，贾蔼美等译，北京，社会科学文献出版社，1989 年 7 月版，第 81、82 页。

⑥ 参阅 Michael X. Delli Carpini, *Stability and Change in American Politics*,（New York: New York University Press, 1986），p. 35.

⑦ David Chalmers, *And the Crooked Places Made straight*: *the Struggle for Social Change in the 1960s*,（Baltimore: Johns Hopkins University Press, 1991），p. 72.

⑧ 参阅 Michael X. Delli Carpini, *Stability and Change in American Politics*,（New York: New York University Press, 1986），p. 35.

对战争的感受。随着征兵的发展，许多最初对战争表现冷漠的人也为即将到来的被征召的可能性所震动，对直接威胁到他们的征兵制度表现出敌意。1971年的哈利斯民意调查发现，多数美国人相信那些去越南的人是"易受骗的人，不得不在错误的战争中、错误的地点、错误的时间卖命"的人。①

最早的、具有象征意义的反征兵事件发生在 1965 年 10 月中旬，一位宗教和平主义者大卫·J·米勒在纽约白厅大街的军队接待处外面烧毁了他的征兵卡，公然表示了对战争的不满；几乎同时，在伯克利校园里，一份两页的油印声名提出了不少于 12 种"打击和击败征兵"的方法。② 1966 年 3 月 24 日，兵役处宣布，只有在班里（一年级学生）排名靠前的全日制大学生才能被缓征。这意味着即使有一门课程不合格或暂时的离校都会使一个学生面临被征召的命运。美国两年制专科学校协会认为，这"对那些来自中低收入家庭的学生、来自劣势城乡地区的人和少数民族成员尤为歧视"。③ 因为专科学校和社区学院的学生只报名参加两年计划的学习，其中许多人由于经济环境所迫只能做非全日制学生。

这种征兵政策使得青年学生更加愤怒。1966 年 5 月，为抗议政府按学习成绩征兵的决定，芝加哥大学的学生和教师联合起来成立了"反对分等级学生联盟"。稍后，SDS 决定举行一次全国性的反征兵测验，将有关越南和美国外交方面的问题印成试卷发给学生，号召他们抵制政府将在 5 月进行的征兵测验。5 月 14 日，在政府举行征兵测验的第一天，全国 1200 个参加测试的大学中有 800 多个收到了 SDS 印发的"全国越南问题试卷"。许多学生从中受到启发，加入了反征兵运动的行列。这年 7 月，一群青年在纽黑文开会，起草了下列声明：

"在我国政府停止对争取决定自己命运的人民进行战争以前，我们这些役龄人员拒绝对政府承担任何军事义务。11 月 16 日（请记住，是 1966 年 11 月 16 日），我们将把征兵卡退还当地的征兵委员会，并通知它们：在美国停止侵略以前我们拒绝合作。我们很清楚这一行为将被认为是非法的，我们可能被判处五年徒刑。"

这表现了青年们对美国战争政策的坚决反对，但他们在行为上还是表现出

---

① Willis Rudy, *The Campus and a Nation in Crisis*, (New Jersey, England and Ontario: Associated University Presses, 1996), p. 171.

② Ibid., pp. 159~160.

③ Ibid., pp. 171~172.

一定的克制，说明此时青年和政府的矛盾冲突还没有激化到要用暴力解决的程度。

之后，这些青年分散到全国各地进行活动，对有关征兵的问题在青年中进行调查。7 月 30 日，他们再次回到纽黑文开会。这次会议的报告反映出青年对征兵问题上组织工作的重要性的认识。其中谈到：

"我们十分强烈地感到除派遣外勤人员到那些通常的活动中心去以外，还要把他们派往一般尚未受运动影响的地方去搞组织工作。"它接着指出："必须真正走出大门，努力建立以某种纲领作为共同纽带的、强大的、民主的地方组织（或反对征兵斗争委员会）。至于学生争取民主社会组织地方分会等现有结构，我们的想法是加强运动的力量，使有关团体更深入地承担实行变革的义务……"①

这表明，这时的反战青年已经意识到联合行动的重要性。这种意识在 1966 年 12 月 27 日 SDS 的一项决议中得到了明确的表达。它声明：

"由于个人的抗议不足以发展出一种足以中止征兵和作战的运动，SDS 决定采取如下的计划：我们的会员，将组成一个反抗征兵的联盟。联盟成员将联合起来，在任何情况下都拒绝应征入伍。"

这个决定将征兵运动推进到了一个新的集体行动的阶段。从 1967 年 1 月开始，美国许多大学都成立了反征兵组织。学生们在刊物上发表请愿书，拒绝应征入伍，兴起了被称作"我们不愿去"（we won't go）的运动。4 月 15 日，由康奈尔大学反征兵组织发起，30 万人在纽约举行反战活动。在中央公园，学生焚烧了 175 张征兵卡。据美国司法部公布的数字，到 7 月 1 日，起诉青年拒服兵役的案件超过了 1300 件。②

1967 年夏，除个别专业（如医学和牙科）的学生外，议会取消了对 650000 名研究生的缓征，而把他们同下一年 6 月即将毕业的学生一同纳入应征之列，结果使整个 1968 届的大学生失去了最可靠的逃避途径。他们之中大多数是在 1946 年生育高峰第一年出生的。《红色哈佛报》社论以《斧子劈下来了》为题愤怒地指责取消对研究生的特殊待遇是"轻率的权益之计"。1968 年初，约翰逊总统宣布取消了一些职业上的缓征，这使得学生反征兵的浪潮更

① 参阅［美］特里·M·珀林编：《当代无政府主义》，吴继淦等译，北京，商务印书馆，1984 年 3 月版，第 84 ~ 86 页。

② 许平等：《一场改变了一切的虚假革命》，上海，上海人民出版社，2004 年 1 月版，第 97 ~ 100 页。

加高涨。① 其实，即便是那些被允许缓征的学生也表现出了不满，原因是缓征意味着这些人不仅在一年后有可能再次被选中，而且在八年内（即从 19 岁生日那天开始至 26 岁）随时处于布满"地雷"的生活中。在整个学习生涯中，他们都要为征兵和不公正的战争而忧虑。这就使他们积累起对造成这种情况的制度的不满。②

虽然美国只有 200 万军队在战区作战，但是为了得到这些人，却使 2500 万以上的生育高峰一代受到威胁。越南征兵将整代人抛向了争取个人生存的竞争之中。据估计，约有1500 万人（占这代人的60%）可被列为"逃避"服兵役者。一位反抗者精辟地评论说，"在这个国家中，几乎每个青年要么是逃避服兵役者，将要逃避服兵役者，要么是逃避兵役的失败者。"③ 而那些反对战争却又不得不走上战场的人则往往成为逃兵。到1970 年，逃兵率仍有千分之五十二，也就是两倍于朝鲜战争时的逃兵率，而规避兵役的人据估计近 10 万人。这样高的比率是不能用民族性格的缺陷来解释的。正如历史学家亨利·康马杰指出的，第二次世界大战期间既没有大规模的逃兵也没有大规模的规避兵役者，而民族性格在三十年中也没有发生什么变化。④ 实际上，青年们并不是抽象地反对征兵政策。一则题为"别叫我们逃避征兵者"的广告讲得清楚：

"我们相信我们的国家。我们都会服役。……但我们强烈反对越战。我们认为它对越南和美国都是悲剧。美国有自己的问题要解决。"⑤ 这里，青年们再次表现出敢于怀疑、善于思考的一面。这似乎应证着坎尼斯通所说的话："那些经历过青春期的人……决不可能是头脑简单的爱国者、没有置疑的因循守旧者或盲目的支持现状的忠实分子。"⑥

---

① 参阅 Willis Rudy, *The Campus and a Nation in Crisis*, (New Jersey, England and Ontario: Associated University Presses, 1996), pp. 172 ~ 173; 奚广庆等：《西方新社会运动初探》，北京，中国人民大学出版社，1993 年4 月版，第85、86 页。

② ［美］兰登·琼斯：《美国坎坷的一代》，贾蔼美等译，北京，社会科学文献出版社，1989 年7 月版，第83 页。

③ 同上书，第84 页。

④ 参阅 ［美］拉尔夫·德·贝茨：《1933 ~ 1973 美国史》（下），南京大学历史系英美对外关系研究室译，北京，人民出版社，1984 年4 月版，第398 页。

⑤ Perrin, "College Seniors and the War," 58 ~ 59. 转引自 Willis Rudy, *The Campus and a Nation in Crisis*, (New Jersey, England and Ontario: Associated University Presses, 1996), p. 188.

⑥ K. Keniston, Young Radicals: Notes on Committed Youth, (New York: Harcourt, Brace and World, 1968), p. 272. 转引自 Constance A. Flanagan and Lonnie R. Sherrod, "Youth Political Development: an Introduction," *Journal of Social Issues*, Vol. 54, No. 3 (Fall 1988), p. 449.

应该说，青年永远是社会机体中最富于批判精神的部分。

2.1.2.3　高潮阶段

一事件高潮的出现是矛盾达到焦点的反映，它往往是在与之关联的其他事件的刺激和推动下形成的。美国青年反战思潮就是在"向五角大楼进军"和"新年攻势"等事件的推动下走向高潮的。

在60 年代初、中期，先是美国的民权运动，接着是越南战争，各抗议团体一般都是采取和平主义的方法。那些反对征兵的人们出于对非正义战争道义上的厌恶，选择坐牢或者逃往国外的方式表明他们拒绝合作、忠于和平主义的信条。但到1967 年下半年，这种状况发生了变化。这一变化最初受到了美国黑人运动在斗争策略上的变化的启发。

这时，随着美国民权运动的深入开展，美国黑人争取自我权利的意识不断增强，他们的认识和斗争策略也逐渐激进起来。在他们看来，黑人聚居区是受美帝国主义迫害的内部殖民地，就像非、亚、拉美的殖民地一样。1967 年8 月，"学生非暴力协调委员会"（the Student Non-Violent Coordinating Committee，简称SNCC）前主席斯托克利·卡米科（Stokely Carmichael）参加了27 个拉美国家革命者在哈瓦那举行的旨在贯彻古巴革命者切·格瓦拉发出的"两个、三个、许多越南"的号召的会议。卡米科宣布美国黑人要与各地革命运动团结一致，会议决议号召"美国黑人要通过增加直接革命行动以及加强与和同样可恨的敌人——美帝国主义——进行斗争的非、亚、拉人民之间的兄弟关系来回应美帝国主义政府的种族主义暴力。"① 美国白人从中受到启发，他们对黑人中出现的"有意识的游击队"表示欢迎。青年领袖斯堂顿·林德（Stoughton Lynd）认为，少数民族聚居区的反战组织是"和平行动的新领域"。汤姆·海登进一步指出："此时可以实际替代选举政治或群众武装抵抗的就只有城市游击队了。"② 白人青年认为，如果黑人激进主义者可以用暴力对抗帝国主义，那么白人激进主义者也可以这样做。

1967 年10 月发生的较大规模的暴力抗争就是在这样的背景下发生的。10 月16 日，加利福尼亚州奥克兰市的约120 名非暴力对抗者在征兵中心被捕，

---

① Allen J. Matusow, *The Unraveling of America：a History of Liberalism in the 1960s*,（New York：Harper & Row, 1984），p. 327.

② Lynd, "Lynd on Draft Resistance," *New Left Notes*2（19June1967）：1；Tom Hayden, quoted in *National Guardian*, 31June1967, 4. 转引自 Charles Debenedentti, *An American Ordeal*,（New York：Syracuse University Press, 1990），p. 187.

为此，约 3500 名激进分子试图在 17 日这一天关闭征兵中心。奥克兰警方以武力相对，结果导致 20 多人入院治疗。之后，在伯克利和麦迪逊等地也都发生了抗议者和警方的冲突事件。① 抗议者原计划采取非暴力的方式进行，即使是在面对被捕的时候也是如此。但 SDS 成员和其他激进分子抛弃了非暴力的斗争方式，他们希望将反战运动从道德抗议的水平转变为力量的展示。在这种情况下，各派达成协议，不同的组织在该周不同的日子里进行游行示威。10 月 20 日星期五这天，足有 1 万人参加了被称为"新左派巴士底狱日"的战斗，激进分子与警察发生冲突并运用了游击策略。21 日，5 万美国人进行了"向五角大楼进军"的游行示威，其中 600 多人因"越轨行为"被捕，大概有 47 人在遭催泪瓦斯驱逐和殴打后入院治疗。这次进军不仅标志着激进的反战者斗争策略的改变，而且它还以其反文化著称。正像保守主义评论家所说的："区分反战运动和反文化的界限已经模糊了。"很多人公开吸食大麻，一对青年男女甚至在军警面前露天做爱。各种主题的社会抗议运动开始合流。② 这个时

---

① 参阅 Charles Debenedentti，*An American Ordeal*，（New York：Syracuse University Press，1990），p. 196.

② David Farber，*The Age of Great Dreams：America in the 1960s*，（New York：Hill and Wang，1994），p. 220. 从广义上讲，美国 60 年代的反文化运动包括民权运动、反战和平运动和文化反抗运动（即以青年学生为主体的、反抗一切现存文化的运动）等，而狭义的反文化运动则专指文化反抗运动。这里就是从后一种意义上说的。它是对资本主义传统价值观的怀疑和对工业社会及富裕生活的反抗。在反文化运动中，青年们吸毒、留长发、追求性解放，想以此获得个人的自治并表达对爱、自由、和平的渴望和对正义的追求。他们想告诉人们的是：美国社会出了问题。反文化青年吸毒、酗酒、性自由等颓废的生活方式只是一种符号，而一个符号的真正意义往往并不在其自身，而是在它所属的符号系统之中。在反文化青年违背常规的生活方式背后，是一种激进的、愤怒的、甚至不乏浪漫色彩的理想主义。在反文化的诸多口号中，"性解放"对美国主流社会的冲击最大。如果说青年们寻求"自我解放"，那么"性解放"则是其核心内容，因为"性"反映了人的本能，它是一个人的"自我"的集中体现。当崇拜物质和金钱的生活准则把最能代表人的本能"性生活"物化、商品化时，当它不再是表现或满足人的内心需要、而是受外在因素的支配时，当它不是"自我"的组成部分，而是外部世界的一部分时，青年们便要把"性"从物质和金钱的束缚中解放出来。在杰里·鲁宾等激进青年看来，政治和性是难以分开的，它们是同样的东西。参阅 Roger Kimball，*The Long March*，（San Francisco：Encounter Books，2000），p. 151. 因为在"性的解放"中包含了人们对现状的质问和对各种形式的自由的向往，性行为开始具有了意识形态的功能。青年们在反战运动中公开做爱，所要表达的正是对战争加于他们的压抑的反抗。反文化运动与反战思潮本来就有着相同的社会历史背景（详见第 4 章），它们相伴而生，相互影响，相互促进。许多反文化的青年同时也是反战的，如摇滚歌星鲍勃·迪伦在他的歌曲中加入更多的政治内容和反叛色彩，成为那个时代反战的象征。而另一方面，反战组织的反文化色彩也增强了它们对青年的吸引力和感召力。但是，它们又是不同义的。当反战思潮表现出暴力化的特征时，反文化运动的参与者们则主要通过"爱的聚会"（love-ins）等形式达到释放自我、表达心声的目的；后者是叛逆的，但一般来说并未冲破秩序的框架。

候，反战抗议者既反对政府的越南政策，也反对社会的既有价值观。许多抗议者在参加和平抗议时遭警察殴打，或因为留长发、穿反文化的服装而受到各类权威者的袭扰，这些都促进了他们政治上与主流社会的疏离。

在向五角大楼进军中，各反战群体几乎完全没有了合作。事情往往就是这样，越是在斗争高潮到来的时候，越是会出现更多的不同声音，原来的同盟者也越可能出现分歧。但这种分歧同样表明了抗议策略的升级。在这次进军中，激进新左派的力量得到了充分展现，民权斗争中采用的非暴力策略从他们的视野和头脑中消失，"新的暴力完全复活了"。此时，汤姆·海登表述了新左派的核心目的。他说："运动已经从'将军队带回国'转向了'将战争带回国'。"① 这表明，激进青年对政府的越南政策和所作所为越来越失望，他们与政府的矛盾也更加尖锐。据哈利斯民意调查表明，到1967 年末，约19% 的美国大学生，也就是超过100 万的学生相信需要一个群众性的革命政党。②

"新年攻势"是越南战争和反战思潮的又一个转折点。1968 年1 月31 日，也就是越南新年（Tet）第三天的早晨，越南南部几乎所有的大城镇同时发起了进攻。在暴动的每一天里都有500 多个美国人和更多的越南人丢掉性命。从1968 年1 月29 日到3 月31 日，至少有3895 名美国士兵死去。当这次攻势似乎结束了的时候，美军司令威廉·维斯特摩兰宣布美军取得了"重大胜利"，"敌人"没有达到目的。事实上，这次攻势表明美国失败了。几乎在"新年攻势"发生一年前，美国驻越南大使安尔沃斯·巴克尔（Ellsworth Bunker）和维斯特摩兰将军就坚决认为"民族解放阵线"已丧失了战斗能力，就要被消灭了。但"新年攻势"的猛烈程度清楚地表明官方报道的失实。正像弗兰克·麦克吉说的：

"这是越南的一场新的战争。敌人现在具有优先权；他大大扩展了战斗区域；他拥有更新、更精密的武器；他改善了通讯；他改变了策略……总之，政府所定义的战争正在失败。"③

"新年攻势"无疑给了自命不凡的美国政府沉重的打击，美国民众对这场战争的认识也更加清醒，民意发生了显著变化。这时，反对越战不再是校园里

---

① Adam Garfinkle, *Telltale Hearts*, (London: Macmillan Press Ltd., 1995), p. 151.

② Ibid., pp. 153 ~ 154.

③ Don Oberdorfer, Tet, (Avon Books, 1972), pp. 289 ~ 290. 转引自 George Katsiaficas, *The Imagination of the New Left*, (Massachusetts: South End Press Boston, 1987), p. 31.

的少数现象，"越战总的说来正在成为美国社会的象征。"① 3 月份的盖洛普民意调查表明，反战的美国人（40%）首次超过了支持战争的人（26%）。② SDS 的工作成员在 1963 年只有 10 个，而到了 1968 年，却至少在 350 所大学内有了它的代表组织，它的会员数以 10 万计。同年，《财富》杂志做了一个调查，发现全部美国学生中有 10% 左右是认同新左派的。③ 在这一年的前 5 个月里，有近 40000 名学生在 101 个大学校园里参加了 221 次大规模示威。④ 反战运动在美国导致了激烈的社会动荡，引发了深刻的政治危机。当 1968 年 8 月尼克松接受总统候选人提名时，他这样描述了当时美国国内的紧张局势：

"当我们注视着美国时，我们看到的是烟火弥漫的城市……世界上最强大的国家被 4 年的越南战争缚住手脚且看不到这场战争的尽头，世界上最富裕的国家不能管理自己的经济，具有最伟大法治传统的国家因从未有过的非法行为而苦恼，一个世纪以来以机会均等而闻名的国家却为前所未有的种族暴力所撕裂，而美国总统在前往国外或任何国内的大城市旅行时亦不能不为充满敌意的示威游行担惊受怕……"⑤

随着 1968 年总统选举的日益临近，全国的注意力集中到两党竞选上，SDS 决定利用这个机会支持反战的乔治·麦戈文竞选民主党总统候选人，同时扩大自己的影响。8 月，青年学生、黑人、工人和各种其他阶层的反战团体的示威游行充斥着芝加哥（民主党代表大会在此举行）的大街小巷，来自全国各地的数百名学生活动家印发了数以万计的宣传文件，向民主党的支持者、特别是青年呼吁加入 SDS 的行列，支持他们的主张。经过选举，副总统休伯特·汉佛莱战胜主张反战的乔治·麦戈文当选民主党总统候选人，而作为在任总统的约翰逊却没有参加会议。这个选举结果引发了青年反战思潮的新一轮高潮，占全美学生总数三分之一的青年学生卷入了运动。憎恨美国在这时几乎成

① Philip G. Altbach, *The New Pilgrims: Youth Protest in Transition*, (New York: David McKay Company, Inc., 1972), p. 41.

② George Katsiaficas, *The Imagination of the New Left*, (Massachusetts: South End Press Boston, 1987), p. 31.

③ 参阅［美］理查德·弗拉克斯：《青年与社会变迁》，李青等译，北京，北京日报出版社，1989 年 4 月版，第 81 页。

④ 参阅奚广庆等：《西方新社会运动初探》，北京，中国人民大学出版社，1993 年 4 月版，第 86 页。

⑤ Nixon, "The Long Dark Night for Ameica Is about to End," *U. S. News& World Report*, Vol. lxv, No. 8 (August19, 1968), pp. 54 ~ 55.

为一种时尚。当美国运动员在墨西哥城奥运会上一败涂地时，激进的青年们兴奋不已。在他们收到的圣诞卡上，也出现了手拿来复枪的越南妇女的形象，下面写着"地球上的和平"，里面写着"用各种必要的手段"。① 这反映了青年对和平的无限渴望。

这一年可以说是美国历史上的"青年年"，战后生育高峰一代的集体能量得到了充分展现。托马斯·科特（Thomas Coltle）在他的《孩子们的时代》一书中报道了他与当时参加运动的大学生的一段对话。一位学生兴高采烈地说：

"我们是一切事物的中心。你还记得当你小的时候，你的弟弟是主要人物，或者你的大姐姐在做所有的事情吗？而现在是我们，我们处在正中心，报上看到的也是关于我们的事，这就是青年。一切都围绕着青年和我们。"② 毋庸置疑，青年们痛恨战争，但他们也"喜欢"它，因为他们"因越战而变得特殊，成为负有特殊使命的一代人"。③

对战争的"痛恨"和"喜欢"这对矛盾集于同一个群体身上，充分反映出青年们渴望社会参与、要求社会关注的心理。

到 1969 年春，校园抗议更加频繁，而且比以往任何时候都更加暴力化。约五分之一的校园发生了暴力、伤害和财产毁坏事件，抗议事件平均每天就发生两次，全国学生群体的约三分之一已直接介入其中。到 6 月时，校园里已发生了至少 84 起燃烧弹轰击和纵火事件，甚至一些中学也出现了暴力事件。④在越战的沉闷气氛中，青年的反文化倾向也发展到了顶点。在 1969 年 8 月的伍德斯托克狂欢节（Woodstock Festival）上，45 万青年在滂沱大雨的泥泞草地上随摇滚乐一起疯狂摆动、吼叫。他们吸毒、裸体、做爱、在泥淖中嬉戏、打坐或发呆，以此表达对越战的厌恶之情，嘲笑和蔑视虚伪的政治和平庸的文化。这一切说明，青年的思想和行为更趋激进了。在青年思潮的推动下，美国一些大学的校长向新上任的尼克松总统要求加速从越南撤军。而对于另外一些人来说，大学校长的职位已没有什么吸引力了，因为他们最容易成为青年激进主义者攻击的对象。一种被当时的教育者称为"校长疲惫"（presidential fa-

① ［美］彼德·科利尔、戴维·霍洛维兹：《破坏性的一代》，北京，文津出版社，2004 年 4 月版，第 190 页。

② 参见奚广庆等：《西方新社会运动初探》，北京，中国人民大学出版社，1993 年 4 月版，第 86、87 页。

③ ［美］彼德·科利尔、戴维·霍洛维兹：《破坏性的一代》，北京，文津出版社，2004 年 4 月版，第 190 页。

④ Kirkpatrick Sale, SDS, (New York: Vintage Books, Random House, 1973), pp. 512 ~ 513.

tigue）的现象出现了，越来越多的校长辞去职务。到该年秋季即将开学时，至少有 200 所学院和大学在急迫地寻找校长人选。① 这时，反战已成为"革命"的标志。当聚集在白宫之外和校园之中的反战青年一遍又一遍高唱"披头士"列侬在 1969 年推出的歌曲《给和平一次机会》时，列侬的"革命"身份便超过了摇滚巨星鲍勃·迪伦，成为和平反战的新的象征。

1970 年 3 月，越南邻国柬埔寨发生政变，亲美的朗诺推翻了西哈努克亲王的政府，柬国内局势动荡不安。由于美国在越南和柬埔寨的利益密不可分，尼克松于 4 月下令美军大举入侵柬埔寨。由五角大楼和驻西贡美军司令部联合发布的第一份公报声称，对柬行动是"应越南共和国政府的要求进行的"。4 月 30 日，尼克松在谈到这次行动时指出，这不是入侵柬埔寨，而是越南战争的延伸，目的是要"保护我们在越南的人，并保证我们的撤军和'越南化'政策不断成功。"②

5 月，为了抗议对柬埔寨的入侵，俄亥俄州的肯特大学学生举行了示威游行，并引发了全国 750 多所大学和学院、共数百万学生的大罢课。这可以说是 60 年代青年反战思潮的最后高潮。此时所做的两项全国性民意调查反映了青年学生对美国越南政策的不满。一项是一家较大的全国民意调查组织为《花花公子》杂志所做的，调查对象是近 200 所院校中的 7300 名学生。结果显示，有 36% 的学生赞成"立即"撤出越南；29% 的人支持"加速撤退"；26% 的人赞同政府"光荣撤退"的时间表；只有 9% 的人仍然坚持战斗到取得"完全胜利"。此时的哈利斯民意调查也得出了几乎相同的结果。就战争而言，哈利斯调查发现，54% 的人赞同停战，34% 的人赞同分阶段撤退，9% 的人想扩大战争。③ 据统计，在 1969 年 ~ 1970 年的两年间，学生反战示威高达 1785 次。④ 种种迹象表明，反战已成了青年学生中一种主导的思想倾向。

总之，这一阶段的青年反战思潮不论在斗争策略上还是在规模上都发生了

① "Needed Immediately: 200 College Presidents," *U. S. News& World Report*, Vol. lxvii, No. 4（July28, 1969）, p. 46.

② Michael Maclear, *The Ten Thousand Day War: Vietnam: 1945 ~ 1975*,（New York: Avon Books, 1981）, p. 296.

③ 参阅 Seymour Martin Lipset, *Rebellion in the University*,（Chicago: The University of Chicago Press, 1971）, pp. 44 ~ 45.

④ 李巨廉：《战争与和平——时代主旋律的变动》，上海，学林出版社，1999 年 12 月版，第 365 页。

显著变化，它对美国社会的冲击表现出前所未有的猛烈性，60 年代青年反叛社会的特征在其中得到了充分展现。

2.1.2.4 逐渐衰落

美国青年反战思潮的衰落并没有一个确定的起始时间，实际上，甚至在思潮高涨的时候，它就已经表现出衰落的迹象，但大致而言，青年反战思潮在1970 年5 月抗议入侵柬埔寨的游行示威后明显地走向衰落。其原因，可以从以下几个方面进行分析：

第一，反战组织的分裂和"气象员"（Weatherman）等组织的极端暴力抗争。这既是青年反战思潮的极端化表现，也是导致青年反战思潮衰落的原因。

如上所述，1968 年是反战思潮高涨的一年，但是，它同样标志着"新左派自我毁灭的开始"。亚当·卡冯考将这一年的新左派比喻为耀眼的流星，它明亮而令人惊奇，它的领导确信自己站在革命之巅。但就像所有通过撞击地球耀人眼目的流星一样，它并不长久。① 当数百万的学生认同学生运动，当学生运动和反战运动真正成为群众运动时，反战的主要组织 SDS 却发生了分裂。在1969 年芝加哥召开的全国大会上，SDS 在宗派化的作用下瓦解了。在1500 名与会代表中，三分之一是进步劳工党成员及其同情者，三分之一属于"气象员"组织及其同盟者，剩下的三分之一是新加入者、无政府主义者或不归属任何派别的左翼人士。分裂之后，进步劳工党和"气象员"组织都宣布自己的组织是"真正的 SDS"。各个派别单独召开会议，自己通过方案，选举自己的领导人。② 组织的分裂，使青年的反战力量变得分散。

到1969 年秋，"气象员"组织成为 SDS 中生存下来的最著名的分支机构，虽然其成员只有寥寥几百人，但由于其鲜明的暴力倾向而成为激进运动的新的象征。"气象员"组织得名于鲍勃·狄伦的诗句"你不需要靠气象员才知道风刮向何方"（you don't need a weatherman to know which way the wind blows）。激进的青年采用这个名字是要告诉人们，大家都知道这个国家、这个社会的现状，每个人都有能力做出自己的判断，采取自己认为合理的行动，而无须他人来指手画脚。这个名字本身就反映了他们的无政府主义倾向。"气象员"组织由原 SDS 的领袖领导，他们相信"大游行、选举政治行动和其他形式的和平

---

① Adam Garfinkle, *Telltale Hearts*, （London：Macmillan Press Ltd. , 1995）, p. 161.

② ［美］理伯卡·E·卡拉奇：《分裂的一代》，覃文珍等译，北京，社会科学文献出版社，2001年11 月版，第276 页。

抗议不能结束战争或带来任何重要的社会变革……年轻人应该停止游行，而要重组为与黑人和第三世界革命者共同战斗的、反对美国政府及其'种族主义帝国'的城市游击队"。①

这一时期由新左派制造的暴力事件频频发生，据戴维·斯泰格沃德说，从1969 年 9 月至 1970 年 5 月，至少有 250 次爆炸事件和火灾可能要算到新左派的头上。② 暴力事件甚至威胁到反战组织成员和学生自身。1970 年 3 月初，几名"气象员"组织成员在格林威治村边的一座豪宅的地下室里制造炸弹时，炸弹突然爆炸，房子被夷为平地，三名激进分子被炸死。同年 8 月的一天深夜，一个仿效"气象员"组织、名为"新年帮"（New Year's Gang）的小组织在威斯康星大学爆炸了一座用于军队数学研究计划的大楼，一名研究生被炸死。对此，托德·吉特林写道：

"在那次爆炸的闪光中，运动懂得了罪恶。"③

"气象员"组织可以说是美国"最坏的梦魇"，因为它的组成人员被认为是美国"最好"的孩子。"气象员"成员一般来自比早期新左派宽裕得多的家庭，他们的行动，是要表明他们与父母及财富的距离。在一定意义上，他们并非单纯是激进运动发展的产物，而是产生于更广泛的美国社会背景：60 年代个人权威的崩溃以及文化对激进主义的宽容甚至鼓舞。但是，当其采取极端暴力的手段进行反抗时，它的正当性就遭到了人们的置疑，它的存在对许多人来说已经成为一种错误甚至灾难。

实际上，暴力给反战激进主义者带来的负面影响在 1968 年就有所表现，只是在反战浪潮高涨之际，人们更多地看到的是斗争的成果，而较少对这种现象做出理智的分析。原 SDS 成员托德·吉特利在回顾了 1968 年芝加哥骚乱的过程后认为，反战激进分子将这次骚乱当作一次胜利是错误的，因为"它违背了这样的常识，即人们能够看到电视上猛攻情景的哪怕一小点，并与警察站在一起。……随着战争变得不受欢迎，反战运动甚至招致了更多的憎恶——美国最令人厌恶的政治群体，甚至大多数支持从越南立即撤军的人也不喜欢。不

---

① Judith Clavir Albert and Stewart Edward Albert, *The Sixties Papers*, (NewYork：Praeger, 1984), p. 42.

② ［美］戴维·斯泰格沃德：《六十年代与现代美国的终结》，周朗等译，北京，商务印书馆，2002 年版，第 213 页。

③ David Farber, *The Age of Great Dreams：America in the 1960s*, (New York：Hill and Wang, 1994), p. 211.

管是谁舞动着棍棒，我们都会受到责备。"① 1969 年3 月的一项盖洛普民意测验表明，有82%的人赞成开除激进的学生，84%的人赞成收回联邦发放给他们的学生贷款。尽管公众对越战的支持率在快速而稳定地下降，但对学生事业的同情并未转变为对他们自身的同情。② 分析其中原因，是因为美国多数民众亲历了二战后经济的飞速发展、社会的巨大变迁和生活的明显改善，他们虽然不满资本主义消费社会带来的问题，但也感受到这个社会给他们带来的好处。他们经历过战争与和平、混乱与稳定，他们明白和平的可贵和稳定的重要。因此当青年反战思潮处于和平抗议阶段时，他们可以容忍，甚至予以支持；而当它成为现存秩序的破坏力量时，他们就成了思潮的抵制力量。这表明，虽然大多数人"对既存权威保持着怀疑及不信任的态度"，但他们"仍寄希望于和平改革的实现，以避免国家与其反抗者之间的战争。事实上，革命的论调及游击的行动一方面增强了民众对社会变迁的渴求，另一方面又增加了他们对全面瓦解、混乱及压制的恐惧。……只要权威合法性没有彻底衰减，人民也就多少保留着制度改革的希望；只要事实如此，人们（包括很多革命分子）也就不会赞同纯粹革命的方法了"。③

这种状况为反战思潮的衰落埋下了"伏笔"。任何一种思潮和运动都需要一定的群众基础，它只有引起人们的广泛共鸣才能获得长久生存的权利，当这个基础失去了或遭到削弱时，它的衰落便成为必然。

第二，政府政策的变化。

美国政府的战争政策在尼克松当政时期发生了较大变化。在1968 年的总统竞选中，尼克松以微弱多数获胜。尼克松的上台在很大程度上正是激进行动主义者暴力行为的结果。此时，群众向往"法律与秩序"，他们要求一个更加"保守"的政府。哈利斯民意测验发现，近70%的美国选民自认为是保守的或居于中间道路的（middle of the road）。盖洛普民意测验也得出了同样的结论：国家的保守势力比近期美国历史上的任何时候都更强大。④ 尼克松正是看到了民众中的这种状况，自称是"沉默的大多数"的代表，将自

---

① Todd Gitlin, *The Sixties: Years of Hope, Days of Rage*, （New York: Bantam, 1987）, p. 335.

② Gerard Degroot, *History Today*, Vol. 45, Issue 9 （Sep, 1995）, p. 34.

③ ［美］理查德·弗拉克斯：《青年与社会变迁》，李青等译，北京，北京日报出版社，1989 年4 月版，第92、93 页。

④ 参阅 Charles Debenedentti, *An American Ordeal*, （New York: Syracuse University Press, 1990）, p. 236.

己和共和党说成是传统价值观的保卫者，提出"恢复法律与秩序"的口号，从而赢得了大选。①

1968 年年中，由越南战争引起的国内分歧意见已把美国搞得四分五裂。因此，尼克松在第二年就任后，选择的余地已极为有限。为了平息反战浪潮，他对越南政策做出了调整，声称要"和平而不失尊严"（peace with honor）地赢得战争。他认为美国的盟国必须"完全参与提出计划和制定规划。各盟国必须明确他们自己的安全的性质和决定自己的前进道路。"美国"在接到请求时，将根据……条约义务提供经济和军事援助"，但"希望直接受到威胁的国家能够担负起为其防务提供人力的主要责任"。② 1969 年 11 月 3 日，他在电视讲话中宣布其印支政策的决定性转变，他和基辛格要加强对西贡政府的军事援助，使它主要靠自己进行地面战争，同时进一步扩大空战。通过减少美国军队、征兵需要、费用、首先是从战斗中送回的骨灰盒来逐渐"结束"战争。这就是所谓的"越南化"政策。这是一种"用更少的军队发挥更大的军事压力的战略"。1969 年 6 月，尼克松不顾越南总统阮文绍的反对，宣布到 8 月 1日，美国将从南越撤军 25000 人；9 月 16 日，他又宣布，到 12 月 15 日，驻越美军将再减少 40500 人；1970 年 4 月 20 日，尼克松宣布将在 12 个月内撤军15 万人，该年秋，他又提前了这个时间表，改为在 1970 年撤军 9 万人，到1971 年 5 月前撤完另外 6 万人；1970 年 11 月，尼克松又制定新的战略，确定了 1972 年夏仅剩 5 万人左右的目标。这一政策大体得以实施。到 1972 年 7 月1 日，在越南的美军仅剩 49000 人。③

战争的"越南化"大大减少了美军在越南的伤亡人数。1970 年，在越南死亡的美国士兵仅有 4200 人，不及上一年死亡人数的一半。到 1971 年末，仅有约 1200 人死亡。④ 这在很大程度上使反战思潮失去了动力。有数据显示，大多数人接受了尼克松新政府以"越南化"退出战争的政策。1969 年 5 月对大学生做的一项盖洛普调查表明，当问到"你赞成还是反对尼克松作为总统处理工作的方式？"时，57% 的人赞同，27% 的人反对，16% 的人没有表态。1969 年秋做的另一次盖洛普全国学生民意测验发现，尽管学生

① 罗纳德·里根在加利福尼亚州之所以获得支持，在很大程度上也是因为他利用了公众对学生抗议的担忧。参阅 Gerard Degroot, *History Today*, Vol. 45, Issue 9 (Sep. 1995), pp. 31 ~ 36.

② ［美］约翰·柯林斯：《大战略》，中国人民解放军军事科学院内部参考，第 429 页。

③ 张文生等：《全球出击》，北京，中共中央党校出版社，1997 年 12 月版，第 251、252 页。

④ Adam Garfinkle, *Telltale Hearts*, (London: Macmillan Press Ltd., 1995), p. 189.

仍然强烈反战，但他们似乎正在对抗议失去兴趣。《新闻周报》在报道这一调查时得出结论：

"美国校园的氛围显然正在发生显著变化：好战和暴力在很大程度上正让位于消极被动和个人反思，革命冲动似乎——至少是一段时间——已经大大耗尽了。"①

更为重要的是，1970 年初征兵方法改为抽签选派制，它成功地把反战和反对服兵役这一对联结在一起的问题分开了，这是此前所没有做到的。几乎所有的美国青年都讨厌服兵役，而厌恶战争的人则要少很多（如保守派组织"美国青年争取自由组织"——即 YAF——的大多数成员并不反对战争）。新法律巧妙地把所有男子过了 19 岁生日就有可能服兵役的危险期限制在一年之内。如果抽中的号码很高，就可以不必担心。这样一来，有半数以上的学生立即排除了去越南战场的可能性，反战运动中迫切需要解决的问题已经不存在了，对战争的愤怒已经不那么直接涉及到青年切身利益了。这缓解了许多人的精神紧张。1972 年 12 月，尼克松完全结束了征兵。② 征兵政策的变化，大大缓和了反战思潮。《华盛顿邮报》的作家和忠实的反战拥护者大卫·布罗德（David Broder）指出，1970 年的哈佛大学还是激进主义的温床，仅仅一年以后，不再生活在征兵威胁之下的学生已在愉快地玩飞盘了。③ 对于征兵结束后的变化，专栏作家麦克·罗伊科是这样描述的：

"反战、赞成和平的标志进了垃圾箱。即使你提供免费的啤酒和大麻，你也不能将足够多的学生聚在一起进行静坐。……那时，约 99.9% 的曾为燃烧弹、圣诞节轰炸和人对人的非人道而哭泣的人开始在华尔街上寻找工作。"④

尽管这种说法有些夸大政策变化的作用，但可以肯定的是，征兵制度的变化确实使青年、至少是一部分青年远离了死亡的威胁，直接笼罩在人们头上的阴影消失了，困扰青年的一个最大的问题解决了。正如斯蒂尔特·波恩斯（Stewart Burns）所说："不管废除征兵对于结束战争的影响多么有限，它都

---

① "The New Mood on Campus," *Newsweek*, *December* 29, 1969, p. 42. 转引自 Seymour Martin Lipset, *Rebellion in the University*, (Chicago: The University of Chicago Press, 1971), p. 44.
② Adam Garfinkle, *Telltale Hearts*, (London: Macmillan Press Ltd., 1995), p. 190.
③ Kenneth J. Heineman, *Put Your Bodies upon the Wheels*, (Chicago: I. R. Dee, 2001), p. 210.
④ Adam Garfinkle, *Telltale Hearts*, (London: Macmillan Press Ltd., 1995), p. 190.

是人权的一个重大胜利。"①

第三，美国经济状况的变化。

20 世纪70 年代初，西方国家经历了二战后严重的全球性经济危机，这也是美国经济相对困难的时期，尽管这种困难与之后比起来要小得多，但对工资和物价的控制、通货膨胀和取消以美元兑换金子等还是给人们的思想造成了冲击。"越战一代"是在空前的经济增长中成长起来的，对这一代人来说，这样的增长似乎永远不会停止，美国经济会永远为个人消费和公共投资创造出充足的财富。当这一切突然打上问号的时候，中产阶级、包括其中身处学校的年轻一代面对生活的压力，不得不寻找解决的办法。青年学生不再像以前那样关注道德问题，而是更加关心得到一份好的工作。当然，这并不意味着青年完全放弃了60 年代的价值选择，这些价值选择没有消失，只是被置于相对次要的地位，可以说只是在一定程度上服从于谋生这一"绝对命令"。

总之，基于上述原因，美国60 年代以青年学生为主的反战思潮逐渐走向衰落。虽然1972 年4 月，为抗议美国政府扩大侵略印度支那战争，哥伦比亚大学学生不顾法院禁令连续三天示威，马里兰大学学生还与前来镇压的警察进行了奋力搏斗；4 月21 日，全美100 多所高校的学生再次举行了全国性罢课，显示了他们坚决反对战争、要求和平的决心。但总的说来，此时的青年反战思潮已没有了高潮时期的那种广泛性和连续性。当然，青年反战思潮的"退潮"并不意味着美国和平反战运动的结束，只是它的主体逐渐由激进的青年学生转变为美国社会的中下阶级成员，他们中有白领、蓝领工人、服务业人员、警察、小企业家、农场主、政府雇员和退休人员等等。这时的反战运动虽然不像此前那样激烈，但它的群众基础却更为广泛了。这是因为，越南战争不是人民的战争，也不是招募来的军队的战争，而是政府和国家的战争，因此，反战者的范围才会超出校园和少数民族聚居区，将各阶层人民包括进来。

2.2　青年反战思潮流派

在60 年代反战派别的划分上，斯泰格沃德提出了自己的看法：首先是温和派。它由一些主要来自SANE 的反对核战争的成员和不同类型的社会党人组

---

① Stewart Burns, *Social Movements of the 1960s: Searching for Democracy*, (Boston: Twayne Publishers, 1990), p. 166.

成。其二是一些传统的和平主义者。他们的思想源于20 世纪美国的和平运动，其间新教徒的改良主义同激进的人文主义混为一体。第三种流派主要是由校园里的激进分子组成，包括 SDS 这一极端激进团体的组织者。第四种流派包括"老左派"、被《城镇之声》的作家杰克·纽菲尔德称为"遗左"的年轻一代的准激进分子，以及一些自称的共产主义者。他们是处于运动的边缘地带的人。第五种流派是1967 年 SDS 当中出现的嬉皮士（他们提出了"要做爱，不要战争"的口号）。他们表明了文化激进主义者在战争问题上的立场和观点。①这是反战派别在总体上的划分。如果具体到青年，笔者认为可以主要化分为这样几个流派：在60 年代引领反战潮流的激进的新左派（New Left）、从"约翰逊式的"自由主义者中分化出来的"左翼－自由主义者"（left-liberal）和从右翼组织中分化出来的自由意志论者（libertarian）。

为什么战争对60 年代的青年会产生如此大的影响，以致有着不同背景的青年会不约而同地加入到反战的行列？为什么青年反战思潮中没有产生出统一的认识和组织？曼海姆在《代的问题》中的有关论述对回答这些问题颇有启发。他认为，同年龄的群体有着同样的历史地位，"这种同代性注定了这一代人社会经历的潜在特殊界限和范围，使这一代人在性格模式上存在着同样的社会经历和思维模式，在行为上表现出同样的历史类别。"② 在越战时期，战争的威胁和军事征兵作为同代人的共同经历进入了青年的"代内单元"（genera-tion units），使青年的反叛意识在不同的"单元"之中萌生。而另一方面，曼海姆也注意到，"当青年人经历同样的历史变革时，他们以不同的方式逐步积累了不同材料，来描述相同的经历。由于社会背景的差异，常常使人们对同一事件有着不同的解释。"③ 这样就程度不同地产生了"代内分歧"。在青年反战思潮中，既有不同流派的反战"一致性"，也包含着一定的"代内分歧"。

一种青年思潮总会存在着不同的流派，而不论青年自身有着怎样的个体差异，不论他们归属于怎样的阶级、阶层，原来持有怎样的立场、观点，在社会发生重大变革的关键时刻，在重大历史事件的冲击之下，青年各"代内单元"都不得不对时代提出的课题做出应答。在此过程中，各"单元"是相互影响、

① 参阅［美］戴维·斯泰格沃德：《六十年代与现代美国的终结》，周朗等译，北京，商务印书馆，2002 年版，第152、153 页。

② ［美］理伯卡·E·卡拉奇：《分裂的一代》（引言），覃文珍等译，北京，社会科学文献出版社，2001 年11 月版，第4 页。

③ 同上书，第5 页。

相互作用的。青年思潮的表现形态和发展轨迹就是在这些流派"合力"的作用下展现自己的时代特色的。

2.2.1 新左派的崛起

2.2.1.1 新左派概况

"新左派"一词最早出现于 20 世纪50 年代后期的英国。其时，一批年轻的社会主义理论信仰者由于"匈牙利事件"的发生，感到迷惘幻灭，聚在一起寻找新的出路，为了区别各国共产党、社会民主党等"老左派"，他们自称"新左派"。60 年代，新左派在美国达到全盛阶段，形成自己的体系，直接影响了这一时期的反叛运动。之所以称为"新左派"，是因为它与老左派有着根本的区别。在《揭露的心》一书中，亚当·卡冯考列举了新、老左派的六个主要差异：① 第一，老左派在理智上是严肃的，而大多数新左派则发展出一种独特的即时观念智慧，他们有自己独特的语言和思维，显得有点"精神错乱"，但在一个病态的社会里，"精神错乱"是一种正常、合理而健康的反应。第二，老左派常常全家行动，而年轻的激进分子与家庭和父母关系不够融洽。第三，老左派实际上包括了许多真正的无产阶级成员，而新左派主要由中产阶级学生组成。第四，老左派以苏联为楷模，新左派不但不亲苏，而且总的来说是反斯大林主义的。第五，老左派擅长实用主义策略，而对新左派来说，策略上的实用主义意味着背叛，在他们看来，"行动就是一切"。在这一点上表现出新左派策略上的盲目性和不成熟性。第六，老左派总是用"我们"去说、去写、去想，而新左派不用"我们"而是用"我"去说。这表现出他们"个人主义"的思想倾向。在其发展高峰，新左派指责老左派有五条罪状：软弱（weakness）、腐败（corruption）、放纵（connivance）、疏忽（neglect）和自大（arrogance）。吉尔瓦尼·阿利格（Giovanni Arrighi）等人解释说，"软弱"是指老的反体制运动（anti-systemic movements）（西方的社会民主党、东方的共产党、南方的民族主义政府）在约束世界体制中占统治力量的军国主义、剥削、帝国主义、种族主义上的无效。在这个问题上，对越战的态度成了试金石。"腐败"是指一定的阶层通过以往的反体制运动取得了一定的物质特权，并因此弱化了自己的斗志。"放纵"是指世界范围一定的阶层实际上愿意通过体制内的剥削获取利益。"疏忽"是指对真正的被剥夺者、世界体制的真正底

---

① 参阅 Adam Garfinkle, *Telltale Hearts*, (London：Macmillan Press Ltd., 1995), pp. 118～124.

层的利益的漠然。"自大"是指旧的运动的领导阶层对底层实际问题的轻视，以及他们思想上的自满。①

美国 60 年代的青年反叛思潮和运动是和知识分子对老左派的不满分不开的。对此，后来有人指出：

"除非我们将 1968 年看作是对邪恶的世界制度的强烈反抗，同时也是对老左派反世界制度策略的根本置疑，我们就不能理解它。"②

在对老左派的认识上，新左派既反映了一定的社会现实，也犯了认识上"表面化"、"片面化"的错误，但它充分折射出青年对现实的不满和改变社会不公正现象的急迫心理，表现了青年对社会的关注和参与社会的强烈愿望。

新左派的"左"则主要表现为其成员"将美国制度作为制度来反对，并日益提出广泛的结构变革的要求"。③ 新左派的出现可以说是美国历史上的转折性事件，"在新左派之前，一种广泛的信仰是，工业社会是和谐的社会制度，至少在内部，它不存在大的反对力量。丹尼尔·贝尔、雷蒙·阿隆和赛莫尔·马丁·利普塞（即西摩·马丁·李普塞特）以不同的方式宣布了'意识形态的终结'。然而，自新左派之后，社会研究的一个关键问题成了制度的合法性危机。"④ 它暴露了发达资本主义社会的内在矛盾，促使人们重新审视资本主义的社会现实。

美国的新左派泛指一切与老左派（马克思主义政党、劳工组织、托洛茨基分子等）对立的左派组织和集团，其中包括"学生争取民主社会组织"（即SDS）、"学生非暴力协调委员会"（即 SNCC）、"黑豹党"（Black Panther——激进的黑人青年组织）、"青年社会主义同盟"（the Young Socialist Alliance，简称 YSA）、"美国杜波依斯俱乐部"等。它们千差万别，是自发性将新左派联合在一起的。它没有一种强制的正统思想，没有明确的革命道路。这是它和老左派最大的区别。但是，新左派并非没有自己的思想理论，它的行动主义虽然是它最显著的特征，但这种行动主义"不只是对单纯自发性的返转，而且也是一种将理论和实践结合起来的新方法。新左派的静坐和占领是这种情况，甚至讲谈会也可以被看作是一种理论'行动化'的形式。新左派对直接经历的

① Giovanni Arrighi, Terence K. Hopkins&Immanuel Wallerstein, *Antisystemic Movements*, (London and New York: Verso, 1989), p. 102.

② Ibid. , p.101.

③ John Proctor, "The New Left," *Political Affairs*, Vol. xliv (Dec. 1965), p. 33.

④ George Katsiaficas, *The Imagination of the New Left*, (Boston: South End Press, 1987), p. 5.

倚赖和对即时事件的经验主义判断表明了他们对老左派过分强调中央集权组织和'自觉因素'作用的优先性的否定。"①

在形形色色的新左派组织中，最有代表性和影响力的要数 SDS。它的前身最早可以追溯到 1905 年成立的"校际社会主义社会"组织（Intercollegiate Socialist Society，简称 ISS），该组织 1930 年改名为"争取工业民主学生联盟"（the Student League for Industrial Democracy，简称 SLID），1960 年又改名为"学生争取民主社会组织"（SDS）。在青年学生看来，"工业民主"的概念太狭窄，具有明显的"劳工倾向"，难以在校园里吸引到新的会员。而且，他们也急于摆脱原有组织的束缚以适应当时反叛情绪日渐发展的校园氛围。② SDS 代表了包括嬉皮士、权力归花儿派③、背离社会习俗者、易比士④和整个反正统文化的美国青年阶层的政治目标。其成员最初主要集中在耶鲁大学和密歇根大学，不久以后开始向全国发展。1962 年 6 月，新左派青年在密歇根州的休伦港集会，通过了著名的《休伦港宣言》。该宣言成为"美国新左派的第一篇宣言"，⑤ 同时也是"战后美国历史上最重要的文件之一"。⑥ 研究 SDS 历史的学者塞尔对其作了这样的评价：

"它给那些对他们的国家不满的人一种分析，以此剖析国家，给那些本能地迫切要求变革的人一种应为何而努力的见解，给那些内心感受到行动需要的人一种行之有效的战略。没有什么意识形态能比它做得更多。"⑦

之后，SDS 进入了新的发展时期，并最终实现了从属于资产阶级的道德反叛到左倾政治方向的转变。这在 1968 年"气象员"组织从 SDS 中分裂出来后表现尤为明显。

20 世纪 60 年代的激进左派运动是以一种边缘运动（fringe movement）开始的，但它发展到后来却成为了美国政治生活的中心。大卫·霍洛维兹指出：

---

① Ibid. , p. 27.

② Kirkpatrick Sale, *SDS*, （New York：Vintage Books, Random House, 1973），pp. 16 ~ 17.

③ 权力归花儿（flower-power），是 20 世纪 60 年代的美国嬉皮士使用的口号，主张通过爱情和非暴力实现社会改革。

④ 即易比派分子。易比派全称为"青年国际党"（the Youth International Party），是兴起于 60 年代末期的一个松散的激进青年组织，仿嬉皮士，故称易比士。

⑤ Milorad I. Popov, *The American Extreme Left：a Decade of Conflict*, （London：Institute for the Study of Conflict, 1972），p4.

⑥ Alexander Bloom, *Long Time Gone*, （New York：Oxford University Press, 2001），p. 28.

⑦ Kirkpatrick Sale, *SDS*, （New York：Vintage Books, Random House, 1973），pp. 53 ~ 54.

"我们的队伍不断壮大，直到最后我们到了只能被称为国家良心的地步……因为美国人民变得如此不安，美国政府失去了继续战争的意志，并撤退了……在最重要的问题——战争与和平问题——上，我们以最富戏剧性的方式改变了国家政策……在所有战争史上，还没有如此强大的国家因其人民的道德抗议而从战场撤退的其他事例。"①

也就是说，国家的舆论逐渐与激进反战运动的舆论相一致，最后，后者在很大程度上成为前者的代表。这充分说明了新左派在 60 年代美国反战思潮中的中坚作用及其对当时美国社会的巨大影响。尽管新左派在全部美国人口中只占少数，但"各组织的力量不是决定于成员的人数，而是决定于它们对群众的影响……"② 曼彻斯特通过数字表明了这一点。他指出，据盖洛普民意测验的报告，全部学生中有 72% 没有参加过任何示威行动；《财富》杂志的一次民意测验断言，只有 12.5% 的大学生抱有"革命的"或"激进的反政府"的观点；SDS 只吸收到 7% 的大学生会员。但是，"极端主义者总是只能吸引少数人。……要了解一个集团的趋向，最好的指针是它所获得的同情，而不在于有多少人参加；从这个角度来看，学生的情况就完全不一样了。"有民意测验表明，60 年代大学生中有 81% 的人对大学院校的行政当局不满，有 50% 以上的大学生对美国国内外政策表示了重大的保留。③ 这表明，尽管 60 年代的激进左派相对人数不多，但他们有许多对现实不满的、正在激进化的现实的或潜在的同盟者。他们的力量表现在影响力上。

2.2.1.2　新左派的思想倾向

新左派的思想倾向主要表现在以下五个方面：

第一，批判资本主义现代文明的不合理现象。

这在新左派的《休伦港宣言》（以下称《宣言》）中得到了集中表述。在《宣言》中，新左派批判了美国的种族歧视，认为黑人的遭遇使"人人生而平等"的口号显得空洞而虚伪。《宣言》揭露了美国的贫富悬殊，指出美国富人的骄奢淫逸与占世界人口绝大多数的穷人的生活形成鲜明的对比。它指出，以美国为代表的现代文明隐藏着深刻的危机。建立在工具理性基础上的科学技术

① Adam Garfinkle, *Telltale Hearts*, (London: Macmillan Press Ltd., 1995), p. 10.
② 原文见《生活需要》杂志第 47 期，《列宁全集》（第 22 卷），北京，人民出版社，1990 年版，第 227 页。
③ ［美］威廉·曼彻斯特：《光荣与梦想》（下），广州外国语学院美英问题研究室翻译组、朱协译，海口，海南出版社、三环出版社，2004 年 3 月版，第 1120 页。

过度发展，使得人类制造了大规模的杀伤性武器，无限制的核竞赛使人类笼罩在地球毁灭的阴影之下。片面强调工具理性的作用，鼓吹人定胜天，改造自然，这种过于狂妄的思想造成对自然资源无节制的开采和破坏，大大恶化了生态环境，使人类的生存受到另一种致命的威胁。《宣言》旗帜鲜明地反对现代社会工具理性过度发展的趋势：“这个时代，社会已经不能靠军事力量永久维持，民主的成长必须依靠生活的质量，而不是依靠火箭的数量”，因为技术的恶性膨胀不仅危害国家之间的和平，更危害每个普通人的日常生活。为了从根本上改变这种“单项度”的可悲趋势，《宣言》主张发扬一种真正的“个人主义”，即“人与社会的目标必须是人的独立”，恢复人性的尊严，以摆脱过度膨胀的工具理性的控制。要做到这一点，唯一的依靠是人性的力量：“我们坚信，人类的理性、自由和爱的力量有无限的潜能，……人类在自我教育、自我指导、自我理解与发明创造方面有尚未实现的潜力。”①

当然，宣言的作者们还不懂得资本主义压迫的阶级性，他们是从抽象的人道主义和个人主义立场出发的。然而，新左派的个人主义与极右派的反动个人主义思想不同，它是一种独特的具有民主性的反国家主义，反映了广大青年对国家垄断资本主义的非人道和官僚制度的抗议。从这个宣言可以看出，青年们用他们尚未被现代文明完全污染和窒息的心灵，敏锐地感觉到现代文明理性化过度发展的巨大危险。这个问题超过了任何党派、国家、社会制度和意识形态的范围，关系到人类未来的存亡，关系到人类是否能够继续保持人性的活力和人类的尊严。这是人类历史上前所未有的挑战。这也是青年思潮和运动能够引起人们的共鸣，产生巨大影响的重要原因。青年们虽然无力给人们提出解决这个潜在危机的灵丹妙药，但是他们以自己特有的方式，给人们敲响了警钟。这在今天看来仍然有着现实的警示意义。从这个意义上说，美国 60 年代的青年的力量，不在于他们掌握什么经济势力或政治力量，而是源于他们要求恢复人性的精神活力和恢复人的尊严的社会文化力量。这也是许多青年思潮所具有的一个特征。

第二，主张“参与民主”（participatory democracy）。

“民主”就字面上讲是“人民统治”（rule by the people）的意思（希腊文 demos 是“人民”之意，kratein 是“治理”之意），亦即人民有权利决定公共

---

① William Dudley, *The 1960s*: *Opposing Viewpoints*, (San Diego, Calif.: Greenhaven Press, 1997), pp. 118~122.

事务，公共事务就是自己的事务，不需要委由什么高高在上的统治者为人们决定一切。新左派觉得在美国并没有实现真正的民主。这表现为：

"精英们通过控制大机构，使普通公民孤立、冷漠并失去共同的生活圈子。大公司控制着经济，将人们排除在'影响工作本质和组织的基本决定权'之外。工会陷入组织惯例的泥沼，以至忽视了非组织者和失业者。政府的现行制度妨害了民意，它允许商业利益对国家的操纵。"① 他们还常常"将国会里南方白人种族隔离主义者——他们能够阻止南方黑人获得投票权——的权力作为限制美国民主的一个主要例证。"②

新左派的成员希望看到公民更加积极和直接地参与到公共生活中去。这样，他们提出"参与民主"作为他们最基本的政治目标。

在《休伦港宣言》中，SDS 领袖汤姆·海登指出个人"参与民主"由两个中心目标统御，即"个人参与那些决定其生活质量和方向的社会决策；组织社会以鼓励人们的独立性，提供一般参与的环境。"③ "参与民主"直接针对资本主义社会中的形式民主制，在实践上是一种直接民主制，它提倡绝对的个人民主，带有明显的无政府主义倾向和公社民主制色彩。新左派对绝对个人民主的追求充分体现在"做你自己的事！"（Do your own thing!）这一著名的口号中，反映了他们对现行秩序的不满和反抗，说明"人们所熟知的社会控制的方法——金钱、地位、爱国的和宗教的象征——正在对人们（尤其是新的一代）失去威力"。④ 在新左派看来，在一个机械化、官僚化和非人化的社会中，受到压抑的人们失去了真实的自我，而"参与民主"则有助于真实的和最完美的自我的实现。⑤

新左派"参与民主"的思想不仅导致了他们对美国种族关系、阶级结构的批判，而且还扩展到了对越南战争的批判上。二战时期，进步的行动主义者

---

① Allen J. Matusow, *The Unraveling of America: a History of Liberalism in the 1960s*, (New York: Harper & Row, 1984), pp. 312~313.

② David Farber and Beth Bailey, *America in the 1960s*, (New York: Columbia university Press, 2001), p. 91.

③ Kirkpatrick Sale, *SDS*, (New York: Vintage Books, Random House, 1973), p. 52. 汤姆·海登"参与民主"的思想深受政治哲学家阿诺德·考夫曼的影响，考夫曼和海登（在其自传中）都曾谈到这一点。Kevin Mattson, *Intellectuals in Action*, (University Park: The Pennsylvania State University Press, 2002), p. 197.

④ Matthew Stolz, *Politics of the New Left*, (California: Glencoe Press, 1971), p. 35.

⑤ 参阅 David Farber and Beth Bailey, *America in the 1960s*, (New York: Columbia University Press, 2001), p. 92.

是支持权力机构中战争制造者的集权和联合国中国际强权的巩固的。而越战时期的新左派则不同，他们对集权深表怀疑，并极为赞同追求群体自治的分权，它的"次民族自治"（sub-national self-determination）的主张就反映了这一点。这一主张意味着对黑人权力、妇女解放、学生权力、同性恋自尊和种族意识等的维护。随着越南战争的发展和国内校园及少数民族聚居区不满情绪的高涨，左派激进主义者开始将斗争的锋芒直指越南战争。他们反战的一个目的是将遭受美国干涉的国家和人民解放出来。用他们自己的话说，就是"我们所需要的不是和平运动，而是解放运动。"他们认为："现在被美国军工复合体占领的国家中的自决和美国国内的自决是联系在一起的。"① 可见，新左派由对国内"参与民主"的要求进而发展到了对国外民族自决权的支持，具有历史进步意义。

在实现从公司制社会到分权社会转变的方式和实现转变的力量上，新左派在《休伦港宣言》中将学生自身指认为一种关键性因素。他们认为，在复杂的工业社会里，大学占据着社会影响的永久性地位。如果学生和学校教职员工能够从行政人员那里争得对教育过程的控制，并且与工人阶级、民权运动中的同盟者以及民主党内醒悟了的自由主义者建立起真正的合作关系，那么一场致力于重建美国民主的激进运动就会发生。② 新左派的这些思想尽管充满了理想主义色彩，但它充分体现了青年人自我意识的觉醒和对美好社会的向往与追求。

第三，宣扬"新工人阶级理论"。

尽管在其最初的思想表述中，美国的新左派也提到了与工人阶级合作的问题，但这一提法最终只流于书面的形式，而没有为其多数成员接受。在实践当中，他们与工人阶级基本上处于不合作、甚至是对立的状态。这一点与同时期的法国学生运动不同。在1968 年5 月的法国"五月风暴"③ 中，工人加入到

---

①　Dellinger, "On the New Nonviolence," Win II, 10（June 11, 1966）: 11～12; etc. 转引自 Walter L. Hixson, *The Vietnam Antiwar Movement*,（New York and London: Garland Publishing, Inc., 2000），p. 45.

②　William Dudley, *The 1960s: Opposing Viewpoints*,（San Diego, Calif.: Greenhaven Press, 1997），p. 124.

③　这一事件的导火索是法国巴黎南泰尔学院对男女交往禁令的规定，对此，学生们普遍表示不满，并进而将这种不满扩展到对法国高等教育制度的逆反。此时，法国经济出现不景气，学生就业机会减少。在这种情况下，法国爆发了大规模的学生抗议运动，并蔓延到社会各阶层和全国各地，引发了法国历史上规模最大的罢工，法国的高等教育完全陷入瘫痪，正常的社会生活突然全部停止。1968年5 月，运动达到高潮。

对现代文明和法国社会问题的批判行列之中，他们希望通过这场运动改善他们的工作和生活条件，而青年学生由于形势所迫也请求工人的帮助。这样，就形成了青年学生和工人的同盟军。而美国的新左派组织 SDS 自建立初期就是排斥共产党和进步劳工党成员的，对各种工会组织也非常反感。"在新左派运动的最初几年中，以工人阶级为核心的社会主义理论在参加运动的大部分人心目中名声扫地，因为学生把自己看作'中产阶级'，而把工人和他们的工会看作冷战和种族主义的骨干力量。"① 在新左派看来，工人阶级不再是一个"反对派集团"，而是体制内的改良群体。② 这种状况的产生是有原因的。

首先，在当时的美国，由于资本主义劳动市场的竞争日益激烈，工人中确有很大一部分人具有强烈的种族主义色彩，对黑人竞争者表示憎恶。这种因素导致了一部分人在政治态度上的右倾，例如在 1968 年大选中投票支持反动的种族主义者乔治·华莱士。其次，越南战争提高了国内的就业率。有资料表明，美国的失业率从 1963 年的 5.7% 降到了 1968 年的 3.6%，蓝领工人的计时收入也有所提高。大多数劳工领袖认为他们可以大炮和黄油兼得。③ 因此，美国工会组织和一部分工人也是支持越战的。在美国劳工联合会——美国产业工会联合会（AFL-CIO）1965 年全国会议上，其代表宣称："劳工运动向世界宣布，国家的工人们确实支持约翰逊政府介入越南。"盖洛普民意调查也显示，这个声明准确地反映了美国工人的感受。④ 1967 年，1368 名工会代表催促约翰逊升级越南战事，而只有 276 名代表要求立即撤出印度支那。⑤ 这种状况似乎也证明了米尔斯的观点，即工会成了主要政党的一部分，和它们站在一起，而不是站在它们的对立面。⑥ 在 60 年代的许多知识分子心中，工人阶级的形象就是那些在自己的汽车上贴着"支持你们当地的警察"和"轰炸河内"的标语的人，是"阿尔奇·邦克"、"拉尔夫·克拉姆登"之流的愚昧无知而

① James Weinstein, *Ambiguous Legacy: the Left in American Politics*, (New York: New Viewpoints, 1975), p. 129.

② 参阅 Lewis S. Feuer, *The Conflict of Generations: the Character and Significance of Student Movements*, (New York and London: Basic Books, Inc., Publishers, 1969), p. 387.

③ 参阅 Peter B. Levy, *The New Left and Labor in the 1960s*, (Urbana: University of Illinois Press, 1994), p. 52.

④ ibid., p. 48.

⑤ Kenneth J. Heineman, *Put Your Bodies upon the Wheels: Student Revolt in the 1960s*, (Chicago: I. R. Dee, 2001), p. 61.

⑥ 参阅 C. Wright. Mills, *White Collar: the American Middle Classes*, (New York: Oxford University Press, 1951), p. 343.

又凶神恶煞似的落后分子（阿尔奇·邦克、拉尔夫·克拉姆登是美国电视节目中被丑化了的工人形象）。再次，对于青年反战运动中的反文化倾向，工人阶级也是难以接受的。在劳工领袖和普通工人的心目中，毒品、滥交、长发和焚烧美国国旗是与新左派的反战运动紧紧联系在一起的。码头装卸工人埃里克·霍夫认为，他代表"传统价值观"，而反对"荒谬主义的美国"，甚至并不赞成约翰逊政策的工团主义者也因为反战思潮和运动中的反文化倾向而难以与之结成联盟。钢铁工人领袖劳伦斯·斯毕兹认为，他不能促使他的成员们同情那些"在裤臀部佩着国旗"的人。① 可见，反战思潮与反文化思潮的结合，在使它的叛逆性表现更为明显的同时，也使它的政治力量的发展受到一定的限制。在这种情况下，新左派认为传统的工人阶级已经不再能承担历史变革的重任，必须由一个新兴的阶级来代替它，这个阶级就是马尔库塞所说的"新工人阶级"。在新左派看来，包括他们在内的美国绝大部分所谓的中产阶级实际是"新工人阶级"的成员。也就是说，他们和那些正在完成被一种新的工艺水平所决定的工作的工人们处于同一种剥削制度中。在发达的资本主义社会中，革命的可能性只能从这个阶级中产生。新左派认为发达工业社会中的革命动力不再是产业工人，而是"新工人阶级"和少数民族居民区的穷人。60 年代末，当普林斯顿大学 SDS 成员丹·利芝迪（Dan Lichty）谈到常春藤联盟大学（The Ivy League）的激进主义同伴时，特别说到他们对工人阶级的冷漠："普林斯顿就是那种地方。到处是树荫、草坪和富人家的孩子。他们不考虑这里的工人。……"②

总之，60 年代的新左派强调政治运动的校园指向，将青年学生看作变革美国社会理所当然的参与者与推动者。与许多以前的、将学生看作社会变革的次要因素的学生组织不同，新左派的"新工人阶级"理论表明了学生对自身力量的自信，他们决心成为社会历史运动的重要组成部分。由于主客观方面的原因，他们对产业工人不够重视。尽管新左派中的"工人——学生同盟"（WSA）曾一度表现出向工人阶级靠拢的姿态，但该组织很快就被逐出 SDS 而并入"进步劳工党"（PLP），丧失了政治上的独立性；而反战运动后期出现的由学生和劳工组成的"和平联盟"（Coalition of Peace），尽管也组织过反战

---

① 参阅 Peter B. Levy, *The New Left and Labor in the 1960s*, (Urbana: University of Illinois Press, 1994), p. 53.

② Kenneth J. Heineman, *Put Your Bodies upon the Wheels: Student Revolt in the 1960s*, (Chicago: I. R. Dee, 2001), p. 62.

集会，但其规模和影响极其有限。总的看来，青年学生和产业工人间大范围的联合始终没有形成，这使新左派在很大程度上失去了一个变革美国社会的可能的同盟者。①

第四，越战的性质：帝国主义战争。

在新左派看来，第三世界民族主义者以社会主义作为改变其国家受剥削的历史的影响，这种方法是合理的。对于冷战外交冒险政策，他们持坚决的反对态度。这是因为，他们担心冷战会导致核战争，而且，他们也体验过反共政策给国内政治带来的巨大混乱。② 对于在冷战背景下爆发的越南战争，新左派从一开始就是反对的，但对其性质的认识，却有一个由表及里、逐步深化的过程。在1965 年前，新左派并没有将越战视为一种帝国主义战争，相反，"他们认为越南人是被疏远的存在主义者，他们反对战争是因为有道德的人都必须这样做。"③ 反战对他们来说只是一种道德需要。这时，他们的观点还具有抽象的人道主义的性质。然而，随着反战思潮的走向深入，新左派对美国越南政策的认识发生了转变。在1965 年4 月的华盛顿进军中，SDS 主席保罗·波特在演讲中说道："这是一种什么制度，"他问道，"它使美国或其他国家有理由左右越南人民的命运，并为了自己的目的无情地利用他们？……我们必须为之命名，加以描述、分析、理解和改变。"④ 他认为，"战争的经营者并非'极恶之人'，'他们自己决不会朝一个10 岁的小孩扔汽油弹'。然而，他们在远方做出的可能徒劳的决定，却具有这样的效果。"⑤ 在这种"决定"背后起作用

---

① 实际上，工人阶级在参与和支持反战运动中也发挥了作用。例如，1969 年10 月27 日，美国企业界举足轻重的通用电器公司的15 万工人罢工，反对侵越战争。之后，全国25 万邮电工人的罢工浪潮席卷了200 多个城市，使得邮政系统几乎全面瘫痪。见何维保等：《美国的非常年代》，郑州：河南人民出版社，2002 年4 月版，第279 页。尤其是1970 年5 月事件之后，工人反战情绪大为高涨。杰里米·布莱奇认为，1970 年5 月是以"美国工人态度的巨大变化"为表征的，见 Peter B. Levy, *The New Left and Labor in the 1960s*, (Urbana : University of Illinois Press, 1994), pp. 62 ~ 63。工人与反战行动主义者之间在战争问题上的对立大为减少了。但此时新左派组织已经分裂，青年激进主义者的暴力化倾向明显，全面建立与工人阶级的联盟已经不再具有现实的可能性了。

② David Farber, *The Age of Great Dreams : America in the 1960s*, (New York : Hill and Wang, 1994), p. 92.

③ ［美］戴维·斯泰格沃德：《六十年代与现代美国的终结》，周朗等译，北京，商务印书馆，2002 年版，第197 页。

④ 参阅 Allen J. Matusow, *The Unraveling of America : a History of Liberalism in the 1960s*, (New York : Harper & Row, 1984), pp. 318 ~ 319.

⑤ ［美］戴维·斯泰格沃德：《六十年代与现代美国的终结》，周朗等译，北京，商务印书馆，2002 年版，第197、198 页。

的，正是社会制度本身。后来，1965 年 6 月当选为 SDS 主席的奥格尔斯比将这种制度命名为"公司自由主义"（coporate liberalism），并认为这种制度是假自由主义之名为公司剥削正名。① 实际上，它是一种骗人的工具，目的是使受压迫者甘心接受压迫，因为它将压迫说成是"自由"。奥格尔斯比同样认为，战争的经营者"并非道德怪兽"；相反，"他们都是正直的人。他们都是自由主义者"。② 但在这种制度之下，这些"正直的人"却做着不道德的事情。奥格尔斯比所说的实际上就是帝国主义制度，但他并没有这样称谓它。这是因为在新左派看来，"帝国主义"是老左派的用语，他们并"不准备接受这一老左派的概念。"③ 但不管将这一制度称作什么，都并不影响他们"将越战理解为美帝国主义，理解为美国干涉他国、通常是第三世界国家事务方式的一个方面。"④ 新左派对战争性质认识上的深化，使他们在反战运动中表现出更大的主动性和积极性。

第五，斗争手段：从非暴力走向暴力。

在斗争的手段上，新左派也经历了一个思想转变的过程。他们最初并不崇尚暴力，相反，他们认为"暴力是令人憎恶的"，因为它需要将"目标——不论是一个人还是一个人群——转化为令人憎恶的非人对象。"因此，"必须取消暴力手段，而且要发展作为冲突条件的非暴力制度——当地的、国内的、国际的。"⑤ 在他们看来，既然人类有自我教育、自我指导、自我理解与发明创造"的潜力，那么，只要将这种潜力发掘出来就可以起到变革社会的作用了，而要做到这一点，就要发动一场"意识革命"。SDS 全国书记卡尔弗特说道：

"如果虚假的意识是组织一场革命运动的主要障碍，那么相应地我们在这个发展阶段的主要任务就是鼓励和建立革命的意识，对不自由的环境的意识。"⑥

① Staughton Lynd, "The New Left," in Richard D. Lambert（ed.）, *The Annals of the American Academy of Political and Social Science*, Vol. 382（March 1969）, p. 69.

② Oglesby interview; Zaroulis and Sullivan, 65 ~ 66. 转引自 Tom Wells, *The War Within*,（Berkeley: University of California Press, 1994）, p. 62.

③ Allen J. Matusow, *The Unraveling of America: a History of Liberalism in the 1960s*,（New York: Harper & Row, 1984）, p. 319.

④ Alexander Bloom, *Long Time Gone*,（New York: Oxford University Press, 2001）, p. 33.

⑤ William Dudley, *The 1960s: Opposing Viewpoints*,（San Diego, Calif.: Greenhaven Press, 1997）, p. 124.

⑥ Tom Hayden, "Port Huron Statement: Introduction," in Loren Baritz, ed., *The American left: Radical Political Thought in the Twentieth Century*,（New York: Basic Books, 1971）, p. 428.

SDS 的 ERAP① 活动、"自由言论运动"（Free Speech Movement，即 FSM)② 以及嬉皮士的沉思冥想都可以被看作是解放自己和别人的意识的尝试。到了 60 年代后期，随着这一活动的失败，尤其是随着反战高潮的出现，新左派开始放弃温和态度，日益走向暴力。他们开始反对与主流政治势力——首先是约翰逊自由主义者——的任何形式的妥协或联盟。新左派领袖之一的斯堂顿·林德将任何这样的尝试称作"不可能的联盟"（coalition with the marines），意思是说约翰逊想以国内的让步换取美国人民对越战的支持，而这是不可接受的。③ 他们主张刺激统治集团，迫使其抛弃"镇压的容忍"策略而诉诸于镇压的暴力。用他们的话说就是："我们必须使自由派的政府极端化，使它反对大多数人。"④ 这时，青年们开始认识到，左派的真正胜利要由那些愿意行动的人们取得，街头行动本身就是一种建基（base-building）行为。SDS 的领导层相信，该是抛弃对于"过于激进"的担心的时候了，该是向美国青年作出新的革命承诺的时候了。⑤ 青年们开始主动地向警察和现存制度的维护者们进行挑衅，和平的游行示威发展成为直接的暴力活动。新左派理论家戴夫·吉尔伯特宣称：

"我们已经开始发展代替现存制度的生活环境。在哥伦比亚的被解放的建筑物中，在纽约、圣弗朗西斯科和其他许多城市的退出习俗者的公社（the dropout communities）中，我们正在着手建设我们自己的联邦，自己的文化。"⑥

新左派青年最终采用暴力抗争的手段，除了他们策略上的考虑外，也反映了他们面对令人失望的社会现实时无奈、绝望的心情。

2.2.1.3　对新左派的评论

60 年代新左派的出现标志着青年向社会和传统挑战的勇气和决心。虽然

---

① 指 SDS 组织的"经济研究和行动计划"（Economic Research and Action Project），是一项组织内城区的穷人通过政治行动改善状况的计划。

② "自由言论运动"发生于加州大学伯克利分校，是 60 年代发生于美国大学校园的第一次大规模学生运动。随着60 年代初青年学生理想主义情绪的高涨，该校当局于 1964 年秋取缔了各学生团体在校门口进行与大学无关的社会宣传的权利，禁止学生发表与政治相关的言论。学生们于是发起了"自由言论运动"，持续达数月之久。后根据教授会议的提案，校方开始制订有关谈论社会问题和言论自由等方面的新规定。由于这一时期青年的克制态度和学校当局做出的让步，运动没有形成大的冲突。

③ Allen J. Matusow, *The Unraveling of America: a History of Liberalism in the 1960s*, (New York: Harper & Row, 1984), p. 313.

④ Christopher Lasch, *The Agony of the American Left*, (London: Andren Deutsch, 1970), p. 183.

⑤ Kirkpatrick Sale, *SDS*, (New York: Vintage Books, Random House, 1973), p. 477.

⑥ Priscilla Long, ed., *The New Left: a Collection of Essays*, (Boston: P. Sargent, 1969), p. 40.

新左派的反抗形式繁多，组织状况杂乱，但是新左派对资本主义现实社会（尤其是其价值系统）的冲击是颇有成效的。"年青的激进者们以行动向官僚控制的微妙方式、无所不在的广告操纵、共同生活的狭小空间以及掩饰在习俗的性道德之下的虚伪进行挑战。"① 这种挑战虽然有时失之偏颇，甚至流于颓废和虚无主义，但是它却在相当大的程度上动摇了现存的价值体系和伦理观念。

然而，美国新左派并没有在破坏的同时建立起一套系统的、切实可行的代替物，它在摧毁了一个旧坐标系以后却不能建立起一个新坐标系。SDS 的前任主席卡尔·奥格尔斯比公开声称：

"革命的基本动机不是建设一个天堂，而是破坏一个地狱。""革命者对于他在未来想要什么这个问题的回答是——不要他现在已有的东西。"②

另外两位注重理论的新左派思想家马丁·J·斯克拉和詹姆士·温斯坦承认：

"不幸的是，对于新左派的最合适的定义，即对它所具有的结构和它的组织以及领导人的定义，都是否定的。至少在一切已发生的运动中，我们知道新左派反对什么、拒绝什么，但是没有一个人知道它要什么。"③

因此，将60 年代的新左派与以往的青年最清楚地区分开来的是对主流政治的抛弃，而不是对一种替代的政治方向的发展。这是一种无政府主义的表现。它使新左派的反战成为一场破坏，从而极大地削弱了新左派的群众基础。这也是新左派激进主义运动不能长久、最终销声匿迹的原因。正如汤姆·海登在80 年代末所说的："你不能将一座火山变为一栋摩天大厦。"④ 尤其是在反战运动的后期，运动转变为少数人的暴力行动，激起了社会其他阶层的厌恶，不但没有扩大自己的阵营，反而把许多过去的同盟者推向统治集团一边。对此，马尔库塞指出：

"左派运动本身必须控制和约束这种暴力行为。为了那些不明确的、一般的、不能把握的目标而行动是没有意义的，甚至是很糟糕的，这些行动增加了

① John P. Diggins, *The American Left in the Twentieth Century*, (New York: Harcourt Brace Jovanovich, 1973), p. 186.

② Loren Baritz, ed., *The American left: Radical Political Thought in the Twentieth Century*, (NewYork: Basic Books, 1971), p. 388.

③ Ibid., p. 419.

④ David Chalmers, *And the Crooked Places Made straight: the Struggle for Social Change in the 1960s*, (Baltimore: Johns Hopkins University Press, 1991), p. 187.

左派运动反对者的数目。……这些活动给人民带来的损失远比给统治阶级带来的大。"①

这也说明新左派对资本主义社会承受危机的能力和社会各阶级、阶层的状况还缺乏正确、清醒的认识。而作为一种恶性反应，新左派成员中的杰出人物论调越来越露骨，他们以救世主、先知和启蒙者自居，企图通过极端的个人英雄主义行为来唤醒懵懂消沉的群众。而新左派的拥护者也将艾尔斯和鲁德等人当作 60 年代末 SDS 精神的象征。SDS 第一任主席阿尔·哈伯的妻子巴巴拉·哈伯回忆说："有几十个男人作为革命的化身凸现出来，以致于和他们睡觉就等于是进行政治交流了。"② 这些偏激的实践活动和救世主姿态与新左派最初倡导的"参与民主"的政治目标背道而驰，从而使新左派在运动中陷入一种自相矛盾的窘境中。

尽管有种种不足，但新左派使美国人更强烈地意识到现代工业社会对人的威胁，并推动了美国种族主义问题和少数民族聚居区的贫困问题的解决，为这些问题的缓解创造了条件。他们通过烧毁征兵卡、反战示威等方式，动员广大青年加入到抵制侵略战争的行列。他们的反战行为得到了美国社会各阶层进步

---

① ［美］马尔库塞：《工业社会和新左派》，任立编译，北京，商务印书馆，1982 年版，第 123 页。

② Kenneth J. Heineman, *Put Your Bodies upon the Wheels*: *Student Revolt in the* 1960*s*, (Chicago: I. R. Dee, 2001), p. 194. 这句话同时也是对反战思潮中的男权主义倾向的揭露。在反战运动中，女性青年与男性行动主义者一道行动，成为运动的推动者。如1965 年时，在从加利福尼亚大学校园步行 7 英里半到奥克兰陆军集散站的 200 ~ 300 名学生中就有女性参加。他们试图阻止运送新兵到越南的列车，其中一位妇女甚至还坐到了铁轨上。参阅 Gerard J. Degroot, *Student Protest*: *the Sixties and after*, (London and New York: Longman, 1998), p. 187. 许多女性由于在反战运动及之前民权运动中的实践，开始认识到自身的力量，她们的权利意识开始觉醒，对女性在社会中的不平等地位提出挑战。柯克帕特里克·塞尔认为，SDS 是妇女解放运动的温床，这有时是在有意无意间造成的。但由于习惯力量的作用，大多数人只把妇女看作性交的对象，并不认真对待。新左派虽然主张"参与民主"，但它没能认识到妇女个人和集体对斗争所作的贡献，因反战思潮激进化了的女性却被自己的男性同伴边缘化了，她们往往只能做一些打字、做饭的工作和为男性提供性方面的"服务"，而男性则享有领导者的荣耀。在反战运动中，女性常常不得不为自身的合法性做斗争。1965 年 12 月，SDS 全国委员会的一个叫做"关于运动中的妇女"的研讨会对妇女在美国社会中的作用进行了讨论。但在许多男性反战者看来，与结束战争的政治议程相比，妇女所关心的问题只是边缘性的，不值得关注。在反战运动中，女性始终难有自己独立的声音。一位 SDS 的女性成员于 1969 年初这样说道："我们发现自己难以影响计划的方向和范围。我们依靠男人的指导和认同。"见 Kirkpatrick Sale, *SDS*, (New York: Vintage Books, Random House, 1973), pp. 9 ~ 10, 252, 526. 在反战的过程中，女性常常不得不在是与男性继续保持联盟还是提出女权问题间做出抉择，她们与男性成员是一种既合作又斗争的关系，有些激进的女权主义者最终脱离了新左派等组织，使反战青年的整体力量受到削弱。

人士和世界上爱好和平的人们的同情和支持，为维护世界和平做出了贡献。

2.2.2 自由主义者的分裂

2.2.2.1 "左翼 – 自由主义者"的出现

路易斯·哈茨认为，从建国之初起，"美国社会就是一个自由主义的社会"，"自由主义"是"美国人精神的本能流露"。① 也正是基于自由主义的共同信仰，美国社会表现出很大程度的一致性。但这种"一致性"在 20 世纪60 年代却被打破了。以约翰逊为代表的"自由主义者"不仅受到对资本主义制度提出挑战的新左派的猛烈进攻，而且还受到同样冠以"自由主义者"之名的"左翼 – 自由主义者"的抗议。他们虽然"没有进行挑战现存制度的必要尝试"，② 但却像新左派一样反对政府的战争政策。这是在美国社会矛盾激化、危机四伏的情况下出现的新现象。

在《行动中的知识分子》一书中，凯文·马特森（Kevin Mattson）指出，在 20 世纪60 年代的政治文化中，自由主义似乎"被抽调了精华"（eviscerated）。这意味着，作一个自由主义者可能会使一个政治候选人落选，而作一个自由主义知识分子就会因为太一般化（too universalistic）而受到来自左派的攻击；右翼也会因他们对传统和宗教实践的严责攻击他们。③ 自由主义者的微妙处境迫使他们不得不明确自己的政治立场，他们要么左倾，站到反战的立场上；要么与政府站在一起，从而在事实上背离自由主义的精神。历史的经验是，战争一旦在一代人中进行，就会促使整个社会产生疑问，迫使人们在不可调和的观念中做出选择。在冲突激化的情况下，模棱两可的主张变得越来越不可能。查尔斯·狄班尼丹迪在谈到当时的自由主义组织"争取民主行动美国人组织"（ADA）的情况时指出，这个组织"既在国内政策又在对外政策上严重分裂。除了轰炸，——实际上所有的派别都反对这一点——自由主义团体在那些接受继续自由主义反共立场的人和那些寻求新的外交政策途径的人之间、在大多数试图给政府提出建议的人和一些挑战政府的人之间分裂"，而这恰恰

---

① ［美］路易斯·哈茨：《美国的自由主义传统》，张敏谦译，北京，中国社会科学出版社，2003 年版，第 3、53 页。

② David Chalmers, *And the Crooked Places Made Straight: the Struggle for Social Change in the 1960s*, (Baltimore: Johns Hopkins University Press, 1991), p. 136.

③ Kevin Mattson, *Intellectuals in Action*, (University Park: The Pennsylvania State University Press, 2002), pp. 14 ~ 15.

"反映了全国的自由主义的状况"。①

随着战争的升级，约翰逊与那些"激进的自由主义者"（far-out liberals）②——即"左"倾了的自由主义者——的分歧日益明显。在约翰逊看来，这似乎是一种奇怪的现象，因为不论在国内政策上，还是在外交事务上，他都"试图以自由主义传统进行统治"。他相信，这些人对他的憎恨不是因为他所做之事，而是因为他是谁。③ 也就是说，他认为这些自由主义者反对他是对"人"不对"事"的。但他没有明白，他所捍卫的"自由主义"已经全然不同于那些反对他的自由主义者的"自由主义"了。

对于"约翰逊式"的"自由主义"，SDS 主席奥格尔斯比有过精彩的描述。他指出：

"从罗斯福开始，这个国家已经实行了 30 多年的自由主义，却将 20 万年轻人送到越南去杀人和送死，仅仅是为了这场目的不明的战争。而它却不让 100 个选举登记人前往密西西比帮助黑人同胞。如果是你，你会怎么样？这场战争的财政负担已经迫使我们削减了几百万向贫穷开战的经费，而我们的国会却给了洛克希德和波音公司 1 亿 4000 万美元，让他们研究开发超音速战斗机；建造迪斯尼乐园，又将花去我们纳税人 20 亿美元。如果是你，你会怎么办？自由主义者一贯以反共的意识形态使他们的行径合法化。……他们甚至说，丢在越南的燃烧弹都是人道主义表达爱的一种方式，……所以我们对越南人说，死了也比'赤化'强，如果我们的炸弹伤了你，或者你不能理解我们的好意，对此，我们只能深表遗憾。"④

这些"自由主义者"所表达的是一种赤裸裸的帝国主义强盗逻辑。他们就像 C·赖特·米尔斯谴责过的"北约组织的知识分子"一样，会放弃滋养他们的理想并向强权屈服，他们的希望是延续一场非正义的战争。而与之相对的自由主义则不同，它反对美国政府对越南事务的干涉，它所表现的是冷战一致的分裂——在 50 年代被自由主义知识分子视为"圣战"的冷战，到了 60 年代却成了遭人唾弃的东西。坚持这种自由主义的人被称作"左翼 - 自由主义

---

① Charles Debenedentti, *An American Ordeal*, （New York：Syracuse University Press, 1990）, p. 131.

② 参阅"Why 'Liberals' Grumble about LBJ," *U. S. News & World Report*, *Vol. lix*, *No.* 1 （July5, 1965）, pp. 40 ~ 42.

③ Allen J. Matusow, *The Unraveling of America：a History of Liberalism in the 1960s*, （New York：Harper & Row, 1984）, p. 376.

④ Kirkpatrick Sale, *SDS*, （New York：Vintage Books, Random House, 1973）, pp. 242 ~ 243.

者"。相对于约翰逊代表的"公司自由主义者"来说，奥格尔斯比将他们称为"人道主义的自由主义者"。按照他的说法，人道主义的自由主义者可以追溯到威尔逊的理想主义传统，他们将加入到将美国从越南自治的道路上转移开来的斗争中。①

认清了美国政府"自由主义"真相的"左翼－自由主义者"，在 60 年代反战浪潮的裹挟下，或是出于人道主义的立场，或是出于对美国利益的考虑，加入到了反战的行列当中，为结束战争、维护和平发挥着自己的作用。

2.2.2.2　个案分析："全国学生联合会"的变化

为了更具体地反映 60 年代美国青年自由主义者思想上的转变，我们以"全国学生联合会"（the United States National Student Association，简称 NSA——以下均使用此简称）为个案作进一步的分析。②

NSA 是 50 年代美国最重要的学生组织之一，这个组织的构成比较复杂，既有由反对共产主义的天主教代表构成的右翼，也有赞成共产主义的左翼，但自由主义者构成了这个组织的核心，大多数的主席和副主席均来自于自由主义阵营，他们在该组织的运行中起着关键的作用。因此，从总体上说，该组织是一个自由主义的组织。

在历史上，NSA 是一个与美国政府有着密切联系的组织，这主要表现在它与"中央情报局"（CIA）的关系上。NSA 有一项称作"国际学生关系研讨会"（ISRS）的重要国际计划。该计划始于 1952 年，终于 1967 年。ISRS 每年举行一次，其人员包括前 NSA 领导人、美国国务院和其他政府部门的代表及一些教授，旨在让参加者不仅全面了解 NSA 及其运作情况，而且也了解国际学生界的事件。在长达 15 年的时间里，CIA 为 NSA 的国际计划提供了数百万美元的经费，而 NSA 也愿意接受来自 CIA 提供的资金和指导。原因在于，在 CIA 看来，NSA 将美国生活中自由主义的一面展现给了外国人，而且它还可以收集到一些发展中国家未来精英的材料。NSA 领导人通常会非常详细地写出秘密工作报告，这其中包括许多国家学生会领袖个人的和政治上的偏好，以及学生会的走向和观点。由于 50 年代美国外交政策的保守主义立场，美国官方机构要建立起与发展中国家的知识分子和学生的密切联系是不可能的，但像

---

①　参阅 Doug Rossinow, *The Politics of Authenticity*,（New York：Columbia University Press, 1998），p. 214.

②　以下资料除特别注明外，其余均来自 Philip G. Altbach, *Student Politics in America：a Historical Analysis*,（New Brunswick, NJ, USA：Transaction Publishers, 1997），pp. 122～132.

NSA 这样表面上"独立"的学生组织却可以做到这一点，并且较少受到美国政府政策的妨碍。这样，NSA 使美国人在许多问题上与国外发生了联系，甚至有时产生了较大的影响。例如，通过总部设在荷兰的国际学生会议（International Student Conference，即 ISC），① NSA 对深受共产主义影响的国际学生联合会（International Union of Students）起到了一定的制衡作用。尽管 NSA 国际计划的主要目的不是进行间谍活动，但毫无疑问，NSA 收集的大量材料对于美国政府分析外国政策以及了解发展中国家的未来精英的状况很有帮助。而 NSA 的许多前领导人在他们的任期结束后也会选择继续与政府合作，他们往往会成为 CIA 的专职雇员。这样，NSA 实际上起到了为 CIA 和其他政府部门补充人员的作用，这使二者的联系更为密切。

从 NSA 的角度看，它与 CIA 的联系一方面是出于获取经费的考虑，而更重要的是它们在 50 年代时的政治立场是一致的。对于这种依赖关系，NSA 的领导层并不觉得是种耻辱，相反，他们认为自己是在维护美国的利益、反对共产主义并在国内外推行自己的自由主义价值观。

在国内事务上，NSA 强调其服务和协调功能，在整个 50 年代，它都保持着政治上的低调。当然，它并没有完全忽视政治问题。从其诞生之日起，NSA 就对结束校园中的种族和宗教歧视现象，以及学术自由和公民自由等问题表现出极大的关注。但为了应对、也是为了抚慰其内部的保守因素，NSA 在对待这些问题的态度上比较温和。即使在 50 年代末 NSA 成员积极参与民权运动的时候，它也没有站在运动的前列；它从未带头使学生的行动主义进一步左倾，在很多情况下，它是作为 SNCC、SDS 或 SPU 等组织的效仿者出现在美国青年运动的舞台上的。

到 1960 年和 1967 间，随着各种青年抗议运动和思潮的发展，NSA 的言辞也变得激烈起来，它不断介入更为广阔的政治问题，在对民权运动的支持以及在贫困、公民自由和种族问题上也表现得越来越坚定，左倾倾向日益明显。在越争问题上，尽管它与新左派仍然存有分歧，例如它主张和谈，也没有要求美国撤军，但它谴责了战争的不断升级，与约翰逊政府产生了矛盾。到 1967 年圣瓦伦丁节时，随着 NSA 每年接受中央情报局 20 万美元②津贴一事的曝光，

① 1950 年由 NSA 建立的一个包括 80 多个全国学联的学生组织联盟。Phil Agee, Jr. "The National Student Association Scandal", http：//www. cia-on-campus. org.

② 据《堡垒》和《纽约时报》，这个数字为 40 万，见 Phil Agee, Jr. "The National Student Association Scandal", http：//www. cia-on-campus. org.

其工作陷于瘫痪。之后，NSA 趋于激进，尽管这时它仍处于引领时代潮流的新左派之外，但它已采取了较为强硬的反战立场，并在 1970 年 12 月 "人民和平协议" （"People's Peace Treaty"） 的制订中发挥了作用。在这个协议中，NSA 明确将 "美国人同意立即完全从越南撤军，并公开设定所有美国军事力量离去的日期" 作为实现和平的条件。这是其在战争与和平问题上认识的一个进步。该组织指出："像其前任一样，尼克松总统说着和平话语，但却奉行着战争政治。" 它认为："和平在 1971 年是可能的。但人民必须去制造这个和平。……赞成这个协议的原则只是我们工作的开始。和平协议会给所有我们结束战争的努力提供一个中心。" 为了实现和平，它大声呼吁："多数人的意见必须转变为多数人的行动。是我们——人民——作为个人和以团体的形式会聚在一起，支持和平原则并决定我们该采取什么行动去实现 1971 年的和平的时候了。" 最后，该组织保证要 "采取任何适当的行动实现这一联合和平协议的条款，并确保其为美国政府接受"。① 可见，这时 NSA 已由政府的合作者和政府对外政策的支持者变成了反对者，其政治立场也由温和转向激进，它的 "左翼 - 自由主义" 的特点也更为明显。

2.2.2.3 "左翼 - 自由主义者" 的思想倾向

尽管 "左翼 - 自由主义者" 和新左派都主张反战，但他们在对战争性质的认识、反战的策略等上面却有着很大的差异。这主要表现在这样几个方面：

第一，对战争性质的认识。如前所述，新左派将越南战争看作一场帝国主义战争，它根源于帝国主义的侵略本性。而 "左翼 - 自由主义者" 则不同，他们认为战争是由政府政策的失误导致的，而避免 "反帝国主义的解释"。② 反战自由主义者经常说的一个主题是自身、个人对政府行为所承担的责任。他们常常以纳粹德国作比，如德克萨斯大学学生、"结束越南战争委员会" （Committee to End the War in Vietnam，即 CEWV） 的领导人大卫·格莱 （David Gray） 这样向其他青年发问："你们会是允许希特勒上台的德国人吗？" 他请求道："现在就说！决不再允许我们的政府以我们的名义进行越战。" 但自由主义者实际上并不相信 "法西斯主义" 真的来到了美国。格莱认为，与那些发动战争的领袖们相比，纳粹主义的类比更适合于支持战争的人们。他认为

———————————

① "People's Peace Treaty," October25, 2004 , http：//ice. he. net/ ~ freepnet/kerry/staticpages/index. php? page = peoples. "联合和平协议的条款" 指该组织提出的 9 条实现和平的条款。

② Doug Rossinow, *The Politics of Authenticity*, （New York：Columbia University Press, 1998）, p. 216.

战争的决策者们"不是右翼的头脑发热的人，而是忧心忡忡、相信他们所做之事对最终的和平是必须的人。他们的一个错误是相信军事征服是建立和平的正确方法。"① "左翼－自由主义者"忘记了这样一个事实：那些开动了战争机器的人虽然连续不断地遭到失败，但却并没有悔悟；二战后的历届美国政府都将对越南的干涉作为一项基本的政策，这也决非由某个决策者决定的偶然之事。对于激进左派青年认为美国的外交政策是由美国的海外投资利益决定的观点，自由主义者并不认同。在他们看来，这是一种"僵硬的、本质上是列宁主义的历史分析"，他们"对多米尼加的冒险和越南灾难深感痛惜"，但却"认为它们不是经济决定论的残酷结果"。② 他们认为这些决定是悲剧，但却是可以避免的。

基于这种认识，"左翼－自由主义"的青年们在反战时往往将斗争的矛头指向政府中的某些决策者，将结束战争的希望寄托于某个人或某几个人身上，而不是像新左派青年那样质疑资本主义社会制度本身，因而他们在社会批判精神上受到了很大程度的限制。

第二，人道主义的反战立场。尽管在反战初期，新左派也从抽象的人道主义立场出发批判过战争，但从总体上看，它将越战当作一场帝国主义战争加以反对。"左翼－自由主义者"则不同，它总的来说是站在资产阶级人道主义立场上看待这场战争的。他们公开宣布："我们主要关心的是所有的人——生命，""我们想让杀戮、残害和人类的屈辱现在都停止！"③ 为了体验战争带给人们的灾难，他们甚至想像出一种战争的场面。例如，1967 年间，一位反战的德克萨斯大学研究生萨拉·克拉克开车来到奥斯汀西南的山区。他说道：

"我试着想像面向道路的小农场和大农场的庭院里的外国士兵。我试着勾画出一个红脸庞的德克萨斯人在住所被烧、蔬菜被毁、家畜被射杀，而（说）一切又都是为了他的利益时的反应。我试着想像这样一个德克萨斯农民，他不去参加包括其他反对外国破坏者的德克萨斯人的秘密抵抗运动。"④

这种人道主义的立场，就是把人当作人，是对人的尊重，是社会文明进步的表现。"左翼－自由主义者"从这个立场出发反对战争，具有历史的进步意义。但这种从经验出发，使经验本质化的方式，往往无法说明事物过程的性质

---

① Ibid. , p. 218.

② From a Special Issue of Fortune, *Youth in Turmoil*, （New York：Time, Inc. , 1969）, p. 52.

③ Doug Rossinow, *The Politics of Authenticity*, （New York：Columbia University Press, 1998）, p. 217.

④ Ibid. , p. 217.

及运作的机制，最终将真正本质的东西丢掉了。

第三，温和的斗争策略。"左翼－自由主义者"反对暴力斗争的方式，他们相信"非暴力的、礼貌的抗议会产生最大的、积极的影响。"① 在从越南撤军的问题上，他们一般不主张美国无条件地撤军，而是要求战争的非美国化和协商解决的方式。这在客观上也使他们与政府的矛盾相对缓和，而没有激化到要依靠暴力解决的地步。

2.2.2.4　自由主义者与新左派的关系

在美国60 年代的青年反战思潮中，新左派激进主义者的声势和影响明显超过了反战自由主义者，这从此时两派组织的数量便可见其一斑。在《美国的学生政治：历史分析》一书中，菲利普·G·阿尔巴赫（Philip G. Altbach）列举了美国历史上与社会和政治运动相关的学生组织，其中60 年代的激进主义组织有"青年反对战争和法西斯主义组织"（Youth Against War and Fascism）、"学生争取民主社会组织"及其分支"工人——学生联盟"和"气象员"组织、"进步青年组织委员会"（Progressive Youth Organizing Committee）、"杜波依斯俱乐部"、"学生非暴力协调委员会"等，它们绝大多数是在60 年代成立的；而对于自由主义学生组织，他只举出了成立于1947 年的"美国全国学生联合会"（即 NSA）。② 这表明，60 年代青年的思想意识趋于激进，因此新左派激进组织才应运而生，而自由主义学生组织则不再是青年运动的引领者。不仅如此，有很多持自由主义观点的青年还转向了新左派一边，成为新左派的同盟者。

实际上，如果历史地看，自由主义者和新左派之间本来就存在着许多共通之处，它们潜在地存在着建立联合的可能性。从新左派的诞生来看，它是由自由主义发展起来的，它最先在50 年代末60 年代初的民权运动、反贫困运动等运动中培育了自己的政治意识，形成了自己的斗争策略，为后来的新左派运动做了思想上和组织上的准备。因此，在新左派和自由主义者之间有着千丝万缕的联系。正如托德·吉特林所说：

"新左派激进主义者是一根在自由主义旁生长起来的藤，他们源于同样的能量和可能的土壤，尽管直到现在这二者代表着不同的文化、不同的模式、不

---

① Adam Garfinkle, *Telltale Hearts*, (London：Macmillan Press Ltd.，1995), p. 68.

② Philip G. Altbach, "appendix," *Student Politics in America：a Historical Analysis*, (New Brunswick, NJ, USA：Transaction Publishers, 1997), pp. 235～237. 实际上，"青年民主党"之类的组织也应归于此列。

同的意识形态，但不论喜欢与否，他们都将共沉浮。"①

他所说的"同样的能量"和"可能的土壤"就是美国 60 年代的社会现实以及由此产生的社会矛盾。不论是自由主义还是新左派激进主义，他们都希望消除社会邪恶，向往更加人道、更加公正和美好的社会。尽管由于新左派将社会不公正归因于美国的结构和文化，因而他们对自由主义的改革也不满意，②但这种不满主要是针对当权的自由主义者的，而不是本质上的自由主义。甚至像赖特·米尔斯这样的新左派的理论先驱在将自由主义当作一种政治哲学进行谴责时，也是因为其过时，而不是因为它有什么不可避免的错误。他从自由主义的政治哲学中撷取他仍认为激进的东西，而丢弃了那些他认为不可救药的东西。例如，如果米尔斯没有利用 19 世纪自由主义者的民主大众观念，他关于民主的政治理论就不可能产生。米尔斯完全接受了自由主义信仰的两个关键学说：代议民主的前提，从而美国的立宪政治。因此，对于自由主义，米尔斯是要寻找方法使其关键观念"与变化着的历史环境相适应——而不是简单地全盘抛弃它们。"③

而美国的自由主义者们，当他们面对那些许诺根除邪恶却在用燃烧弹轰炸越南的所谓"自由主义者"时，也不得不回答这样一个问题："是赞成战争还是反对战争？"在对这个问题的思考过程中，越来越多的人发生了左倾，而那些没有左倾的自由主义者——约翰逊民主党的自由主义者——也失去了把握局势的能力。在"嗨，嗨，LBJ，你今天杀死了多少孩子？"的喊声中，约翰逊的政治生命终于在 1968 年大选年走向终结。

随着青年反战情绪的高涨，那些怀有更多希望的自由主义者加入到了新左派一边，因为他们发现自由主义"走得不够远"。④ 1967 年 3 月，在哈佛青年民主党员的一次会议上，麦克·坎仁（Mike Kazin）和俱乐部执行委员会的另一名学生提出立即从越南撤军的决定。在被否决后，坎仁发表了这样的声明：

"一个不能采取明确立场支持在越南与越南人民作战的美国占领军立即和无条件撤军的组织，可能不会是在美国进行重大或激进政治变革的工具。青年

①　Tod Gitlin, *The Sixties: Years of Hope, Days of Rage*, (Toronto: Bantam Books, 1987), p. 334.

②　Charles Chatfield, *The American Peace Movement*, (New York: Twayne Publishers, 1992), p. 121.

③　Kevin Mattson, *Intellectuals in Action*, (University Park: The Pennsylvania State University Press, 2002), pp. 18~19.

④　David Chalmers, *And the Crooked Places Made straight: the Struggle for Social Change in the 1960s*, (Baltimore: Johns Hopkins University Press, 1991), p. 136.

民主党说要在制度内行动，但与一般的看法相反，这种方法会产生比独立的外部行动更少的实际效果。我将放弃青年民主党，以便全身心投入 SDS，我相信，它是校园里唯一认真致力于改变美国社会的组织。"①

可以说，在60 年代反战激进主义的根源中，最重要的就是自由主义的幻灭。

对于自由主义者中出现的新变化，SDS 主席奥格尔斯比看得非常清楚，他对此满怀欣喜之情，并且还预想了一个自由主义者 - 左派的反战联盟。② 但是，新左派和自由主义者毕竟有着不同的意识形态，他们在反战问题上可能会形成一定范围的联盟，但决不会完全融合。在自由主义者看来，战争是"在错误的地方进行的一场错误的战争"，一些人还提出了美国从这个毫无收获的对抗中摆脱出来的方法和所应走的道路，但这只是发生在"地域政策基础上的战术分歧"。而新左派却不同，他们"攻击这一基础并因而攻击强迫大多数美国人从这一基础出发来思维的统治集团"。"对新左派来说，统治集团是一种现实，他们已在思想意识方面和统治集团发生了争论"，而自由主义者却不然，"他们认为统治集团不是一种现实，因为他们在意识形态方面还没有和统治集团发生冲突（C·赖特·米尔斯曾经说过，可以证实存在着统治集团的唯一有效途径是激怒这一统治集团）。"③ 自由主义的改革者往往致力于打"其他人的仗"，与新左派认为自我不自由、被压迫的意识不同，他们还没有意识到，或者还没有完全意识到自己本身是不自由的。也就是说，他们在对社会矛盾的认知上存有不同，因而，他们在解决社会矛盾的方式上也是不同的。在"创造历史"的自觉性和投入的热情上，他们与同时代的新左派青年相比显得逊色了些。

2.2.3 右翼的转变

除了上述的新左派和"左翼 - 自由主义者"外，60 年代的反战青年还包括了一部分来自右翼集团的青年。下面作一简单介绍。

在美国60 年代的右翼青年组织中，"美国青年争取自由组织"（即 YAF）具有代表性。1960 年9 月，100 多名来自44 所大学和院校的代表汇集在保守

① Thomas Powers, *The War at Home*,（New York：Grossman Publishers, 1973），pp. 141～142.

② Doug Rossinow, *The Politics of Authenticity*,（New York：Columbia University Press, 1998），p. 214.

③ 参阅 H·马尔库塞等：《工业社会和新左派》，任立编译，北京，商务印书馆，1982 年版，第36、37 页。

派领导人威廉·F·巴克利（William F. Buckley）位于康涅狄格州沙伦的庄园里，讨论通过了《沙伦宣言》，宣告了该组织的成立。这是一个无党派的青年团体，目的是动员保守派的年轻人支持他们的政治候选人，并在影响年轻人的关键问题上站在保守派的立场上说话。

在 YAF 看来，自由是不可分隔的，没有经济自由，政治自由就不能长久存在，因此，它将经济自由和政治自由的信仰统一在一起。在对外政策上，它认为"国际共产主义力量目前是对自由最主要的威胁。美国应该战胜这一威胁，而不只是与之共存"。① 这使它在越南问题上支持了美国政府的政策。到1962 年，YAF 越来越把南越当作麻烦之地，乔治城大学的罗伯特·哈利（Robert Harley）认为，南越是"亚洲共产主义扩张之路上的下一个目标；是亚洲的柏林；这是一场我们必须打赢的战争，以防我们失去整个亚洲"。哈利和许多 YAF 成员都到过南越，并与那里的反共分子和反共组织会面。哈利从这些经历中得出的结论是："如果我们失去西贡，我们就可能失去亚洲，如果我们失去亚洲，我们就很可能失去纽约。"② 这与美国政府的认识是一致的。

实际上，上述也只是 YAF 占主流的、具有代表性的观点，并不意味着其内部没有任何意见分歧。YAF 有传统主义者和自由意志论者③两派之分，前者是传统的保守主义者，是其中的"多数派"；而后者是"少数派"，被称为

---

① ［美］理伯卡·E·卡拉奇：《分裂的一代》，覃文珍等译，北京，社会科学文献出版社，2001年11 月版，第467 页。

② "South Vietnam: Asian Battleground," *The New Guard* 2 （January 1962）：14～15. 转引自 Marc Jason Gilbert, *The Vietnam War On Campus*, （Westport: Praeger Publishers, 2001）, p. 3.

③ 所谓自由意志论，是指主张人的意志不受自然的、社会的和神的约束，是完全自主、绝对自由的。自由意志论最早是作为反对封建等级制和神学统治而提出来的。文艺复兴时期的但丁坚决主张自由意志论，认为自由的第一个原则就是意志的自由，而意志的自由就是关于意志的自由判断；马丁·路德从宗教改革的立场出发，一方面肯定自由意志来自上帝，另一方面也肯定人有自由意志。自由意志论在现代西方又得到了很大的发展。其中，以叔本华和尼采的意志主义哲学最具代表性。叔本华认为，意志自由是绝对不依靠理性的，意志是存在的本体，理性不过是为意志存在的工具。这表明现代自由意志论者与近代以前自由意志论者又有些不同，如果说近代以前自由意志论者承认自由意志的存在是建立在理性主义基础之上的话，那么，在现代自由意志论者的思想学说中则出现了明显的非理性主义倾向。自由意志论者坚持一个极为有力的关于个人权利的原则，同时，他们相信不受约束的自由放任的资本主义制度是最为理想的社会制度。二战以来，其代表人物为美国经济学家罗思巴德，属于无政府主义者。参阅 ［英］戴维·米勒、韦农·波格丹诺编：《布莱克维尔政治学百科全书》（下），中国问题研究所等组织翻译，北京，中国政法大学出版社，1992 年6 月版，第418、419 页。自由意志论实际上就是"自由至上论"，它含有虚假的成分，因为人是社会的人，总是受到个人和社会等方面客观条件限制的。

"陷于绝望的自由主义者"，归于无政府主义者当中。① 在越南战争问题上，这两派有着较大的分歧，而且随着战争的升级，这种分歧有不断扩大的趋势。

很多自由意志论者从一开始就反对征兵，他们确信征兵侵犯了个人自由的基本原则。一位自由意志论者认为，征兵是传统主义者和自由意志论者之间的分界线：

"保守派一直坚持认为如果你被征兵了，你就去服务。（他们认为）如果有支完全的志愿军那当然是好事。我们愿意为之努力。但是当努力到一定程度时，就变成了你为祖国服务。然而，与此同时，我们（自由意志论者）的观点是，当大伙儿的努力乱了套时，你可以去加拿大，你可以转入地下，你可以拒绝。"②

在对战争的态度上，自由意志论者起初是支持战争的，认为这场战争对越南人民与共产主义作战有实质性的帮助，但他们在 20 世纪 60 年代中后期逐渐改变了这种想法。格斯·迪泽雷格（Gus Dizerega）通过对左派和右派有关越战的书籍的分析判断，最终走上了反战的道路。他说：

"我反对这场战争，因为我们正在屠杀大批无法作出选择的人。由于他们处于一个右翼的独裁之下，无论那里的独裁统治者是右翼还是左翼的，我都看不出杀这么多人的理由。所以这对越南人是不公平的……那对于我们国家是极有破坏性的。因为先是有不宣而战的战争，接踵而来的就是内部分裂了。"③

在接受预备役军官训练营课程时，戴维·沃尔特也改变了自己的观点。他说：

"开始我们对美国军队的指挥方式生气，我们将其归罪于邪恶的民主党人或自由派。（但是）没多久你看了如此之多的展示暴行的图片，阅读了很多描述南越军队暴行和人民并不支持他们的读物后，你就会说，'我们在这儿做什么呢？越南人不想打共产党的。民意测验来了……表明他们都想停止战争……如果他们不愿为自己作战，那么我们为什么要卷入其中呢？因此，我的反共并没有改变；那只不过是……结局证明我们的方式错了。你不能够以为外国人的

① ［美］特里·M·珀林编：《当代无政府主义》，吴继淦等译，北京，商务印书馆，1984 年 3 月版，第 128 页。

② ［美］理伯卡·E·卡拉奇：《分裂的一代》，覃文珍等译，北京，社会科学文献出版社，2001 年 11 月版，第 152 页。

③ 同上书，第 153 页。

自由而战的名义来否定美国人自己的自由'"。①

这表明，自由意志论者已经开始认识到，越南战争既是对越南人民也是对美国人民自由民主权利的剥夺；它对越南人民是一场灾难，对美国人民亦是如此。

1967 年，自由意志论在 YAF 内的影响已经很明显。大卫·瓦尔特（David Walter）在 1974 年的回顾中指出："1967 年是自由意志论在 YAF 内有所突破的一年。我们开始相互意识到对方……"② 这一年为费城地区具有自由意志论倾向的 YAF 出版物《自由评论》所作的调查表明，有 32% 的被调查者自称是"传统主义者"，18.5% 的人是"客观主义者"，17% 的人是"融合主义者"（即传统主义和客观主义信仰的混合），15.5% 的人是"自由意志论者"。③ 尽管在 YAF 内部费城地区以自由意志论的温床而著称，但其人数和公开化还是令人感到吃惊。

到 1969 年，自由意志论者与传统主义者之间的分歧已相当明显。自由意志论者抗议征兵、举行反战集会，而传统主义者则举行支持美国介入越南的集会。传统主义者李·爱德华在回忆 1969 年越南日集会时说："我们的集会就是在那帮和平分子在华盛顿的反战集会后几天里举行的。"④

在 1969 年 YAF 召开的圣路易斯全国代表大会上，反征兵问题最终将这个组织分裂为两个敌对的阵营。人们提出两个解决征兵问题的方案，一个是戈德沃特计划，旨在组建·支志愿军并逐渐废除征兵制度；另一个方案是赞成使用合法或不合法的方式逃避征兵。代表们支持第一项计划，但占优势的传统主义者在这个计划后加上了谴责抗拒入伍和焚烧征兵卡的意见，自由意志论者表示反对，他们指出每个人都有权利保护自己免于暴力的伤害，包括国家暴力。当一名自由意志论者当场烧掉自己的征兵卡的时候，传统主义者通过了将其开除出 YAF 的决议，这导致了 350 名自由意志论者对传统主义者的武力反抗。这一事件使自由意志论者意识到，他们同传统的保守主义者没有共同的事业目标。大会结束后，YAF 全国管理委员会召开会议，开除那些焚烧征兵卡或拥有 SDS 和 YAF 双重会员身份的 YAF 会员。在圣路易斯会议后的日子里，传统

---

① 同上书，第 153、154 页。

② Marc Jason Gilbert, *The Vietnam War on Campus*, （Westport：Praeger Publishers, 2001）, p. 26.

③ Ibid. , p. 30.

④ 参阅 [美] 理伯卡·E·卡拉奇：《分裂的一代》，覃文珍等译，北京，社会科学文献出版社，2001 年 11 月版，第 282 页。

主义者大规模地将自由意志论者开除出 YAF。这促使两派更快地走向分裂。分裂出去的自由意志论者在各地成立自己的组织，掀起了一场自由意志论运动。①

可见，使传统主义者和自由意志论者发生分裂的既有两派对战争的不同态度，也有他们在应对征兵问题上的意见分歧。

随着越来越多的自由意志论者远离了保守主义运动，他们对新左派表现出了较大的兴趣。自由意志论者和新左派的共同点在于，他们都认为人民大众都应当能够自己掌握自己的命运，他们都反对日益发展着的官僚主义，寻求将权力归于个人的途径。他们在反对战争、强调消除军工复合制和认为政客们不能理解青年的担忧等问题上具有相同的看法。② 早在 1965 年发行的《左翼与右翼：自由意志论者的思考》的创刊号中，自由意志论者默里·N·罗思巴德等人就指出："在今天，'左翼'与'右翼'的区分已经是误导性的和过时了……自由的信条已经为当前的左翼和右翼所共同接受。"③ 在 1969 年 3 月发表于《花花公子》杂志的一篇文章里，自由意志论者卡尔·赫斯总结到："迄今为止，SDS 的体制是最有希望的……因为它本身的组织是很随意的，并且这个组织内部反对专制主义而向外则是革命的"。④ 在 1969 年底和整个 1970 年，自由意志论者发起了左翼与右翼的集会活动，这其中，1970 年左－右翼心灵自由节是最成功的一次。在这次集会上，有 500 名代表讨论了左右翼合作的可能性。奥格尔斯比、保罗·古德曼与自由意志论者代表都发了言。在个人自由的价值观、担心政府失控和政府分权等问题上，两派形成了共识。⑤

但是，一方面，正如美国语言学家兼政治活动家乔姆斯基（Noam Chomsky）指出的，在两派之间存在着根本的区别，即使是在共同的事业中"团结"起来时也是如此；⑥ 另一方面，这时的反战思潮已经走向低潮，因而在自由意志论运动中左派和右派从来没有实现真正的融合。但是，在 60 年代特殊

---

① 同上书，第 309～316 页。

② 参阅 Marc Jason Gilbert, *The Vietnam War On Campus*, （Westport：Praeger Publishers, 2001），p. 36.

③ 参阅［美］理伯卡·E·卡拉奇：《分裂的一代》，覃文珍等译，北京，社会科学文献出版社，2001 年 11 月版，第 317 页。

④ 同上书，第 285、286 页。

⑤ 同上书，第 317～319 页。

⑥ 参阅 Marc Jason Gilbert, *The Vietnam War On Campus*, （Westport：Praeger Publishers, 2001），p. 36.

的时代背景下，两个本来存在着严重分歧的青年"代内单元"出现的联合迹象，本身就是发人深思的事情。它表明，战争对于青年一代来说是一场灾难，他们比以往任何时候都强烈地渴望权利的实现。战争使整个"青年代"普遍左倾了。

2.3　激进反战青年的特点分析

在60 年代的青年反战思潮中，SDS 成员的反战行为最受人关注，而密歇根大学的讲谈会、麦克纳马拉与哈佛大学青年的冲突以及威斯康星大学的爆炸等也常被人们用来作为典型案例。当然，在其他青年当中，在许多其他的院校、包括那些人们认为保守的院校，反战行动也在进行，但它们的激烈程度以及影响上与前者相比都要逊色一些。例如，当谈到1970 年5 月依阿华州立大学发生的学生抗议运动时，受访者认为那里的学生"有点保守"、"很成熟、很冷静"、"是一群安静、沉默的孩子；是来自乡村城镇的那一种"。① 那么，青年学生在面对同一事件时为什么会有不同表现，那些激进的反战青年成长背景有些什么特点？只有了解了这一点，才能对青年思潮的发生规律有更清晰的认识。当然，对于每一个青年个体来说，他们的成长背景和之后的发展状况不可能完全对应，有的甚至会有较大的偏离。我们这里是就他们具有一般性、普遍性和原发性意义的特点来说的。

2.3.1　激进反战青年的家庭背景

无论在什么社会，阶级结构都是理解社会运动尤其是社会运动早期的关键。因为个体总是通过所属群体学会感知现实、理解、阐释周围的世界，并通过从所属群体获得的最初印象整合成自然的世界观。60 年代的激进反战青年不是出于对经济利益的追求，而是出于对政治理想的追求和自身权利的维护反叛社会的，他们的反叛更多的是精神性的而不是物质性的。他们基本上来自社会中上层家庭（主要是中产阶级家庭），是现体制中心阶层的子弟，这与传统激进运动主要是社会中下层的抗议与反叛大为不同。

首先，社会中上层家庭的青年经济意识匮乏。长期以来，社会经济地位和结构一直是社会变革的核心根源。在社会下层家庭中长大的青年一般都对经济

---

① Ibid. , p. 122.

困境有切身体会，对经济问题比较敏感，故对以经济为目标的社会运动相对比较有兴趣，而对与经济没有直接关系的社会政治文化运动则常常显得冷漠。美国中产阶级子女正好相反，他们在成长过程中大多衣食无忧，对经济问题的重要性缺乏切身体悟，因此，他们关注的社会问题大多与政治、文化相关，他们的行动方式和社会理想模式必然主要是政治的和文化的。正如罗纳德·英戈尔哈特（Ronald Inglehart）认为的，在经济安全的环境中养育的各代人倾向于追求具有"后物质主义"（Postmaterialism）倾向的生活方式并逐渐形成这样的价值观。尽管他们在价值取向上并不是"非物质主义"或"反物质主义"的，但他们更强调归属、自我表达、心智和美的满足，而不是物质和经济的安全。① 也就是说，此类个体不必去应对物质生存问题，因而可以更为自由地追求个人和社会成就。

其次，社会中上层家庭的青年受到父母社会批判精神的熏陶。孩子对权威的态度和他们的行事方式深受家庭的影响。美国学者大卫·维斯特拜（David L. Westby）和理查德·布罗格特（Richard G. Braungart）在 60 年代中期所做的一项研究表明，在左派行动主义和民主党或社会主义者的家庭背景之间存在着显著的关联性。② 20 世纪 80 年代末的一项针对 60 年代青年领袖的访谈也同样表明了这一点：所有接受访谈的 SDS 领袖都将自己的父母一方或双方描述成"左派"、"自由主义者"、"新政拥护者"或"民主党人"。③这说明 SDS 学生行动主义者的父母政治态度多倾向于左派或自由派。需要指出的是，对年轻人的政治行为产生影响的远不止父母的政治见解，而且还包括他们的价值观、意见和政治参与行为；较之前者，后者的影响甚至更大。他们"强调孩子提出疑问和做出判断的权利"，④ 他们关于社会变革的主张和对社会政治文化所持的异议立场在一种宽松的氛围中悄然传递给了下一代。这极大地影响了青年们后来的思想倾向和行为选择。

---

① 参阅 Bradley Harrison Nickens, "Postmaterialism and Democracy：What Does the Postmaterialist Value Shift Mean for Democracy?" MA, diss., Virginia Polytechnic Institute and State University, 2004, pp. 5 ~ 12. http：//scholar. lib. vt. edu/theses/available/etd-05082004-115347/unrestricted/NickensThesis. pdf.

② David L. Westby and Richard G. Braungart, "Class and Politics in the Family Backgrounds of Student Political Activists," *American Sociological Review*, Vol. 31, No. 5 (Oct., 1966), p. 692

③ Richard G. Braungart & Margaret M. Braungart, "The Childhood and Youth Experiences of Former Political Activist Leaders from the 1960s," http：//www. alli. fi/nyri/young/1994-4/artikkelBraungart4-94. htm.

④ Kenneth Keniston, *Youth and Dissent：The Rise of a New Opposition*, (New York：Harcourt Brace Jovanovich, 1971), p. 161

最后，社会中上层家庭在家庭教育上较为民主。弗里德曼和开普贝尔等人的研究均表明，中产阶级家庭的父母比其他社会经济群体更倾向于利用说理、羞耻之心或内疚作为管教孩子的方法，而较少使用体罚。[1] 这是因为，他们所受的良好教育、较小的生活压力和满足更高层次需求的愿望，使他们乐于、也易于掌握子女教育的技巧。在这种家庭长大的人对和平、民主方式有着自然的亲和态度。肯尼斯·坎尼斯通也认为，如果管教的方法强调"独立"和"理性"，那么孩子成为行动主义者的可能性就会增加。[2] 这一点有助于我们理解SDS 组织的理想、政治文化态度、行为方式和组织结构。

2.3.2　激进反战青年的专业特点

从专业特点来看，大多数激进的左派学生都以文科和社会科学为专业。例如，在密歇根州立大学，76% 的反战学生和84% 的新左派成员是文科和社会科学专业的学生，在宾夕法尼亚州立大学、肯特州立大学和一些精英大学，情况也是如此。1970 年，在肯特州立大学事件之后，密歇根州立大学的1.2　万名大学生参加了罢课，其中54% 是文科和社会科学专业的学生。[3] 尽管很难具体说出在这些专业与政治参与之间有多少关联性，但这些专业领域有助于揭示有关社会和政治方面的较大问题确是事实，而这对培育青年的政治参与意识、激发青年的政治参与热情是有帮助的。

凯文·曼特森（Kevin Mattson）的一项研究[4]也说明了人文社会科学和青年政治参与之间的联系，尽管他的研究重点是60 年代后的情形。曼特森指出，高水平的教育过去通常与政治参与的提高联系在一起，因为教育使那些受过良好教育的人有较高的收入并较多地训练了他们的公民技巧；他们更有可能具有走向政治的社会机构背景。但教育和政治参与之间的这种联系在60 年代后突然消失了，教育水平的提高并不伴随着政治行为同样的提高。他指出，这其中的原因就在于，60 年代后，美国教育机构中专修人文和社会科学的学生数量

①　Janis M. Campbell, "Parenting Classes: Focus on Discipline," *Journal of Community Health Nursing*, Vol. 9, Issue 4, 1992, p. 204.

②　Keniston, "Notes on Young Radicals," p. 31. 转引自 Seymour Martin Lipset, *Rebellion in the University*, (Chicago: The University of Chicago Press, 1971), p. 103.

③　参阅 Kenneth J. Heineman, *Put Your Bodies upon the Wheels: Student Revolt in the 1960s*, (Chicago: I. R. Dee, 2001), p. 62.

④　参阅 Kevin Mattson, *Engaging Youth: Combating the Apathy of Young Americans toward Politics*, (New York: The Century Foundation Press, 2003), pp. 18~19.

骤减。在近十五年中，哲学、历史和英文这样的传统专业衰落了，而商业和管理类的专业则翻了一番。从1970 年到1994 年，计算机和信息科学方面的学士学位数量也增长了5 到10 倍。他还指出，对学生专业过于现实的要求表现在社会的方方面面，人文学科的学生在提交信用卡申请时甚至会遭到有些银行的拒绝。而且，多数大学的学费自80 年代后猛涨，学生贷款随着也上涨了。在这种情况下，青年学生在走出大学或研究院的时候就很难去考虑非赢利职业或政治。对他们来说，商业及其相关领域最有吸引力，因为这些地方的预期收入会比较高，可以支付增长了的债务。因此，曼特森得出结论：教育水平不再与政治行为有关；教育机构不再充满60 年代那样的崭露头角的青年理想主义者。今天的大学不再是有许多哲学家引导学生进行自我反省或政治修正的、覆盖着藤萝的象牙塔。相反，它们成了诸如凤凰大学——一个缺少建筑物的、通过在线授课扩大学生商业技能的机构——那样的地方。

尽管影响青年政治热情的因素不止专业因素一个，但它无疑具有相当的重要性。当大批学生在经济压力或社会氛围的影响下不得不放弃人文社会科学时，学校的、从而社会的理想主义氛围就会遭到削弱，青年政治参与的积极性就会受到影响。相比与曼特森描述的现实，60 年代的多数激进反战青年由于富裕的中产阶级家庭的出生，没有生计的压力，思想较为自由，因而更有可能选择人文社会科学方面的专业；他们可以心无旁骛地追求自己的理想，而人文社会科学的熏陶又反过来培育和刺激了他们的激进主义。而那些具有文科、通常是非职业科目优势的、遴选更严格的著名大学也更容易吸引到这些学生。一所学校越著名，它就越有可能拥有大量倾向于支持强硬抗议运动的学生群体。① 这也是这些学校之所以成为青年反战中心的一个原因。

需要指出的是，尽管人文社会科学可能使人趋于激进，从而成为社会潜在的不安定因素，但它却是培育健康社会机体不可或缺的养分。伟大作家雨果曾经说过，人类的心灵需要理想甚于需要物质。人文学科的作用就在于，它在人类的灵魂中点燃起理想，使人不只是像动物那样生存，而且像人那样生活。也惟有如此，社会才会是富有生机和活力的。

---

① 参阅 Seymour Martin Lipset, *Rebellion in the University*，（Chicago：The University of Chicago Press，1971），p. 109.

2.3.3　激进反战青年所在院校的特点

2.3.3.1　规模较大且更具选择性①

对于学校的威望及其教育成就与青年反战行为间的正相关关系，麦克纳马拉曾表示出担忧。这是有道理的。一份针对1968 年到1969 年的学生抗议的研究报告指出，在学生群体类型相同的情况下，大学校比小学校更有可能出现示威游行。霍金森（Hodgkinson）为1230 个机构分析了1968 年到1969 年间获取的报告，旨在揭示它们近十年的学生抗议和示威游行是否有所增长。结果表明，越是热衷学术的学校，就越是会有所增长。他同样发现，学校规模与持续抗议的趋向也是密切相关的，那些在校人数超过25000 名学生的学校88% 有抗议行为发生，而不足1000 名学生的学校则只有14%。另外，卡内基高等教育委员会和处理校园骚乱校长委员会对1970 年5 月抗议入侵柬埔寨的学校的特征作了调查，得出了相同的结论。这两个委员会向所有学院和大学的校长发出了问卷调查，询问游行示威的性质、规模和原因。卡内基的研究发现，学生群体越具选择性，机构越大，就越有可能发生重大的抗议行动。校长委员会的结论也不例外。② 而美国教育理事会对1969 年到1970 年校园抗议做的调查表明，仅这一学年就有43% 的美国高等教育机构有某种程度的抗议活动。在这次调查的大学抽样中，71% 的最具选择性的学校有过行动主义的经历，而在最不具选择性的学校中则只有23% 有过此类经历。③ 总之，越是规模较大的学校，越是具有较高选择性的学校，就越有可能出现激进的青年思潮和运动：东伊利诺斯大学不存在SDS 组织，而且直到1967 年扩大征兵后才开始出现较重大的反战行动主义，主要就是因为该大学"偏侠的氛围、相对太小的规模和伊利诺斯中部狭隘的地理位置"；④ 哈佛大学在60 年代发生了许多学生抗议活动，而俄克拉荷马中央州立大学则几乎没有，也与其不同的选择性相关。这是因为：

首先，青年学生的反叛行为是与其所处集合体的力量相关的。一个由少数个体组成的集合体，不管这些个体有多么自由或多么倾向于抗议，也很难在较少集体联系和互动的情况下进行大规模的抗议。换句话说，除非有大量人员对

---

① 更具选择性的学校指那些入学标准更为严格因此一般来说学术水平也更高的学校。

② 参阅 Seymour Martin Lipset, *Rebellion in the University*,（Chicago：The University of Chicago Press, 1971），pp. 95 ~ 96.

③ 参阅 Gerard J. Degroot, *Student Protest：the Sixties and after*,（London and New York：Longman, 1998），pp. 28 ~ 29.

④ David Bell, "Passive Protest," http：//www. eiu. edu/.

参与抗议感兴趣，否则激进的抗议行为就少有可能发生。较大的学校不仅可能拥有足够数量志趣相投的个体联合起来煽动抗议，而且在学生人群中有更多的不同点，学生有更广泛的社会联系，他们在获取和交流消息上占有优势，因而更可能受激进思想的影响。这样，拥有近35000 名学生的规模庞大的密歇根州立大学就比同样位于密歇根的、有650 名学生的西恩纳高地学院有更大的可能滋生抗议运动。①

其次，对激励集体行动的条件的察觉、设计和规范是在由个体组成的集体中进行的。而较有选择性的大学往往会包括那些对国内外政治事件更为热衷的教职员工，以及来自富裕或有声望的、具有政治参与习惯的家庭的学生。这些个体相互影响，容易共同形成政治性的、与政治事件相符的、活跃的校园文化。激起集体抗议行动的不是单个个体，而是他们处于其中的政治文化。这种文化助长了这样一种信念，即社会问题关系到校园里的个人，而这些个体有能力和义务对此做出反应。校园里存在的政治文化的状况，影响着学生抗议行为的程度。另外，在更具选择性的学校里，学生有更多可资利用的资源：这些学校在经济上可能会得到更多的捐赠，这可以为学生提供更多的服务和物质资源；而且，会有更多的学生来自富裕家庭，从中，他们不仅可以获得金钱等物质上的帮助，而且会有更多空余时间参与到抗议事件中去。

2.3.3.2 往往具有左翼运动的传统

60 年代的青年反战思潮表明，那些来自具有左翼激进主义运动传统的学校的学生对战争一类的政治问题反应更为强烈一些。一般来说，他们更容易成为激进的反叛者。伯克利大学、威斯康星大学、麦迪逊大学等都是60 年代反战运动的中心，而它们在历史上就是激进主义政治斗争的中心：麦迪逊大学和伯克利大学一直是激进主义的中心，威斯康星大学激进主义的历史则可以追溯到一战之前。

以伯克利大学为例。该校所在的旧金山海湾地区在历史上就是美国最具自由主义左翼特色的地区，二战后，伯克利大学继续保持着左翼中心的地位。它是美国唯一一个在1949 年到1950 年对限制性反共人事政策进行过较大规模员工抗议的大学。1954 年，为了评估麦卡锡主义对大学的影响，保罗·拉扎尔菲尔德（Paul Lazarsfeld）对社会科学家的态度作了一次全国民意调查。有数

① 参阅 Gerard J. Degroot, *Student Protest*: *the Sixties and After*, （London and New York: Longman, 1998）, p. 30.

据表明，伯克利大学的员工是这一研究取样的学校中最具自由主义倾向的。在1963 年到1964 年间，为了为黑人赢得工作，旧金山海湾地区的学生们在各种商业公司前进行了一系列大规模的静坐示威，从而引起全国关注。在"自由言论运动"之前，伯克利大学可能是左翼和行动主义组织最多的学校。在1967 年到1968 年，这一地区的行动主义者在破坏选择征兵制行动中仍然起着带头作用。在1970 年抗议入侵柬埔寨的斗争中，伯克利的师生员工为了结束战争以及"使战争成为可能的社会条件"，在"重组"大学的努力中再次起到了带头作用。① 这表明，对于一个学校来说，它的政治传统和政治文化氛围时刻影响着学生和教职员工的政治指向。

当然，激进主义的产生是多因素共同作用的结果，除传统因素外，社会的现实因素具有更为直接和强大的影响力。哈佛大学这样的传统上保守的学府之所以会成为60 年代激进主义的中心，主要还是社会现实刺激的结果。没有现实因素的调动，传统因素也是难以发挥作用的。

2.3.3.3 与政府的联系较为密切

从60 年代青年反战思潮的发生、发展来看，容易产生青年激进主义的学校往往与政府有着较密切的军事合作，在这些地方，商业、政府和大学的相互渗透达到了极高的程度。早在60 年代之前，美国的许多著名大学就参与了美国政府的军事研究，从而使高等教育机构深深卷入了美国外交政策的制定和实施当中。二战期间，伯克利、芝加哥和哥伦比亚等大学在开发新武器上发挥着重要的作用。战后，许多大学又加入了遏制共产主义的行列。二战后不久，宾夕法尼亚州立大学的军械研究实验室（ORL）就成了五个以大学为基地的海军武器试验场所之一。1949 年，该大学和海军建造了世界上最大的水下隧道，用来探测潜水艇和鱼雷螺旋桨的噪音程度。在1945 年到1965 年间，海军将6200 万美元的补助金奖励给宾州大学，并承担了工程学院76% 的预算。

与宾州大学的潜水艇和导弹研究不同，密歇根州立大学所做的工作直接与越南战争相关。从1955 年到1962 年，"密歇根州立大学越南工程"（Michigan State Vietnam Project）代表了当时美国历史上最大的由联邦指导的技术援助计划。该大学的经济学家和政治学家设计了南越的政府架构，而警察行政学院则为西贡建立了安全力量并为其配备了500 门60mm 的迫击炮。此外，该项工程

---

① 参阅 Seymour Martin Lipset, *Rebellion in the University*, （Chicago：The University of Chicago Press, 1971），pp. 94 ~ 102.

通过使几十名 CIA 特工取得该大学员工的资格，起到了掩护 CIA 在印度支那行动的作用。资料表明，密歇根州立大学派往南越的人员共达 1000 人，而该大学则从美国对外行动管理局获得了 2500 万美元。到 1962 年，密歇根州立大学已成为第三世界技术援助计划最大的参与者之一，占有美国海外服务人员总数的 10%。该大学在发展哥伦比亚、南朝鲜和台湾等反共产主义国家和地区的安全力量上发挥了作用。

总的说来，这些大学在军事项目上与政府有着相当密切的联系，它们从政府那里也获取了大量经费。到 1968 年，美国大学每年花在研发上的费用达到 30 亿美元，其中 70% 来自美国联邦政府。1969 年，国防部担负了麻省理工学院（MIT）80% 的预算，而它只是众多此类学校中的一个。①

对于学校与政府间的这种关系，青年学生是反感的。反战左派认为："美国大学通过防务研究在军方权力结构和公司权力结构间建立了关键联系。"②这样，反战学生就正好通过自己的行动来阻止它。从 1965 年秋开始，宾夕法尼亚大学的学生和员工展开了反对该校"生化战"（Chemical and Biological Warfare，即 CBW）研究的斗争，这场斗争一直延续到 1967 年 5 月，历时 20 个月。最终，学校董事会迫于压力以 39 票比 1 票的绝对优势终止了与国防部的研究合同。③

左派行动主义者甚至主张"捣毁"大学，占领建筑物，使常规教学陷入瘫痪，以此来摧毁大学援助军事部门的潜力。1968 年四五月份，鲁德等激进学生要求哥伦比亚大学立即断绝与防务分析学院（IDA）④ 的关系，在没有得到肯定答复的情况下，青年学生占领了哥伦比亚大学的四座大楼，另有一座为要求黑人权利的黑人行动主义者占领。⑤ 此外，布鲁克林学院、特拉华大学、特拉华州立大学等院校也都发生了夺取建筑物的斗争。⑥ 1969 年 4 月中旬，斯

① 参阅 Kenneth J. Heineman, *Put Your Bodies upon the Wheels*：*Student Revolt in the 1960s*,（Chicago：I. R. Dee, 2001），pp. 19～20.

② SDS and UTCEWV, HKJ3, n. d., President's Papers, Barker Texas History Center, emphasis in original. 转引自 Doug Rossinow, *The Politics of Authenticity*,（New York：Columbia University Press, 1998），p. 219.

③ 参阅 John Dumbrell, *Vietnam and the Antiwar Movement*,（Aldershot and Brookfield：Avebury, 1989），pp. 43～60.

④ 该机构由 12 所大学联合建立，它为美国政府做了许多秘密军事研究。

⑤ 参阅 Willis Rudy, *The Campus and a Nation in Crisis*,（New Jersey, England and Ontario：Associated University Presses, 1996），p. 189.

⑥ Kirkpatrick Sale, *SDS*,（New York：Vintage Books, Random House, 1973），p. 445.

坦福大学发生了引人注目的反对以校园为基地的军事研究运动。一群反战学生占领了该校为政府进行秘密研究的应用电子实验室，为时9 天。学生们宣布他们的主要目的是结束斯坦福大学的所有军事研究。最终，学校取消了所有校园里的军事研究，但在曼罗公园（Menlo Park）进行的生化战研究却仍在继续。斗争取得了部分胜利。

此时，麻省理工学院反对大学进行军事研究的斗争也在进行。在1969 年这一年里，该大学所谓的"T"实验室及其附属的莱克辛顿附近的林肯实验室为该校带来了其全年预算近一半的收入。因此，有些学生称该校为"第二国防部"。1969 年，麻省理工学院的三名研究生建议大学所属的所有秘密军事研究中心的工作人员举行罢工，目的是使针对秘密研究的斗争扩大化。1969 年3 月4 日和8 日，30 所研究型大学的师生员工参与了停止所有秘密军事计划的斗争。麻省理工学院的科学行动协调委员会（Science Action Coordination Committee）发表声明说："对科技知识的误用给人类生存带来了重大威胁。通过越南行动，我们的政府动摇了我们对其做出明智而人道的决定的能力的信任。"① 这也代表了反战青年学生的思想倾向。哈佛大学教授乔治·王尔德认为，政府最主要地是沉迷于杀人之事，而不是专注于本应是其真正目的的事情，也就是保护和培育生活。因此，难怪大学生会沮丧和不安。他说："我们面对着对前途决不肯定的一代人。"②

在60 年代，燃烧弹的主要生产者"道"化学公司（Dow Chemical Corporation）可以说是美国"军工复合体"的代表。对于SDS 这样的反战组织来说，它象征着战争的所有恐怖和不公正，因此它也受到了青年们最猛烈的攻击。青年学生坚信，任何将"道"公司和类似公司的人员赶出美国大学校园的行为都是合理的，包括采用暴力手段。SDS 认为，大学让"道"公司、CIA 和国防部的人员留在校园里，实际上就是协助了越战，就是表明对它的赞成。校园反对"道"公司的斗争引起了媒体的极大关注。1969 年2 月，"道"公司的管理层宣称，在过去3 年里，针对其人员发生了203 次校园示威，另外"还有几十次"发生在国内外的"道"公司办公室、工厂和设施的校外抗议。③ 这是对

① Howell, Harvard University and the Indo-China War, p. 46. 转引自 Willis Rudy, *The Campus and a Nation in Crisis*, (New Jersey, England and Ontario: Associated University Presses, 1996), pp. 184 ~ 185.

② Howell, Harvard University and the Indo-China War, pp. 48 ~ 49. 转引自 Ibid. , p. 185.

③ 参阅 Willis Rudy, *The Campus and a Nation in Crisis*, (New Jersey, England and Ontario: Associated University Presses, 1996), pp. 184 ~ 186.

维立思·鲁狄（Willis Rudy）的话——即许多大学的行动主义者"对危机的回应是既在自己的校园里，也在外面的社会中与权势机构战斗"①——的又一诠释。

那些与政府有着密切联系的学校当局成了政府在校园中的代表，而那些设在校园里的军事研究机构和公司则成了美国政府战争政策的象征，大学成了公司和军界的交汇处。通过它们，青年学生更加深切地感受到战争的切近和对他们的威胁。从60 年代反战思潮的表现来看，此类学校的青年学生在很多情况下选择大学作为自己直接的行动目标。这至少应该有以下两个方面的原因：

首先，相对于其他可能的攻击目标来说，对大学当局和秘密军事研究的直接行动具有明显的优势。美国的国防部等政府部门路途遥远，守卫森严，而大学却近在咫尺，相对要脆弱一些，因而这样的斗争更容易取得成功。

其次，政府和大学由于军事项目而形成的密切关系对学校教育产生了消极影响。反战议员富尔布赖特认为，在这种情况下，政府为学者们提供的服务出钱。本来，学者们、"尤其是那些社会科学领域的学者，他们应该担当起政府政策负责任的、独立的批评者的责任"，然而事实却是，"学术诚实就像放在货架上的一箱洗涤剂一样少有市场需求"。人们认为："这种赢利的协议不是奖给那些质问政府政策的人的，而是奖给那些为政府提供所需工具和技术的人的。"②其他的观察家也得出了相似的结论。1968 年，国际教育顾问委员会发布的一项特别报告警告说，研究型大学面临成为国家政府附属物的危险，结果是只关心技术而非目的，应急手段而非理想，习惯的正统学说而非新思想。在总结当时美国学界面临的现实时，李普塞特这样说道：

"在许多方面，美国的'非专家'知识分子，与法国的相似，地位很高，但权力很小，自认为与权力结构相疏离，而美国学界的'专家们'，像英国的一样，地位相当高，权力也很大，更有可能认同政治决策者。"③

本来，在大学这样的作为社会公共精神塑造场所的领域里，民主的观念会经由批判精神表现出来。作为"社会的批判者和良知"，它会以独立和公正的立场，以善意的态度批判公共权力的作为或表达政治愿望。独立的大学所具有的这种功能在保护国内民主权利、决策过程和决策机构的民主参与、细察

① Ibid. , p. 206.

② Ibid. , p. 168.

③ Ibid. , p. 169.

"民主赤字"方面起着重要作用。独立、公正与善意的批判精神为民主注入了鲜活的社会源泉，这一源泉确保着政治权力免于专制官僚与垄断产业的侵害。但是，由于资本主义所逐渐带来的利益群体的产生与相互分割，大学与研究机构等公共领域受到了来自政治权力领域的干预和腐蚀，因而它们中的许多改变了先前所持有的公正立场而转向具有强烈偏好的立场上来，为迎合能为自身带来利益的群体而表达政治诉求或进行政治批判，或为资助过自身的特殊利益集团代言，而不顾这种代言是否公正。这种利益在社会发生群体分化时很容易侵害一个和谐与统一的公正独立的公共领域。而一个被追逐自身利益所腐蚀的公共领域既难以形成社会与政治权力公正平等的对话，也难以保持社会的批判精神与良善的道德氛围。

越战期间，一些著名的研究型大学和政府的特殊关系使它们的批判功能遭到破坏。学生们在大型综合型大学中看到的是这样一种情景：

"追名逐利蔓延；其中，许多最优秀的教员从不教大学生；其中，遵从者与权力的和解受到奖赏，真实的思想和行动受到惩罚；其中，金钱在说话——尤其是联邦政府的金钱；其中，毕业典礼上的言辞和教育实践差异巨大；其中，投身学业和科研为政治上的不负责任提供了根据；其中，首先是关于教育过程和学生的非学术生活的基本决策是由对这些事没什么了解而且较少关心这些事的人制订的。"①

索摩斯（Somers）1968 年 2 月在伯克利做了一项调查，结果表明，学生对作为学生权利保护者的学校当局缺乏信任，他们认为大学"与权力机构的联系过于紧密"。② 在青年们看来，大学本身成了整个社会的缩影，激进主义的出发点就在"家门口"，而不是在遥远的路上。他们将对政府战争政策的抗议和对学校当局的不满结合起来，从而使反战思潮表现得更为激烈。

美国 60 年代的青年反战思潮告诉我们，青年激进主义是在多因素共同作用下形成的，这其中既有家庭的因素也有学校的因素，既有历史传统的因素也有社会现实的因素，既有内在的文化心理因素也有外在的交往环境因素。但一般说来，社会现实因素是最根本的、起主导作用的因素，其他因素都是围绕着

---

① Kevin Mattson, *Intellectuals in Action*, (University Park: The Pennsylvania State University Press, 2002), p. 203.

② "The Berkeley Campus in the Twilight of the Free Speech Movement: Hope or Futility?" in James McEvoy and Abraham Miller (eds.), *Black Power and Student Rebellion*, (Belmont, Calif.: Wadsworth Pub. Co., 1969), pp. 421 ~ 427.

它、在它的激发和调动下发生作用的。因为从根本上讲，青年反叛社会的思潮本质上是对那些还未解决的社会现实问题的反映。我们只有深入了解这些因素的作用机理和相互关系，才能对一思潮发生的场景有所把握，从而才能在思潮发生时做出恰当的回应。

2.4　本章小结

本章着重阐述和分析了青年反战思潮的概况、思潮流派和激进青年的特点。本章认为：

一、青年反战思潮经过了初起、发展、高潮和逐渐衰落四个阶段，它的表现形态受战争发展状况和青年反战策略的影响。战争的升级使思潮趋于激进，而战争后期政府政策的变化、思潮的过分暴力化倾向（这使激进的反战青年失去了多数人的支持）和美国经济状况的变化又使它走向衰落。

二、青年反战的流派大致可以分为新左派、"左翼－自由主义者"和右派中的自由意志论者三个流派。他们的思想主张虽然各不相同，但战争却使整个"青年代"左倾了。新左派虽然相对人数不多，但却影响深远，成为引领时代潮流的先锋。

三、青年反战思潮不同于传统的带有经济目的的思潮和运动，它主要是政治性和文化性的。其主体也有别于传统思潮和运动的推动者和参与者，大部分是来自社会中上阶层的青年，这与他们在经济安全中形成的"后物质主义"思想倾向、社会批判精神的熏陶和所接受的较为民主的家庭教育密切相关。研究表明，那些以文科和社会科学为专业、身处规模较大、学术水平较高、具有反叛传统并与政府有较密切军事合作的学校中的青年更易成为政治和文化上的激进主义者。

四、青年反战思潮表明美国资本主义社会并没有实现什么"和谐"，也没有达到"意识形态终结"的地步，在其内部不同的阶级、阶层和社会集团之间，仍然充满着矛盾，这些矛盾在战争等重大事件的冲击下会变得明朗化起来。

第三章

越南战争与青年反战思潮

在内部冲突与外部冲突的关系上，国际政治学界有一种理论认为，外部冲突可以整合群体，有助于建立群体认同。有时，当一个国家内部的斗争十分严重，有导致分裂的危险时，从维护国家统一的角度出发，统治阶级会将战争作为一种调整性反应，将内部的争斗转换成与另一个群体的冲突，以此实现内部的团结。① 但实际上，外部冲突虽然是影响内部团结的一个重要因素，但决非唯一因素，因而不能抽象地看待它。越战时期美国国内出现的青年反战思潮说明，当其他因素（政治制度的优先价值、对战争的认知以及青年维护自身权利的愿望等）左右着青年的思想时，外部冲突不仅不能促进社会的内部团结，而且还会在不断的升级中导致社会分裂。本章就越南战争与青年反战思潮之间的关系、包括美国介入越南的战略考虑以及战争对青年的影响等问题作些探讨。

3.1 越南局势和美国的越南政策

美国对越南事务的关注与干涉并不是从越南战争开始的。据葛理泰·马兰特（Greta E. Marlatt）研究发现，② 美国官方对越南的注意可以追溯到 1787 年。当时，美国的法国大臣托马斯·杰弗逊表示了从交趾支那（Cochinchina）（即现在的越南）取得稻种的愿望。1803 年 5 月，第一艘美国商船在图伦（今岘港）湾抛锚，但直到 19 世纪末，美国才在西贡建立了领事处。在 1950 年前，美国与印度支那的关系以及对它的兴趣只是偶尔有之，对它的关注也是有限的。1950

---

① 参阅［美］詹姆斯·多尔蒂等：《争论中的国际关系理论》（第 5 版），阎学通等译，北京，世界知识出版社版，2003 年 1 月，第 283、284 页。

② 参阅 Greta E. Marlatt, "Reseaching the Vietnam Conflict through U. S. Archival Sources," *Journal of Government Information*, Vol. 22, No. 3 (1995), p. 196.

年，参谋长联席会议向国防部长路易斯·A·约翰逊呈递了一份关于东南亚战略重要性的备忘录。该备忘录的主要之点是参谋长联席会议认为东南亚大陆对美国有着极大的战略重要性。国务院也有同样的想法，认为阻止共产主义的扩张非常必要。参谋长联席会议备忘录以及国家安全局第一份专门谈论印度支那问题的备忘录（NSC-64）所表达的观点成了后来美国东南亚政策的基础。

尽管美国与越南的军事接触可以追溯到 19 世纪初期一艘美国军舰的到来，但直到 1950 年，为了帮助那些维护在越南的殖民权力的法国人，① 美国才设立了一项军事援助计划，从此才开始了对越南的持续介入。为了妥善处理和监管供给品，美国政府设立了印度支那军事援助顾问组（MAAG）；顾问起着联络美法军队领导人的作用。1950 年 9 月，第一批由 35 人组成的分遣队到达越南。这个顾问组在奠边府战役法国战败之后，于 1955 年 11 月改成了越南军事援助顾问组。据《政治事件》上的一篇社论说，在 1950 年到 1951 年间，美元承担着法国在印度支那的"肮脏战争"的 15% 的费用。1952 年，这个比例上升为 35%；1953 年则上升为 45%。1954 年，截止到战争以法国在奠边府的失败告终为止，美国承担着 80% 的费用。②

1954 年 7 月，关于恢复印度支那和平的《日内瓦协议》签署，越南北方获得解放，南方仍由法国统治。实际上，在这次会议之后，越南的政治气候使国际监督下的、由各派自由参加的全国普选越来越难以实现。华盛顿和南越的西贡政权都认为，由于北方人口众多，北越在选举中将占优势，选举将以以胡志明为首的北方的胜利和全国的统一告终。艾森豪威尔在其回忆录中估计，如果 1956 年按照《日内瓦协议》的要求举行选举，胡志明会赢得 80% 的选票。③ 作为南越保大内阁总理的吴庭艳是坚决反对《日内瓦协议》的。在美国的支持下，他断然拒绝接受所有有关选举的规定。虽然越南国的代表参加了日内瓦会议的最后宣言，但在 1955 年 7 月 16 日，即按规定日程进行协商谈判的前四天，吴庭艳却宣布："我们不受该协议的任何约束。"④ 对美国来说，它并不满意《日内瓦协议》的结果，而是将之视作"美国外交上的大失败"和

---

① 越南自 1884 年沦为法国的殖民地。

② "U. S. Imperialism and Vietnam，" *Political Affairs*，Vol. Xlii，No. ii（Nov.，1963），p. 3.

③ Dwight D. Eisenhower，*The Mandate for Change：the White House Years*，Vol. 1（New York：Doubleday，1963），p. 372.

④ George Mcturnan Kahin and John W. Lewis，*The United States in Vietnam*，（New York：Delta，1969），pp. 80 ~ 81.

"灾难"。① 美国国务院公告暗示，如果某些条件不具备，美国就反对选举。②用一位美国国务院官员的话说，就是他们"不喜欢这个停火协议的条款"，而且这还是一种"克制的说法"。③

其至当日内瓦会议还在进行时，美国就开始为拼凑"东南亚集体防务条约"和建立其军事组织——"东南亚条约组织"而积极活动了。1954 年 9 月8 日，由美、英、法、澳等国参加的这项谈判"圆满"结束，同时签订了把该条约的范围和作用扩大到印度支那的《东南亚条约组织公约》。④ 该公约"无论在对一次公开进攻做出反应还是在对共产党的颠覆活动做出反应问题上"，"都给了所有签署国以相当大的行动自由"。作为一个整体的"东南亚条约组织"只有在所有成员国达成一致协议的情况下才能共同行动。1954 年 12 月 22日，经过国家安全委员会几次讨论，艾森豪威尔批准了题为"美国目前的远东政策"的 NSC 5429/5 号文件，使美国从根本上承担起必要时独自保卫"东南亚条约组织"区域的责任。文件中讲到：

"美国远东政策的首要问题，是如何应付对美国安全利益的严重威胁，这种威胁来自于敌意十足的共产党势力在亚洲大陆的传播，共产党势力已蔓延到中国大陆的每个角落，蔓延到北朝鲜，最近，更蔓延到了越南北部。"

文件继续写道，如果共产党向任何一个受《马尼拉协议》（即《东南亚条约组织公约》）保护的区域发起挑衅，在还未形成既成事实之前，美国就应当采取适当的行动，"包括要求国会在恰当可行的情况下批准用美国军队。当条约处在实施中时，美国应该在必要而且适宜的时间，动用美国军事力量，做好抵御共产党对条约组织区域的任何进攻的准备……"相对于只是"美国对该地区政策的一个工具"的《东南亚条约组织公约》而言，这个文件更具有政策性。⑤ 1955 年，美国支持越南吴庭艳上台执政，破坏了通过自由选举实现越

① Gary R. Hess, *Vietnam and the United States*: *Origins and Legacy of War*, (Boston, Mass.: Twayne Publishers, 1990), p. 49.

② *U. S. Department of State Bulletin*, Vol. 32, No. 837 (July11, 1955), p. 50.

③ Ibid., Vol. 31, No. 791 (August23, 1954), p. 261.

④ 该条约要求各签署国"根据各自的宪法程序"采取行动，抵御公开的侵略活动。由于《日内瓦协议》禁止老挝、柬埔寨和南越加入任何同盟，所以这几个国家没有签署该条约，于是该条约便产生了一个有趣的法律问题，即签署国是否有权承诺自己将保卫非组织成员国的利益。事实上，先是柬埔寨，过了很长一段时间后，老挝也最终拒绝承认条约的保护。

⑤ 参阅［美］戴维·凯泽：《美国悲剧》，邵文实等译，北京，昆仑出版社，2001 年 9 月版，第4 页。

南和平统一的规定，公然违反了《日内瓦协议》。

吴庭艳上台后，就开始了他在南越的独裁统治。吴庭艳出生于一个信奉天主教的官僚家庭，曾任保大的内政大臣，后因反法而辞职。日本占领越南后，他又拒绝担任保大的内阁总理。吴不仅拒绝和法、日合作，而且也拒绝和胡志明领导的"越南独立同盟"（即"越盟"）合作。越盟在"八月革命"① 时曾将其逮捕，胡志明亲自为其松绑，但吴却不屑一顾，之后流亡国外。50 年代初，吴庭艳两度访美，得到了天主教头面人物和麦克·曼斯菲尔德、约翰·肯尼迪等一些有影响的国会议员的青睐。1954 年 6 月，他接受保大的要求，担任越南国总理。

吴庭艳的思想是半封建民族主义、东方专制主义和反共主义的大杂烩。他虽然反对列强对越南的奴役和压迫，但却不是民族主义者，因为他只是要建立一个不受外来控制的封建王朝国家。他仇恨共产主义。早在 30 年代，他就要求法国给予越南自主权，并认为只有这样才能有效地打击共产党。他甚至强调，共产主义是越南的最大威胁。他的东方专制主义则表现在统治方式上的极端个人独裁。

吴庭艳统治的社会基础是大地主、买办、新中产阶级和日内瓦会议后南迁的天主教徒。在吴的统治下，南方的财富和土地分配极度不均，而且，西贡政府为建立一支忠诚、有组织的社会力量，大量启用天主教徒充任各级官吏，引起了普通百姓的强烈不满，成为南越动荡的重要原因。此外，吴庭艳统治的政治基础薄弱，主要依靠吴氏家族的血缘关系、他们的卫戍部队和一个半秘密的组织"勤劳党"来维持，这种"家天下"的统治方式使吴的统治带有浓厚的封建色彩。

吴庭艳统治最重要的物质基础是美援，美国对南越的援助几乎是有求必应。在 1955 年的财政年度（1954 年 7 月 1 日到 1955 年 6 月 30 日），这种援助总计达 3.224 亿美元，随后两年都有所增加；在 1957 年的财政年度，最高达 3.927 亿美元。在接下来的三年中，数额有所下降，但仍保持在每年 2.5 亿美元左右。在 1961 年的财政年度，再次降至 2.155 亿美元。这些数字超出了南越每年政府预算的一半还多。② 从 1950 年到 1960 年间，美国向南越提供了总

---

① 1945 年 8 月 19，越南人民在胡志明领导下取得了"八月革命"总起义的成功，阮朝的末代皇帝保大被迫宣告退位。1945 年 9 月 2 日，胡志明在河内发布《独立宣言》，宣布了越南民主共和国的诞生。

② 参阅戴维·凯泽：《美国悲剧》，邵文实等译，北京，昆仑出版社，2001 年 9 月版，第 55 页。

计近 15 亿美元的经济援助，而且还使吴庭艳在 50 年代末拥有了 7 个美式编制的野战师。1961 年，南越的外汇储备额甚至高于英国。按人口平均计算，南越成为当时世界上最大的美援接受国。然而，财政上的富足没能稳定南越的社会和经济，反而使西贡政府更加腐败。1959 年，《伦敦时报》和《经济学家》驻越南记者大卫·霍特汉姆（David Hotham）指出，吴庭艳政权已经打垮了各种各样的反对力量，不管这种反对力量如何地反共。之所以能做到这一点，仅仅是因为他从太平洋彼岸得到了大量的美元援助，这些援助使一个按照人事和政事的所有法则早该垮掉的人当了权。他认为，吴庭艳的主要支持者在北美，而不是在越南。①

实际上，吴庭艳并非美国一开始就选中的最佳人选，它最初给予吴的支持带有明显的试验性质。

1955 年 4 月，受法国支持的一个帮派组织在西贡发动了军事政变。当时，美国驻西贡大使 J·劳顿·科林斯认为美国要在南越取得成功，就必须与法国合作，因此应舍弃吴庭艳。在科林斯的催促下，艾森豪威尔于 4 月下旬决定不再挽救吴庭艳，接受南越的亲法政客担任总理。然而，美国错误地估计了西贡的力量对比。吴庭艳调动军队以武力一举平息了政变，他的反法立场也得到了民众的普遍支持。② 此后，美国无保留地承担起支持吴庭艳建立反共国家的义务。因此可以说，这一事件成了美国涉足越南的转折点。艾森豪威尔在其第一任期内，终于敞开了卷入越南事件的大门。

一俟渡过政变危机，西贡当局就开始进行持久、疯狂的反共迫害。对于持不同政见者，吴氏兄弟极尽排斥、压制和打击之能事。大批劳动党党员、越盟成员和普通群众遭到捕杀。50 年代后半期，反共迫害一再升级和扩大。1956 年，美国保守的《外交》（Foreign Affairs）杂志总结道：

"今天，南越是一个以随意逮捕和监禁、严格的新闻审查和有效的政治反对派的缺少为特征的准警察国家……所有政治战和心理战，以及涉及广泛军事行动的平定战的技巧都被用来对付秘密团体了。"③

---

① 参阅 Jeff Drake, "How the U. S. Got Involved in Vietnam," p. 24, http: //www. vietvet. org/jeffviet. htm.

② ［美］戴维·凯泽：《美国悲剧》，邵文实等译，北京，昆仑出版社，2001 年 9 月版，第 54 页。

③ William Henderson, "South Vietnam Finds Itself," *Foreign Affairs*, Vol. 35, No. 2（January 1957），pp. 285, 288.

在客观上，这促使越南南方革命的兴起。1960 年 9 月，在越南劳动党第三次全国代表大会上，河内彻底放弃了原先的温和路线，把南方解放与北方建设置于同等重要的地位，明确提出要推翻美吴统治，建立革命政权，实现国家统一的任务。根据这次会议决议，1960 年 12 月，越南南方民族解放阵线成立，并提出实现祖国统一的十条纲领。

1959 年和 1960 年，越南南方的武装斗争蓬勃发展，到 1960 年底，越南劳动党在南方的武装力量已增至万人左右。同时，在北方的集结者也越来越多地返回南方。越南战争已成为事实。

1961 年 1 月，肯尼迪在美国上台当政，他提出要在第三世界实行"反叛乱与国家建设"的政策，并试图以此消灭越南南方的民族解放运动。他声称："我们准备付出任何代价，挑起任何重担，应对任何艰难，支持任何朋友，反对任何敌人，以确保自由的生存和胜利。"① 5 月，肯尼迪以"反共产主义扩张"为名，下令派 100 名"特种部队"到南越（代号"绿色贝雷帽"），开始了长达 14 年的侵越战争。

在肯尼迪之后，约翰逊延续了他的前任们支持南越独立的战争政策。对此，美国参议员厄内斯特·格如宁（Ernest Gruening）在 1965 年 4 月 9 日的一次国会演讲中做过客观的描述。他指出：

"内战开始了——让我重复一下，因为这对这个问题很关键——当吴庭艳政府——在我们的要求下——拒绝执行 1954 年日内瓦协议中有关为越南统一举行选举的条款的时候。这是日内瓦协议的基本条件之一……因为在它被法国征服的 800 年前，越南是一个统一的国家。1954 年打败法国后，越南人来到谈判桌前，同意仅在举行重新统一的选举的条件下解决问题。但在 1965 年 4 月 7 日约翰逊总统在霍普金斯大学的演讲中，没有任何地方表现出越南最终实现重新统一的希望。相反，他以一个'独立的南越'作为实现最终和平的条件。"②

在越南政策上，美国政府是反对中立主义的。1963 年 12 月中旬，国防部长麦克纳马拉告诉西贡领导人，就越南的未来来说，华盛顿看不到中立主义。在写给南越的杨文明将军的新年祝词中，约翰逊这样说道：

---

① *Public Papers of the Presidents of the United States: John F. Kennedy*, Jan. 20 to Dec. 31, 1961 (Washington: U. S. Government Printing Office, 1962), pp. 1 ~ 3.

② Geoff Simons, *Vietnam Syndrome*, (London: Macmillan Press Ltd, 1998), p. 199.

"南越的中立只会是共产主义接管的别名。""美国将继续在这场艰苦的战斗中尽量支持你和你的人民,我们将在越南依你们需要继续供应美国的人员和物质,以帮助你们取得胜利。"①

尽管杨文明将军采取了严厉措施抵制中立主义,例如他镇压了几家赞同中立主义的报纸,组织了反法、反中立主义游行。但由于没能阻止越南中立主义情绪的增长,他还是不久就受到了美国和自己的将军们的责难,以致最终在1964 年1 月30 日的一次政变中被阮庆(Nhuyen Khanh)将军推翻。阮庆上台后,"民族解放阵线"要求以谈判结束战争,但阮庆的军人执政团既摈弃了中立主义,也拒绝谈判,它直接与美国结成了同盟,而美国也表示愿意与新政府合作。

实际上,当20 世纪50 年代许多亚非国家走向独立,并且出现了一个不结盟的中立集团的时候,美国国务卿杜勒斯就对中立主义采取了强硬而公开的反对态度。在1956 年6 月9 日,他指出:

"中立的原则……使人误以为一个国家可以通过对其他国家命运的漠不关心,使自己最大程度地获得安全。这已日益成为一种过时的观念……"②

对于这种观点,国家安全委员会的政策声明中也有所体现:中立主义是危险的——这里的中立主义,不仅指不结盟,而且指一种甚至想与共产党力量建立外交关系的意愿。③ 可见,美国政府之所以反对中立主义,就在于它包含了一种"与共产党力量建立外交关系"的可能,以及由此造成的美国面临的"危险"。根据这种逻辑,美国支持其他国家内部那些"毫不含糊地拒绝与共产党合作、支持整个西方世界的派别"④ 就是顺理成章的了。

3.2 美国越南政策的根源

决定美国越南政策的根源是什么?美国为什么要介入越南战争?威廉·曼彻斯特在《光荣与梦想》中提出了这个问题。他说道:

"为什么这样多见解不同的美国人,其中包括四位总统(两个共和党总统

① Hedrick Smith, "Saigon Junta Bolstered by Johnson Aid Pledge," *The New York Times*, Vol. Cxiii, No. 38694 (January 2, 1964), pp. 1 ~ 2.
② Townsend Hoopes, *The Devil and John Foster Dulles*, (Boston: Little Brown, 1973), pp. 316 ~ 317.
③ 参阅戴维·凯泽:《美国悲剧》,邵文实等译,北京,昆仑出版社,2001 年9 月版,第10 页。
④ 同上书,第10 页。

和两个民主党总统)① 都认为有义务拯救西贡政府？这个国家，不管怎么说，远在亚洲，离我们有五千英里，在遥远的印度支那半岛一片到处是稻田和茂密的丛林的原始土地上，然而，十多年来，华盛顿的历届政府却一意孤行，甚至不顾美国国内的安宁，力图使一些大可怀疑的人物在越南保持统治。"

他还指出，对于美国在越南的努力，肯尼迪甚至已经预见到了失败的可能。1951 年访越归来后，肯尼迪在"会见新闻界"的节目中说："没有当地人民的支持，在任何东南亚国家中想取得胜利都是没有希望的。"② 但他最终也陷入了越战的泥沼。美国国防部长麦克纳马拉也是认识到越战对美国的消极影响的政府官员之一。1967 年 5 月 19 日，他在给总统的一份备忘录中指出：

"在一个其是非引起激烈争论的问题上试图将一个落后的小国压服，这时，世界上最强大的超级大国一周杀死或重伤 1000 名非战斗人员，这不是一幅美妙的图景。"麦克纳马拉认为，这会导致"美国国家意识和美国的世界形象的惨重扭曲"。③

作为越南政策的制定者和实施者，他们的观点是颇具说服力的。既然如此，美国为什么还要继续这场战争呢？

一本美国军方发给其越南军队的小册子《行程 365 天》记载了总统对美国介入越南内战所作的解释。艾森豪威尔在 1959 年宣称：

"失去南越会引起一个颠覆的过程，随着其发展，它会对我们和自由造成影响。"

1961 年，约翰·肯尼迪告诉士兵们：

"美国决定帮助越南维持其独立，保护其人民免受共产主义暗杀者之害，并通过发展经济营造一种更加美好的生活。"

1965 年，约翰逊强行灌输给人们的官方信息是：

"冲突的中心议题……是北越的侵略……如果这种侵略停止了，南越人民和政府就能自由地安排自己的前途——并在国家发展的艰巨任务上取得进展。"④

<hr>

① 指 1953～1961 年任期内的共和党总统艾森豪威尔、1961～1963 年任期内的民主党总统肯尼迪、1963～1969 年任期内的民主党总统约翰逊和 1969～1974 年任期内的共和党总统尼克松。

② ［美］威廉·曼彻斯特：《光荣与梦想》（下），广州外国语学院美英问题研究室翻译组、朱协译，海口，海南出版社、三环出版社，2004 年 3 月版，第 938 页。

③ The New York Times Company, "Secretary McNamara's Position of May 19 on Bombing and Troops," in *The Pentagon Papers*, (Toronto, New York, London: Bantam Books, Inc., 1971), p. 580.

④ David Farber, *The Age of Great Dreams: America in the 1960s*, (New York: Hill and Wang, 1994), pp. 117～118.

但是，当美国的公民行动宣传员（civic action propagandists）解释这种战争说辞时却遇到了困难，因为他们不能说明为什么要反对共产党人，因为在抵抗法国殖民者期间，共产党人是越南的村庄里唯一进行了反击的人。因此，当他们解释"共产党人是邪恶之人"时，自然无人相信。① 可见，这种战争说辞并没有什么说服力。

就美国的越战政策，学者们也没有形成统一的说法。美国学者罗卜特·麦可马洪（Robert J. McMahon）指出，美国早期的越战分析家们对越南战争的起因存在两种对立的观点。自由现实主义派认为越战是可以避免的悲剧。他们认为，如果美国的决策者能更周到、更现实地估计美国在东南亚的有限利益，或者他们能认识到美国力量的有限，或者他们能了解越南内部不可阻挡的革命民族主义诉求，那么这个悲剧就可能避免。而激进修正派则认为，越战是美国寻求世界霸权地位合乎逻辑的必要结果。他们认为，由于美国经济和战略上的需要，美国不能不在越南和其他地方抵制共产主义扩张和当地的革命。"越战是一个贪婪的超级大国建立全球优势、确保全面服从其意志并镇压所有挑战其统治力量的需要导致的必然结果。"②

70 年代末，乔治·赫林在《美国最持久的战争》一书中对越南战争进行了当时"最完整的阐述"。他指出，越南战争从发端之时就存在政策错误，但他同时强调，美国在越南奉行的灾难性政策主要不是决策者判断失误或性格巧合导致的，而是美国朝野上下二十多年所接受的遏制政策产生的逻辑结果。③他的认识比早期的自由现实主义派前进了一步，揭示了美国越南政策一定的必然性。这本书产生了广泛的影响，成为研究越战的经典之作。

1990 年，加利·赫斯出版了《越南和美国：战争的起源和遗产》一书。他基本接受了赫林的观点，并更多地强调了越南的历史和文化。在解释为什么"如此一个相对弱小而不起眼的国家"对美国有如此至关重要的意义时，认为下面这样一些因素决定了美国的越南政策，即：一种把与共产主义大国进行对抗视为"零和游戏"，并把东南亚国家当成潜在的"多米诺骨牌"的全球战

① 参阅 Geoff Simons，*Vietnam Syndrome*，（London：Macmillan Press Ltd.，1998），p. 200.

② Robert. J. McMahon，"U. S. – Vietnamese Relations：A Historiographical Survey，" in Warren L. Cohen，*Pacific Passage：the Study of American-EastAsian Relations on the Eve of the Twenty-First Century*，（New York：Columbia University Press，1996），p. 316.

③ Robert. J. McMahon，"U. S. -Vietnamese Relations：A Historiographical Survey，" in Warren L. Cohen，*Pacific Passage：the Study of American-EastAsian Relations on the Eve of the Twenty-First Century*，（New York：Columbia University Press，1996），pp. 316～317.

略；告诫人们制止侵略的重要性的"历史经验教训"，由此把越南看成是共产主义大国"考验"西方国家意志的另一场所；美国的承诺与"信誉"的相应增长，而这两者致使美国认为若置身事外就相当于放弃其世界领导地位；美国传教的历史使命促使领导者及百姓和军人都把在越南的活动看作是实现西方理想的一次机会。应该说，他的观点还是属于自由现实主义。他要说明的是，美国的政策根源于"一系列的幻觉"。①

80年代初，保守派提出了与自由现实主义派不同的看法。在1980年的总统大选中，里根将越南冲突说成是一场"高尚的战争"。前美军军官亨利·G·萨摩斯、布鲁斯·帕尔玛等人在对战争的分析上也采取了保守主义的立场。保守派的目的是对美国的失败做出合理的解释，而同时又不影响美国军力的未来使用。② 很显然，这一派的观点纯粹是在为美国的越南政策辩护。

加布里埃尔·科尔克（Gabriel Kolko）则是激进修正派的代表人物。在《一场战争的剖析：越南、美国以及现代历史经验》一书中，他将美国的干涉行径看成是"由于美国在世界资本主义体系中的统治力量而产生的结构性动因所导致的不可避免的结果。"他认为，华盛顿操纵世界政治经济体系并使之成为一体的野心是1950年后美国介入越南的最重要原因。越南冲突很难说是偶然事件，而是"美国的野心、力量和弱点的逻辑结果"。③

综上所述，自由现实主义派往往将越战看作偶然发生的事件，将它看作美国在外部世界刺激下错误决策的结果。他们脱离了决策者所处的美国社会环境，没能指出美国越南政策的内在动因，在认识上流于表面，没能把握事物的本来面目。保守派则走得更远。他们没有对战争做出理智的反省，而是完全站到了反动的立场上，赤裸裸地为帝国主义的干涉行径辩护，其认识比自由现实主义派倒退了一步。与这两派相比，修正派的认识是比较深刻的，揭示了战争的真正根源。但在作具体分析时，他们没能充分揭示战争的文化根源，对美国对外政策的内在矛盾也缺乏细致的分析。而如果不说明这些问题，就难以深入理解青年反战思潮所以发生的原因。因此，我们在借鉴前人研究成果的基础上，着重从文化、政治和经济等三个方面分析美国越南政策的根源。

3.2.1 文化根源

一种历史长期积淀的文化具有极其深刻和丰富的内蕴，它对公众舆论、思

---

① Ibid. , pp. 317 ~ 318.

② Ibid. , p. 319.

③ Ibid. , p. 320.

维模式、甚至领导人的行为模式都有深远的影响。60 年代的美国越南政策有其深厚的文化价值观根源，这个根源就是所谓的"美国例外论"。

"美国例外论"是美国民族主义的一种特殊形式，也是一种独特的意识形态。它以清教主义为宗教渊源，有着较强的宗教色彩，体现出强烈的天定使命感。1630 年，马萨诸塞湾的首任管理者约翰·温思罗普（John Winthrop）在布道中宣扬：

"我们会发现，以色列的上帝就在我们中间。……我们必须认为，我们会作为山巅之城，所有人的眼睛都在注视我们。"①

发端于此的使命意识，成为"美国例外论"重要的思想立足点和美国世代相传的思想遗产。概言之，这种文化价值观认为美国与其他国家不同，美国的各项制度是优越的，是各国的范例；美国是人类社会的拯救者，"美国的神圣使命就是将新教、民主制度、自由资本主义制度向北美及其以外传播。"②肯尼迪在就职演说中明确表示，当自由面临威胁时，保卫自由是他这一代人的使命。③

"美国例外论"将美国的民族优越感与拯救世界的使命感相糅合，导致了在美国国际主义旗帜下的种族主义和干涉主义倾向，实质上否定了自然权利思想所鼓吹的自由平等原则在人类社会的普适性，其目的只不过是为美国谋求世界的领导地位提供合理的依据。但它使"君子不言利"成为美国政治家们为其外交政策辩护和做战争动员时的"座右铭"，美国外交经验的一个独特性也相应地是寻找一个合法的思想框架来为美国军队在海外的行动辩护。表现在越战上，则是美国以一种抽象概念的原则加入了这场战争。约翰逊指出：

"我们不期望得到任何属于他人的东西。"④ "因为我们为价值观而战，为原则而战，而不是为疆域或殖民地而战，我们的耐心和决心是永恒的。"⑤

美国的决策者声称，与苏联的争斗只是观念的竞争。事实表明，这不过是

---

① John Winthrop, Papers, A. B. Forbes, ed. （Boston：Massachusetts Historical Society, 1931），vol. ii, p. 295. 转引自 Jeffrey P. Kimball, *To Reason Why*, （New York：McGraw-Hill, Inc. , 1990），p. 316.

② Deborah L . Madsen, American Exceptionalism, （Edinburgh：Edinburgh University Press, 1998），p. 100.

③ *Public Papers of the Presidents of the United States*：John F. Kennedy, Jan. 20 to Dec. 31, 1961 （Washington：U. S. Government Printing Office, 1962），pp. 1 ~ 3.

④ Lyndon B. Johnson, *Public Papers of the Presidents*, Jan. 20, 1965, （Washington, D. C. ：G. P. O. , 1966），p. 73.

⑤ Ibid. , April7, 1965, p. 172.

一种自欺欺人的说法。

"美国例外论"和"山巅之城"的神话使美国的战争发动者们相信，越南人会分享美国的价值观，他们会对美国的意图和到来表示欢迎。副总统汉弗莱承认："对于约翰逊来说，湄公河和佩德纳莱斯河（美国科罗拉多河的支流）没有那么遥远。"① 而实际上，这只是一种一厢情愿的想法。1973 年，肯尼迪和约翰逊时期的副国务卿乔治·W·鲍尔指出，华盛顿的战争策划者们成了他们自己神话的俘虏。② 1974 年，一位退役准将道格拉斯·基纳德对 173 位在越战中服役的陆军将官作了问卷调查。其中有人指出：

"我们错误地试图将美国制度强加于一个不想接受它、不能掌握它和因为尝试它而可能失败的民族。"

另有人说："就像在所有对外战争中一样，我们从未真正达成一致。"这是因为"我们对美国方式（American way）的神话过分沉迷"。

还有人说："我们从未考虑文化的差异。"③ 这些反思性的话语即使在今天仍然发人深省。

此外，这种政治文化还导致了偏执心理的产生。美国素以自己的民主制度自豪，但对这种制度的过于迷信却可能导致偏执心理，一个重要体现就是强烈夸大敌国的阴谋和危险性。霍夫斯塔特认为，迫害感是政治上偏执狂心态的中心，这种感觉"在宏大的阴谋理论中系统化了"，总是认为敌对的方向正在对本国的政治文化、生活方式等构成巨大威胁。④ 由于对所谓"民主"的"向往"往往与现实不一致，从而很容易导致美国人的心理危机，并影响美国外交政策的进程。表现在越战上，则主要是对共产主义的害怕和仇恨。而为了维护"民主制度"，美国的决策者们又往往会运用秘密交易、威胁、武力等与"实力政治"有关的手段。在他们看来，这种非道德的和实用主义的行为和他们清白无罪、乐善好施和"例外论"的概念是一致的。

① Hubert Humphrey, "Building on the Past," in Anthony Lake, ed., *The Legacy of Vietnam*, (New York: New York University Press, 1976), p. 358. 转引自 Jeffrey P. Kimball, *To Reason Why*, (New York: McGraw-Hill, Inc., 1990), p. 321.

② George W. Ball, "Have We Learned or Only Failed?" *New York Times Magazine*, April 1, 1973, p. 13. 转引自 ibid., p. 322.

③ Douglas Kinnard, *The War Managers*, (Hanover, N. H.: University Press of New England, 1977), p. 92.

④ Richard Hofstadter, *The Paranoid Style in American Politics and Other Essays*, (New York: Vintage Books, Random House, 1967), p. 4.

自进入 20 世纪以来，美国的"天定使命"感就与其取得世界领导权的驱动力结合在了一起，导致其外交更频繁地显示出"十字军东征"精神。这反映出美国人的一种信念：不仅美国的自由价值和民主制度具有普遍意义，而且美国在 20 世纪的世界头号地位也使它具有了在世界各地保护自由和推行民主制度的责任和实力。

"美国例外论"在美国有着很大的影响，在越战之前，美国人对美国的"天定使命"很少表示出怀疑，他们对历次海外干涉的性质和道义上的合法性也很少提出质疑。甚至在距离越南战争不远的朝鲜战争中，美国人也没有对战争的正义性产生多少怀疑。遭杜鲁门总统解职后从朝鲜战场返回的麦克阿瑟将军所受到的对待民族英雄般的欢迎就说明了这一点。在这种政治文化的影响下，加上当时的国际形势和美国对自身政治经济利益的考虑，美国介入越南就具有了一定的必然性。

3.2.2 政治根源

政治因素是影响美国越南政策最直接的因素，美国决策者对抽象"原则"的偏执心理在其中表现得也最为明显。

首先，在全球层次上，越南战争是美国的全球战略——美苏争霸的必然结果，是美国冷战思维的逻辑延伸。

在冷战爆发之前，越南对美国并没有没有什么战略重要性，二战后期美国甚至还向越南游击队提供了援助并与胡志明建立了政治联系。"然而冷战的爆发使美国发生了改变并使之对东南亚予以优先考虑。到 1947 年，美国政策最主要的目的是阻止共产主义的蔓延，不管共产主义运动出现于何时何地，根据遏制理论，这种蔓延都与苏联联系在一起。"① 国务卿迪恩·艾奇逊解释了统摄美国越南政策的大蓝图逻辑（big-picture logic）：

"胡志明的民族主义是否达到了共产主义的程度无关紧要……殖民地区的所有斯大林主义者都是民族主义者。"

外交政策的制定者认为，越南不能孤立地去看。越南是一个大游戏中的一部分，必须按照美国与苏联共产主义势力控制世界命运的全球斗争去安排。②

---

① ［美］戴维·斯泰格沃德：《六十年代与现代美国的终结》，周朗等译，北京，商务印书馆，2002 年版，第 101、102 页。

② David Farber, *The Age of Great Dreams*: *America in the 1960s*,（New York: Hill and Wang, 1994），p. 122.

就是说，必须"将共产主义视为一个整体"。①

第二次世界大战后，美国同苏联发生了直接的和全球性的对抗，形成了两极世界。杜勒斯认为，在这样一个世界里，共产主义的威胁是不可分割的，因而反对这种威胁的责任也是不受限制的。② 美国政府正是从这一不顾冷战格局的高度复杂性和变动性，从抽象的原则性出发制定战后的对外政策的。两个超级大国在经历了一连串危机后，在各自的世界之间划分了"边疆"，并且把它们的竞争扩展到了第三世界。美国之所以卷入越南战争，首先是因为在它看来，这属于一种"边疆战争"。美国政府认为这场战争是对美国意志的考验，这种意志对保卫所有的"边疆"都是十分重要的。在这个地区的非共产党国家达到经济发达和拥有充分的自治能力之前，亚洲的均势还要靠美国来维持。所以艾森豪威尔、肯尼迪、约翰逊等历届总统历届政府都认为美国有义务保卫南越。美国政府认为不能仅仅保卫希腊、土耳其、西欧、柏林、朝鲜或古巴的"边疆"，而不去保卫在南越的"边疆"。如果有一个国家陷落了，那么第二个、第三个国家就会依次倒下（即"多米诺骨牌效应"）。即便美国在越南的退却没有对其他地区造成影响，但整个该地区也都会感觉到美国的退却造成的政治上和心理上的冲击。③ 如果没有美国对共产主义的所谓"遏制"策略，便很难解释美国会以那样一种方式和途径去干涉越南：先是从经济和政治入手，然后是通过一种顾问角色，最终则加以直接的军事干预。所有这些措施正是美国二战后遵循的遏制政策的反映。正因为如此，约翰逊才常常声称，"他只是在继续他的前任们的政策。"④

美国卷入越南事务并最终发动战争，正是因为冷战。1947 年后的 40 多年美国外交关系的中心原则是遏制苏联。假如美国不把所有的国际事务与冷战联

---

① ［美］罗伯特·S·麦克纳马拉：《回顾：越战的悲剧与教训》，陈丕西等译，北京，作家出版社，1996 年版，第 36 页。

② 参阅［美］小阿瑟·M·施莱辛格：《一千天》，仲宜译，北京，三联书店，1981 年 8 月版，第 417 页。

③ 参阅［美］斯帕尼尔：《第二次世界大战后美国的外交政策》，段若石译，北京，商务印书馆，1992 年版，第 184 ~ 189 页。关于"多米诺骨牌效应"，马克斯韦尔·泰勒（Maxwell Taylor）曾在 1964 年 9 月 10 日作过明确的表述："共产党在南越取得胜利后，东南亚的其他地方就会在此后不久倾向于中立主义，也许最终是共产主义。缅甸就会受到影响，印度也是。印度尼西亚不久就会与共产党人站到一起。我们会被赶出西太平洋直到火奴鲁鲁。在接下来的几年中，这将是短期的效应。" F. M. Kail, *What Washington Said*, (New York: Harper & Row, Publishers, Inc., 1973), p. 91.

④ ［美］戴维·凯泽：《美国悲剧》，邵文实等译，北京，昆仑出版社，2001 年 9 月版，第 507 页。

系起来，也就不会有美国在越南的战争。越南战争自始至终都是美国大冷战战略的一部分，与冷战的存在密切相关。它"被反常地与大冷战联系在一起，当我们想起冷战时它总是会出现。"①

其次，在地区层次上，美国遏制中国"共产主义扩张"的亚太战略为美国干涉越南提供了"依据"。

不论是自由现实主义派还是修正派，都很少谈到越南战争的亚洲根源。二战后美国的外交政策服从于美国与苏联争霸的全球遏制战略，但与在欧洲和美苏之间保持了"冷战"的局面不同，美国在亚洲发动了两场"热战"，而这两场"热战"都是在中国的边境邻国打的，并且都与中国有着深刻而复杂的渊源：在朝鲜战争中中国直接参战；在越南战争中中国则是交战一方的"可靠后方"。因此，分析越南战争的起因，不可忽视亚洲、特别是中国因素。

1948 年12 月30 日，杜鲁门总统批准了一份国家安全委员会报告，即48 -2 号报告。该报告使美国建立了"防止共产党在亚洲进一步扩张"的政策，这份文件建议"对法属印度支那应给予特别的注意"，这个问题在其后的二十五年内将会死死缠住美国。虽然整个政府仍不能确定应该做什么和从哪里做起，但有一点是肯定的，即应该尽快建立对中华人民共和国的军事包围圈。② 该军事包围圈随着1950 年6 月25 日朝鲜战争的爆发很快建立起来。1950 年8 月9 日，为杜鲁门总统研究亚洲局势的美国外交官约翰·F·梅尔比（John F. Melby）警告说，北京对印度支那的未来独立造成了"真正的威胁"。③ 其对中国介入东南亚的担忧表露无遗。随着两次台湾海峡危机、特别是1958 年危机的发生，美国和中国在东南亚卷入了一场更大的对抗，这种对抗引起了美国历史上历时最长和受挫最大的战争。④

事实上，二战后美国在亚洲所从事的一切活动，从对日本的单独占领和重建到朝鲜战争，从对台湾蒋介石政权的支持到逐步加深对越南的干涉和战争，都是在亚洲包围中国、与苏联争霸的全球遏制战略的组成部分。美国国务卿杜勒斯指出："如果美国能够守住从朝鲜到印度支那这一新月形地带"并"形成

---

① Michael P. Sullivan, *The Vietnam War: a Study in the Making of American Policy*, (Kentucky: University Press of Kentucky, 1985), pp. 134 ~ 135.

② ［美］迈克尔·沙勒：《二十世纪的美国和中国》，王杨子、刘湖译，北京，光明日报出版社，1985 年版，第135 页。

③ F. M. Kail, *What Washington Said*, (New York: Harper & Row, Publishers, Inc., 1973), p. 24.

④ ［美］迈克尔·沙勒：《二十世纪的美国和中国》，王杨子、刘湖译，北京，光明日报出版社，1985 年版，第155 页。

对共产党的充分压力"，美国就"有可能最终推翻共产主义对亚洲大陆的控制"。① 当时美国的亚太战略是确保没有一个国家能在亚太地区占据主导地位。

美国的越南政策与"丢失中国"密切相关。1949 年中华人民共和国的成立使主持美国国务院的民主党受到共和党"丢失中国"的责难。对华盛顿的外交决策者们来说，"丢失中国"给他们留下了痛苦的记忆。当肯尼迪在 1963年 9 月接受美国全国广播公司记者采访时，他明确表达了对越南可能步中国"后尘"的担忧：

"二战末中国发生的事情深固于我们的脑海中，中国丢失了，一个软弱的政府越来越难以控制局势。（对于越南）我们不想这样。"

因为如果失去南越，就会接着失去东南亚的其他地方，"东南亚的未来潮流就是中国和共产党人"。② 在他看来，"中国如此之大，赫然而立"，它在亚洲的影响无处不在。③ 因此，美国深深卷入越南并发动战争，很大程度上是出于遏制中国的考虑。舒尔·辛格指出："在越南战争期间，对于中国的担心在美国的决策中起了主要作用。美国在越南的战争，在一定程度上是为了遏制中华人民共和国并与之对抗的；"并且美国一直"把中国看作是对美国在东南亚利益的威胁"。④ 为避免被指责对共产主义软弱，肯尼迪政府和约翰逊政府试图承担起在越南的一切责任，以免如"丢失中国"那样"丢失"印度支那。这极大地影响着美国政府的越南政策，并最终使越南战争成为"美国的战争"。

可以说，正是在"丢失"了中国之后，美国领导人才开始大大增加了对东南亚的关注。印度支那的战火似乎再次燃起了美国的希望，使它找到了发挥"天定使命"的场所。

3.2.3 经济根源

战争是流血的政治，是政治的继续；同时，战争的政治属性也反映着战争的经济本质，因为政治是经济的集中表现。这决定着任何阶级进行的战争，在其政治目的中就包含着经济目的。如果具体到美国，那么情况也确如米尔斯所说：

① FRUS, 1952~1954, Vol. 14, p. 1475.

② Jeffrey P. Kimball, *To Reason Why*, (New York：McGraw-Hill, 1990), p. 37.

③ F. M. Kail, *What Washington Said*, (New York：Harper & Row, Publishers, Inc. , 1973), p. 30.

④ 姜长斌、［美］罗伯特·罗斯主编：《从对峙走向缓和—冷战时期中美关系再探讨》，北京，世界知识出版社，2000 年版，第 297、298 页。

"美国的政治很少是一支独立的力量，它植根于经济领域之中，政界人物利用政治手段来实现和捍卫有限的经济目标。因此，对政治的兴趣极少是对政治目标的兴趣，极少能脱离直接的物质利益的得失。"①

如果能够看清战争的经济利益动机，就可以透过历史的迷雾更好地理解战争的真相。下面着重分析美国介入越南战争的经济根源。

美国著名的"新左派"外交史学家沃尔特·拉夫伯教授在《美国人对机会的寻求（1865～1913）》一书中对美国对外扩张政策的根源作了解释。他认为，美国对外政策不过是国内经济利益的延伸。卡内基、洛克菲勒等商业巨头经营的公司推动了对国外市场的扩张。为了缓解经济萧条造成的国内压力，美国政府也竭力襄赞此事。虽然不同的利益集团对领土扩张有不同看法，但对寻找新市场的必要性却绝无异议，问题只在于何种途径最有效。在拉夫伯看来，尽管表面上是政府官员在制定对外政策，真正的推动力却来自那些工业巨头。这表明，"侵略性国家不过是资产阶级的代言人，而这种利益（指资产阶级的经济利益）又无法加以控制。概括来说，在饱和的国内经济条件下，这些利益助长了资本家们无力处置过剩商品的绝望心理。"② 它推动着资产阶级政府走向扩张主义，为资产阶级利益开辟国外市场。

威廉·A·威廉姆斯也表达了同样的思想。他在《美国外交的悲剧》以及《美国外交的形成》等著作中提出了美国对革命的反应的基本问题。他认为，尽管美国的政策更强调苏联的威胁，但事实上是为了"避免美国公司制经济和政治制度的停滞"。③ 在《美国外交的悲剧》中，威廉姆斯对美国门户开放的实质进行了颇具说服力的论述，表明了美国对外扩张的深刻根源。他指出，在19 世纪90 年代，布卢克斯·亚当斯（Brooks Adams）和弗里德理克·杰克逊·特纳（Frederick Jackson Turner）等知识分子的思想中形成了全球作为一个开放的门户、尤其是作为美国物品和生活方式的市场的观念。这种观念在世纪之交后很长时间里还有着持久的影响力。它起到了"典型的非殖民帝国主义扩张战略"的作用。美国坚决抵抗那些试图直接而残忍地殖民第三世界的帝国主义国家，因为这样看起来颇为人道，而同时却能保护自身利益——剩余

① C. Wright. Mills, *White Collar*: *the American Middle Classes*, (New York: Oxford University Press, 1951), p. 343.

② [美] 西奥多·A·哥伦比斯、杰姆斯·H·沃尔夫:《权力与正义》，白希译，北京，华夏出版社，1990 年版，第 224 页。

③ William A. Williams, *History as a Way of Learning*, (New York: New Viewpoint, 1974), p. 299.

产品市场。他写道：

"门户开放政策是设计来清除道路和建立环境的，这样，美国的重要经济力量将在全世界扩展美国制度，而又没有传统殖民主义的尴尬和无效率。"①

1944年9月，美国助理国务卿艾奇逊（Acheson）就美国二战后的经济政策和计划在国会听证会上作了分析，为我们认识美国战后对外政策的实质提供了进一步的材料。

艾奇逊的出发点是强调经济萧条的威胁和接下来维持充分就业的必要性。他认为，如果不这样，美国就会在经济和社会地位上进入一个糟糕的时期，它不会像20年代末30年代初的十年一样，在没有对经济和社会制度产生深远影响的情况下渡过另一个十年。他认为这实际是一个市场问题，因此必须将眼光投向国外市场。在他看来，"使此地生产的一切东西都在此地消费"的方法"意味着民主的终结"，因为"这会完全改变我们的宪法、我们的财产关系、人的自由，以及恰恰是我们法的观念。"他的结论是，如果没有国外市场，美国就不能实现充分就业和繁荣。② 因此，要维护美国利益，就只能向外扩张。事实上，在1940年和1944年间，美国就战后对外政策的讨论都是如何维护美国的利益，而几乎没有任何涉及帮助贫穷国家的思想，或与对外政策的道德标准相关的东西。对此，威廉姆斯不无气愤地指出，美国强调的只是"经济扩张和遏制苏联。"③

需要指出的是，当时的美国正在逐渐发展为一个"公司化"的国家，大公司在政府对外政策制定中的影响进一步扩大。到1943年中期，罗斯福政府已为艾奇逊、哈里曼（Harriman）、耐尔森（Nelson）等与大公司有着千丝万缕联系的人控制着。艾奇逊的言论体现的正是这些大公司的利益。对此，美国左派青年的认识是相当清醒的。一篇叫做《美国学生宣言》的文章中这样写道：

"我们中有人相信，商业——资本主义制度——塑造着我们社会中全部的行为模式。他们尤其谴责我们的大公司向海外的扩展。这些大公司——习惯称自己国际的、跨国的或多国的，但实际上却是美国的——已经使我们成了帝国主义国家。通过这些公司，……我们剥削无助的不发达国家的自然资源和廉价

① William A. Williams, *The Tragedy of American Diplomacy*, (New York: Dell Publishing Co., Inc., 1962), p. 43.

② William A. Williams, *History as a Way of Learning*, (New York: New Viewpoint, 1974), p. 299.

③ Ibid., p. 299.

劳动力，同时压制他们的民族主义抱负和追求。总之，这些贫穷的国家资助着我们高水平的生活。"

这些青年认为，美国的外交政策是对其海外投资的威胁做出的系列反应。他们说：

"在 20 年代和 30 年代，我们代表联合水果公司（the United Fruit Co.）向尼加拉瓜派出海军。近来，我们发动了对古巴的入侵，以恢复被菲德尔·卡斯特罗国有化了的工业；我们压制危地马拉和多米尼加共和国受欢迎的政府，因为我们对那儿屈服的寡头政治更感放心；我们一头扎入越南去拯救友好的法国殖民地的利益。"①

丹尼尔·雅克洛维齐（Daniel Yankelovich）所作的"对美国社会的批判"的调查表明，1969 年，有 84% 的受访学生认为美国的外交政策是建立在美国"狭隘的经济利益和权力利益"之上的，到 1970 年，这个比例上升到了 88%。②

那么，美国在国外的经济利益又是怎样一种状况呢？我们只要看一下它的国外投资就可见其一斑。二战末期，美国在外国的投资是 116 亿美元；到 1966 年越战升级之初，这个数字已达到 501 亿美元；两年后，又长到了 650 亿美元。到越战时，美国已形成了对许多只有形式主权和独立的国家的实际上的经济控制。到 1963 年，有 3300 多家美国公司在国外形成了生产能力，或购买了当地产业。在这种情况下，美国便以军事干涉来保护其巨大的全球投资。1965 年 3 月 19 日的《时代》杂志特别提到美国海外投资的惊人增长，报道说：

"国务院已与 15 个拉美国家就详细协定进行了谈判，以保护投资者免受征用、货币兑换、战争、革命或暴乱造成的损失。"③

这清楚地表明，美国准备在全世界进行干涉以保护其海外投资。正是这种战略姿态使得美国的越南政策成为不可避免的事情。

如上分析，一方面是大公司的海外利益，一方面是对美国重现二战前萧条局面的担心，这二者使得门户开放哲学在战后的美国大行其道，而这种哲学反过来又导致了这样一种局面：

---

① From a Special Issue of Fortune, *Youth in Turmoil*, (New York: Time, Inc. , 1969), p. 52.

② 参阅 Daniel Yankelovich, *The New Morality*, (New York: McGraw-Hill Book Company, 1974), p. 73.

③ Geoff Simons, *Vietnam Syndrome*, (London: Macmillan Press Ltd. , 1998), pp. 152 ~ 153.

"经济必需感和道德召唤的结合将传统的门户开放扩张观转变为美国世纪的观念。① ……美国人深信，他们在保卫反殖民的、承担着改造世界的义务的民主。他们也逐渐坚信，他们自己的繁荣和民主有赖于门户开放策略下经济制度的继续扩张。"②

这种世界观影响着美国人对自己在世界上所扮角色的正确认识，加剧了二战后美国与苏联的冲突。而美国对华政策的破产，不仅使它损失了投资在干涉中国的赌博中的 60 亿美元，而且还不可挽回地丧失了广大的中国市场和对一个拥有无限天然和人力资源的国家的殖民统治，华尔街原是把中国当作它亚细亚帝国的一部分的。③ 这使得美国更加希望保持住有着丰富原料和粮食以及很大市场的东南亚地区的"门户开放"。④ 因此，它要千方百计地"摧毁（越南的）古老村庄并以所有西方生活方式的优势代替它们。"⑤ 对外政策的失败，使得美国帝国主义者拼命挣扎，从事不顾一切的军事侵略，以试图解决他们不可能解决的问题，这就大大增加了战争的危险。正如苏斯洛夫指出的：

"历史的经验教训我们，帝国主义反动派的地位愈是无望，它就愈是疯狂，而它进行军事冒险的危险也就愈大。"⑥

虽然在开辟国外市场的方法上，艾奇逊也曾谈到了经济协议这种和平解决问题的方式。他认为这种方式非常重要，否则就是意味着"在毫无例外地依靠使用武力"。⑦ 但对于以倡导弱肉强食的社会达尔文主义为思想基础和理论

---

① 美国国务卿杜勒斯对此有过明确的表述。1952 年，在他就任国务卿时，他明白地将美国"具有传教背景的道德帝国主义和银行业经历的经济扩张的必要性结合起来"，宣称要"将俄国人和中国人从'无神论的国际共产主义'中解放出来，并引入美国世纪。"Kevin Mattson, *Intellectuals in Action*, (University Park：The Pennsylvania State University Press, 2002), p. 154.

② William A. Williams, *The Tragedy of American Diplomacy*, (New York：Dell Publishing Co., Inc., 1962), p. 200.

③ 参阅 [美] 福斯特：《美洲政治史纲》，冯明方译，北京，三联书店出版社，1959 年 9 月版，第 662 页。

④ 早在二战期间，华盛顿政府就认识到东南亚地区在经济上的重要性。50 年代初，杜勒斯和艾森豪威尔都曾一再强调指出这一地区在锡、钨、橡胶、石油等经济资源上的巨大储量及其对美国的重要性。参阅 F. M. Kail, *What Washington Said*, (New York：Harper & Row, Publishers, 1973), pp. 110 ~ 111.

⑤ L. Fletcher Prouty, *JFK：The CIA, Vietnam and the Plot to Assassinate John F. Kennedy*, (New York：Coral Publishing Group, 1992), p. 79.

⑥ [苏] M·苏斯洛夫：《保卫和平与对战争贩子的斗争》，《争取持久和平，争取人民民主！》，1950 年 1 月 28 日中文版第 17 期，解放社，第 11 页。

⑦ "The Large Corporation and American Foreign Policy," *The American Socialist* (September1958), in William A. Williams, *History as a Way of Learning*, (New York：New Viewpoint, 1974), p. 299.

包装的美国扩张主义来说，在用"和平"的手段解决不了问题的时候，诉诸武力就成为必然。而武力手段在美国的海外扩张中是不胜枚举的：1951 年美国干涉伊朗，废黜了使西方石油利益集团国有化的总理穆罕默德·摩沙迪克（Mohammed Mossadeq），并拥立了亲西方的国王；1958 年向黎巴嫩派遣14000 名海军保卫西方的总统查摩（Chamoun）；1965 年，中央情报局支持印度尼西亚发动政变，废黜了民族主义总统苏加诺；1961 年对古巴发动空中打击和军事入侵；1960 年，中央情报局在刚果支持反对民选总统卢蒙巴的叛乱；1964 年，中央情报局支持了反对巴西领导人古拉特的政变，拥立了军事独裁者布兰乔；美国发动了动摇多米尼加领导人博世（Bosch）的斗争，随后于1965 年派遣23000 名士兵入侵了多米尼加；还有其他许多外交的、宣传的和军事的干涉，这些共同构成了一个帝国主义强国的全球战略。这些事件都发生在美国越战大规模升级之前，这种模式已经确立。美国对东南亚的干涉并不是"孤立的战略异常"，而是"一场与美国的世界霸权姿态完全一致的有计划的战争。""对于美国来说，不干涉越南才是真正的失常。"① 越南局势以及美国对其的反应只不过是战后美国世界干涉传统的自然结果。

今天，出于同样的战略企图，美国政府发动了伊拉克战争。尽管美国官方声称此次战争的原因是萨达姆对美国构成了"直接威胁"，为了制止战争，美国"必须"参加战争，但2002 年9 月20 日发表的一份名为"美国国家安全战略"的文件却表明，美国政府发动伊拉克战争的真正目的是要为美国大商业创造有利的经济氛围。该文件称："我们将在美国海岸之外促进经济发展和经济自由。"② 而反战抗议者的口号"别再用孩子换石油"（"No more children for oil！"）③ 更是一语道破了这场战争的真正意图。这表明在战争的目的上，它与越南战争具有很大的相似性。

从决策思维的角度讲，越南战争是美国一贯遵循的建立门户开放式的世界格局的构想和二战后形成的冷战思维之间相互碰撞的结果。越南战争是美国外交思想中门户开放原则的实践：美国寻求开放世界的梦想使它要求东南亚在它的控制之下，可是它要求控制东南亚并不惜发动战争，这本身又是对门户开放

---

① Geoff Simons, *Vietnam Syndrome*, （London：Macmillan Press Ltd.，1998），pp. 137 ~138.

② Jessica Moore, "A World Torn by War and the Socialist Alternative," *Justice*, No. 32, November 2002, http：//socialistalternative. org/literature/occupation/.

③ Eric Ruder, "Turning point for the antiwar movement," http：//socialistworker. org/2005 – 2/554/ 554_ 06_ TurningPoint. shtml.

原则的违背。目标与行为脱节，理想与现实错位，贯穿于美国二战后对外政策的始终。这是一个悖论。

此外，美国对海外利益的追求导致了一个矛盾，即它在海外寻求机会的同时却使国内的权力集中化了。本来，它要通过权力的集中使这种追求得到国家机器的有力庇护，需要强有力的政府和总统来应付美国的经济利益面临的国外危机，但这样一来，美国政府和总统乘机攫取权力，越来越忽视民众的意志，从而导致民众权利的丧失。于是，在这个标榜民主与共和制度的国度里，出现了"向心"和"离心"效应并存的奇怪现象。而民众权利失去越多，他们"离心"的倾向就会越明显。美国总统在未经国会授权的情况下擅自动用武力干涉越南，想以此"维护"美国的利益，但最终却遭到国内人民的强烈反对，使美国在国外和国内同时陷入了一场灾难。这又是一个悖论。

3.3 青年反战思潮的激发因素

1915 年，一战期间的英国外交大臣爱德华·格莱（Edward Grey）爵士做过一个有趣的预言：后代会推翻资本主义，因为战争"表明资本家将世界弄得一团糟……"① 这个预言不幸在 60 年代的美国得到了一定程度的应验。当时的观察家认为，在 60 年代和 70 年代初引发学生骚乱的主要因素是越战。1968 年被指定调查哥伦比亚大学骚乱事件的考克斯委员会（Cox Commission）也得出结论，认为越战是罪魁祸首。系主任大卫·B·杜鲁门这样说道：

"越南战争是几乎所有学生最关心的问题。对他们来说，这是一件生死攸关的事情——杀人或被人杀死。对许多人来说，它是不道德的战争，所有支持它的人都是不道德的；它应该立即停止。"②

这很能说明越南战争与青年反战思潮之间的关系。本节就越战所包含的青年反战思潮的主要激发因素作些分析。

3.3.1 美国理想主义外交政策的破产

美国的对外政策以维护自由、民主，反对独裁，反对苏联的扩张和威胁为

---

① Anderson Diary, January9, 1915, as Found in The Private Papers of Chandler P. Anderson, Library of Congress. 转引自 Walter L. Hixson, *The Vietnam Antiwar Movement*, (New York and London: Garland Publishing, Inc., 2000), p. 23.

② The Cox Commission Report, *Crisis at Columbia: Report of the Fact-Finding Commission*, (New York: Vintage Books, 1968), p. 10.

依据，以推进世界各国的民主为口号，具有一定的理想主义色彩。然而在理论上它有着先天的不足。它努力扩张、推行美国的价值观，这本身就与威尔逊倡导的民族自决原则相抵触，在实践上更是四处碰壁。在很多情况下，美国不顾其他民族的选择和其他民族的意志，扶植亲美政权，反对当事国的民族解放运动和革命运动。其外交主张，要依靠美国强大的经济和军事实力来强制推行，最终演变为霸权主义。这一点甚至连那些上层社会的青年也有清醒的认识。参议员老阿尔伯特的儿子、斯坦福大学学生小阿尔伯特·戈尔这样说道：

"我们对共产主义确实有着根深蒂固的厌恶——我对此乐于称为偏执狂。我本人的信仰是，此种形式的精神疾患——在此情况下是一种国家狂热——引导受害者真正制造着最令人害怕的东西。我突然想到，这恰恰是美国一直在做的事情。以向极权主义者开战的名义，制造——如果不是制造，就是积极支持——法西斯主义、极权主义政府。希腊、南越、许多拉美国家。在我看来，美国陆军是最好的例子。"①

越南战争表明，美国已丢掉了它的道德传统，违背了它自己的民主与自由宣言。阿基米德斯·潘迪评论道：

"根据我们四十年代的经历，我们五十年代与法国的联盟以及随后与吴庭艳和阮文忠直接纠缠在一起纯粹是愚蠢之举。我们从未停下来听一听人民的呼声。尽管我们有值得骄傲的反殖民主义遗产、威尔逊民族自决原则和给予臣属民族独立的罗斯福声明，我们却对越南人民从外国统治和殖民规则中解放出来的请求充耳不闻。"②

《国家》（*nation*）杂志更为直接地指出："实际上，我们的军事征服越完全，那么，以长远的观点来看，我们在任何重要事务上的损失就越惨痛。"③越南战争是美国政府强加给越南人民和美国人民的，因而它是反民主的。

美国理想主义外交政策的破产，使美国的知识分子和青年的良心受到强烈的冲击。而随着战争的"升级"，有越来越多的美国青年被征召和送去充当炮灰，他们的个人权利在"国家利益"的要求下不断遭到践踏，这一现实迫使

① Kenneth J. Heineman, *Put Your Bodies upon the Wheels*: *Student Revolt in the 1960s*, (Chicago: I. R. Dee, 2001), pp. 72 ~ 73.

② A. L. A. Patti, *Why Vietnam?*: *Prelude to America's Albatross*, University of Califonia Press, Berkeley, 1980, p. 391. 转引自 John Dumbrell, Vietnam and the Antiwar Movement, （England: Avebury, 1989), p. 9.

③ "Speaking Out," *Nation*, Vol. 204, Issue 19 (May8, 1967), p. 578.

青年进一步对战争和美国理想主义外交的合法性进行反思，追问美国外交政策的道义依据。在青年们看来，战争政策意味着对自由和民主的背叛，那么，要保卫自由和民主，就只有反对战争。尤金·D·基诺维认为：

"反对战争，我们就保卫了我们最好的传统。我们保卫我们的人民与国家的荣誉和形象。今天，爱国主义要求坚定和毫不动摇地反对我们政府的政策……"①

曾获得1964年诺贝尔和平奖的马丁·路德·金指出：

"我反对越战是因为我爱美国。我大声反对它时没有愤怒，而是满怀忧伤，并且首先是热切地期望看到我们所爱的国家成为世界的道德楷模。"②

在反战青年的头脑中，反战成了爱国主义在这个特定历史时期的表现；爱国主义的最高形式是谴责，甚至是抵抗。

此时，参战的士兵不再被当作爱国英雄看待。"当……战争的幸存者回到美国时，他们没有受到欢迎，"而是得到了"公开的冷漠、甚至敌意和政府的漠不关心。"③ 这在以往美国的历史上是从未有过的。诚然，走上战场的青年并不必然是战争的支持者，他们中很大一部分人和国内的反战青年一样厌恶和反对战争，尽管如此，青年各自的身份特征反映的"立场差异"还是导致了不同身份青年的"代内分裂"。越战老兵罗伯特·狄姆博格（Robert Timberg）这样说道：

"随着反战运动和与之相伴的反文化的蓬勃发展，代内分裂扩大了。……那些反战的人……轻蔑地述说着参战者，唾骂他们，将他们称为法西斯主义者和婴儿杀手，似乎只要贴上标签，他们就能将他们变成与他们自己不同的人，

---

① L. Menashe and R. Radosh, *Teach-Ins: USA*, Frederick A. Praeger, New York, 1967, pp. 224 ~ 229. 转引自 John Dumbrell, *Vietnam and the Antiwar Movement*, (England: Avebury, 1989), pp. 11 ~12.

② King, "An Address by Dr. Martin Luther King," 25 Mar. 1967 in box "Speeches," 3/67 ~ 8/67, King Papers. 转引自 Charles Debenedentti, *An American Ordeal*, (New York: Syracuse University Press, 1990), p. 173.

③ Geoff Simons, *Vietnam Syndrome*, (London: Macmillan Press Ltd., 1998), p. 228. 美国政府之所以也对越战老兵漠不关心，在很大程度上是出于国内民众反战的压力。越战老兵实际上成了美国战争政策失败的替罪羊，受到社会的排斥。大众传媒在整个70年代对越战老兵的报道都屈指可数，而少数的报道也主要集中于他们的反社会行为。直到1980年，在退伍老兵团体的不断游说下，"美国精神病协会"在其《诊断与统计手册》第3版中才首次将老兵中的"创伤后紧张紊乱"（PTSD）确认为医学病例。这样，他们的械斗、将奖章扔进白宫围墙等行为就不再被视为疯子的反社会行为，而是缺乏与他人交流造成的精神压抑所致（尽管这仍很肤浅）。这时才有迹象表明美国政府对越战老兵一定程度的接纳。

比他们更不值得尊敬，更少理由生活下去。"①

这种"分裂"充分反映了反战青年对战争的厌恶，说明在战争问题上，任何调和的、模糊的立场都是不可能的。

美国的越战政策冲击着其"泽被苍生"的神话，"民主"与"自由"的说教与现实产生了矛盾。出于对社会理想的追求和对自身利益的维护，青年们站到了反战的立场上。甚至在战争结束之后，青年对战争的态度仍然没有发生变化，作为道德观的爱国主义观念仍在进一步衰退之中。② 在某种意义上，青年反战的过程正是青年再思道德观和价值观的过程，随着美国战争行为的升级，国内的道德内战也在不断扩大。

3.3.2 一场进入"起居室"的残酷战争

人们对战争现象的精髓的把握和对战争本身的领会来自于对战争情景及其后果的了解。战争的残酷性对个人和群体而言，都是能够带来极端强烈感受的经验。

就越南战争来看，从1961 年1 月1 日到1974 年4 月13 日，在越战中死亡的美国人总共有56555 人，这个数字到最后达到约58000 人。有约27 万名美国人员受伤，另外还有数目难以确定的人逃跑、在行动中失踪或自杀。有约15000 名美国妇女以各种身份在越南服役，这其中有9 人死于战争。在死去的美军官兵中，有64% 的人是年龄不超过21 岁的青年。这其中，有12 名仅有17 岁；3092 名为18 岁；14057 名为20 岁；9662 名为21 岁。③ 战争的残酷性于此可见一斑。

虽然这些数字足以让人触目惊心，但如果将它们拿来与越南的损失相比，却又显得微不足道了。

瓦斯特安曾对越战中南越的伤亡和医护情况作过报道。他注意到，尽管越南的战斗人员死亡率自二战以来已从4.8% 降到了1% ，但平民的伤亡人数却增加了。1967 年前还没有有关平民伤亡的可靠数据。但在1967 年和1969 年间，随着数据收集的增加，平民伤亡人数据报道已接近100 万，其中每年有10~30 万人被杀死或受伤。在这些人中，估计有25% 的人被直接杀死，或是

① Kenneth J. Heineman, *Put Your Bodies upon the Wheels: Student Revolt in the 1960s*, (Chicago: I. R. Dee, 2001), p. 18.

② 参阅 Daniel Yankelovich, *The New Morality*, (New York: McGraw-Hill Book Company, 1974), p. 62.

③ 参阅 Geoff Simons, *Vietnam Syndrome*, (London: Macmillan Press Ltd., 1998), p. 229.

在寻求医护的过程中死亡。

对于越南的医护情况，杜德利（Dudley）和他的同事有过较详细的报道。1968 年，他们对 1966 年 1 月和 1967 年 3 月间在边和省（Bien Hoa）医院进行治疗的伤亡平民做了报道。这其中，有 137 名平民进行了外科治疗，其中 46% 的人年龄在 0 ~ 19 岁之间，而 0 ~ 9 岁的伤亡者则占了 12%。在受伤的平民中，有 31 名病人的胸/腹部多次受伤，其中 13 个病人年龄不到 19 岁。

战争的一个重要后果是大批难民的产生。据估计，越战导致约 211 万名难民流离失所，使他们从北方转移到南方。这一大规模的难民运动给本来就不充分的卫生设施带来了巨大压力。战前，越南的医疗体系是由法国人推行的，目的主要是满足殖民势力的需要。但这一体系对其他人来说却显得很不够，不仅医疗设备稀少，维护能力不足，而且只有 150 名越南医生可以为 1500 万越南平民提供治疗，因为所有其他的医生要么在部队里，要么只治疗付费的病人。这种医疗条件导致的结果是，越南人的平均寿命只有将近 35 岁，有半数的孩子在 5 岁前就死了。据估计，在每 1000 例存活生育中，死亡婴儿达到 225 例。对这些早已存在的医疗问题，政府的应对措施是控制而不是根除疾病，而且只对那些确实生病和受伤的人进行重点护理。这样，在这个医疗体系陈旧的国家里，战争不仅直接导致了大批平民的伤亡，而且由于不断的传染病和婴儿的高死亡率，他们还遭受着战争导致的间接伤亡。①

据估计，在战争期间，西贡政府失去了 183000 名士兵，加上南越的平民死亡人数，总计约 40 万人。而在整个越南，则约有 130 万平民和 40 万士兵死亡。到战争结束时，越南有 83000 截肢者，8000 名截瘫患者，30000 名盲人，10000 名失聪者，另有 50000 名其他类型的残迹人。在南越，有 80 万名孤儿和被遗弃的孩子；在越南，总共有 100 万人在战争中丧偶。而战争给越南带来的传染疾病的蔓延，使战后的越南人民饱受疾患之苦。1975 年末期，世界卫生组织报告说疾病在南越许多地方蔓延：疟疾和结核病的发病率大大增加了；有 8 ~ 16 万例麻风病病例；登革热出血热、沙眼和瘟疫成为主要问题。② 有人不无悲愤地指出："在某种意义上可以说，美国的战争使越南民族在南方丧失

---

① 以上资料参阅 Edward Goldson，"The Effect of War on Children," *Child Abuse&Neglect*，Vol. 20，No. 9（1996），p. 812.

② 参阅 Geoff Simons，*Vietnam Syndrome*，（London：Macmillan Press Ltd.，1998），p. 230.

了差不多一代人!"①

对于战争的残酷性,美国青年有着清醒的认识。一些青年通过在越南的亲历看到了美国"令人难以置信的野蛮行径",思想发生了急遽的变化。一位青年这样说道:"当你从越南回来时,你早已奉献出自己的一生。"② 此外,60年代的美国青年已具备了了解外部世界的便利途径。美国物质的繁荣和通讯技术的发展、美国政府和公司在电视、卫星通讯以及其他高级信息和通讯技术方面的投资,使大多数美国人已经可以接触到电视等大众传媒文化,越战真正成为美国"看得见"的战争。尽管远离战场,但美国人每时每刻都能看到战场的硝烟和战争的惨烈。

戴维·哈利斯回忆道:

"美国的录像时代,现在已经完全成年,那时刚刚进入青年期。在越南,在红树林和红土中,小小的屏幕第一次有机会将这个战争中的国家包括在内。有三个广播网,没有更多的。它们都在同一时间报道晚间新闻,大部分美国人都在看。战争每晚都在进行,一夜接着一夜。"③

越战真正成了美国的"起居室战争"。到 1967 年 1 月,已有几百名记者在对越南战争进行采访。1968 春节攻势到来之时,许多记者在切近,亲自看到了这场攻势。这时,记者们比以往任何时候都采访到更多真实的战争和死亡场景。1967 年时,电视新闻观众大多平均一周不到一次地看到越南平民伤亡和财产受损的片子。但 1968 年的春节攻势使画面报道的范围发生了变化。战争暴力的出现几乎达 4 次之多。军事伤亡的画面从平均每周 2.4 次激增到 6.8次。到 1972 年,越南战争可以用电视节目上反映暴力的照片来衡量了。④

电视媒体的直观性感染着民众情绪。"证明首都遭到破坏的几间正在燃烧房屋的画面,伴以语调忧伤的解说词,不可避免造成这样的印象:这就是西贡发生的一切。"⑤ 而且,20 世纪 60 年代末的人们对电视的认识是非常"单纯"的,公众和媒体对这种新的通讯工具如痴如醉,电视媒体对广大民众了解国内

① 时殷弘:《美国在越南的干涉和战争》(1954～1968),北京,世界知识出版社,1993 年 5 月版,第 225 页。

② Tom Wells, *The War Within*, (Berkeley: University of California Press, 1994), p. 162.

③ David Harris, *Our War*, (New York: Times Books, 1996), p. 83.

④ Sean McCleneghan, "Reality Violence on TV News: It Began with Vietnam," *The Social Science Journal*, Vol. 39, Issue4 (2002), pp. 593～594.

⑤ [美] 马克斯韦尔·泰勒:《剑与犁———泰勒回忆录》,伍文雄译,北京,商务印书馆,1981 年版,第 510 页。

外事务产生非常大的影响，对这一点当时的人们是坚信不疑的。作为受众，人们丝毫不会怀疑新闻提供者的动机、方式以及所谓的新闻客观性、真实性。再者，越战是一场没有被宣布的战争，这一特殊政治环境使美国政府解除了对于新闻媒体的控制，即解除战时新闻审查。因为美国如果没有宣布进入战时新闻状态，它就不能实行战时新闻政策。这使美国媒体可以自由地采访战争，将战争的真实情形反馈回国内，于是出现了尼克松所谓的"敌人新闻业"的现象。① 青年们通过新闻媒体清楚地认识到战争的残酷性，这极大地刺激了他们的反战情绪。

3.3.3 "枪炮"代替了"黄油"

20 世纪 60 年代，美国经济迅速增长，但这种增长并没有同时带来社会的公平和公正，仍然有许多美国人生活在贫困之中。这种状况引起了人们的不满，也促使美国的决策者们试图通过政策措施改善不太富裕的美国人的福利状况。

在肯尼迪当政时，他提出了"向贫困宣战"（War on Poverty）的口号，计划将"贫困"作为一个重要问题提出。之后，继任的约翰逊总统将这项处于萌芽状态的计划变成了一项雄心勃勃的计划。1964 年 1 月 8 日，约翰逊宣布：

"这个政府，今天，此时此地，宣布在美国展开对贫困的无条件战争……这不会是短期或轻而易举的斗争，没有什么单一的武器或战略是足够的，但我们不会停止，直到这场战争取得胜利。……联邦和地方必须共同努力寻找贫困，到任何它存在的地方去寻找——在城市贫民窟和小城镇，在佃户的棚屋里或在移民工人的营地，在印第安人保留地，在白人和黑人中间，在年轻人和老年人中间，在新兴城市和不景气的地区。"②

约翰逊改造社会的雄心还不止于此。同年 5 月 22 日，他在密歇根大学的一次演讲中讲到，他不仅计划将美国带向"富裕社会"，而且要带向"伟大社会"（great society）。③ 当然，正像前苏联史学家西瓦切夫等人指出的，资产阶级国家实施庞大社会计划首先是劳动者自身斗争的结果，是 60 年代震撼美国

---

① ［美］尼克松：《不再有越战》，王绍仁等译，北京，世界知识出版社，1999 年 1 月版，第 191 页。

② "Text of Johnson's Message on State of the Union," *The New York Times*, Vol. cxiii, No. 38701 (January9, 1964), p. 2.

③ Tom Wicker, "Johnson Urges New Federalism to Rebuild U. S .," *The New York Times*, Vol. cxiii, No. 38836 (May23 ~ 24, 1964), pp. 1, 3.

的社会抗议运动的重要结果；而且，它提高了居民的购买力，刺激了经济，有利于垄断资产阶级经济利益的实现。① 但在客观上，这是一项建立"社会安全网"的宏大工程，它对于维护弱势群体的利益，缓和社会矛盾，保持政治稳定具有重要意义。对于许多美国人来说，约翰逊的计划给他们带来了希望，似乎美国来到了历史上的一个转折点，结束贫困和种族不平等的努力可能会结束长达一个世纪的斗争，并进而开辟走向新的国家生活的道路。

　　然而，越南战争的爆发和不断"升级"大大影响了美国的国内政策，使"伟大社会"计划的实施失去了稳固的基础，原本带给人们的希望变得渺茫。在约翰逊政府建立的反贫困机构"经济机遇办公室"（the Office of Economic Opportunity，即 OEO）的第一个财政年，它得到了国会批准的 8 亿美元基金；在第二个财政年，即从 1965 年 7 月到 1966 年 6 月，它得到拨款 15 亿美元；在第三个财政年，政府要求 17 亿 5 千万美元的拨款，但国会只拨了 16 亿 1 千万。这意味着开销比率的下降。在 1966 年 11 月 22 日的一次新闻发布会上，"经济机遇办公室"主任沙尔根特·施莱佛（Sargent Shriver）指出，由于低拨款，削减计划是必然的。这样，"穷人会觉得他们受到了欺骗，他们会觉得被骗了。穷人会觉得民主只是给富人的。"而"向贫困宣战"计划经费不足的最重要原因就是越南战争费用的持续增长。在"经济机遇办公室"的第二个财政年，战争已经花费了 47 亿美元。在 1967 财政年，当政府提交预算时，据估计战争会花去约 100 亿美元。1966 年 2 月 2 日，预算委员会主席查尔斯·L·舒尔茨（Charles L. Schultze）在国会联合经济委员会前作证时警告说，由于越南情况的不确定，要预测费用是困难的：

　　"我们面临着前面的年份，它的状况与近年来前几次预算形成的那些年份极为不同。当然，主要因素是越南冲突产生的经济影响。在 1965 年和 1967 年间，这些行动的费用将给联邦支出增加约 105 亿美元。……同时，1967 年的预算不得不在极为不确定的条件下形成。"

　　他认为，没人能精确预测越南未来事件的路向。实际上，美国花在越南战争中的费用还要高于原先的估计。1967 年 12 月，麦克纳马拉承认 1967 年财政年战争的真正费用是将近 200 亿美元。而在 1968 和 1969 两个财政年，战争费用继续增长。政府既提供枪炮又提供黄油的承诺落了空。越战每年 200 亿到

---

　　① ［苏］Н·В·西瓦切夫、Е·亚济科夫：《美国现代史》，黄肇炯等译，武昌，武汉大学出版社，1988 年 2 月版，第 288 页。

300 亿美元的费用无可避免地导致了美国政府严重的财政紧张，到 1967 年夏，巨大的财政赤字迫使约翰逊要求 10% 的附加税以支付战争费用。①

与此同时，美国的经济地位迅速衰落。在第二次世界大战结束以后，美国成为首屈一指的世界强国，在经济上获得了无与伦比的优势。布雷顿森林会议规定了以美元为中心、实行固定汇率制的资本主义世界货币体系。美元从此成为与黄金等价的储备货币和主要国际支付手段。然而，随着美国对外援助和军事开支的增长，以及垄断资本对外投资规模的不断扩大，美国的国际收支逆差越来越大。到 1968 年 3 月，美国爆发了战后历史上最大的一次危机。国际金融市场出现了抛售美元、挤兑黄金的风潮。欧洲各专业银行行长强烈要求美国削减战争经费，停止越南战争。这次美元危机标着美元在资本主义世界体系中的独霸地位开始丧失，是美国经济地位衰落的生动写照。1967 年，美国的经济增长率由 1965 年和 1966 年的超过 6% 降到了 2%，到 1970 年则完全陷于停顿。② 经济的衰退，使"伟大社会"计划的实行更加艰难。

1965 年，在一次种族平等大会（CORE）的年会上，詹姆斯·法摩尔（James Farmer）指出：

"……当政府将数十亿白白花费在反对越南人民的战争上时，要在美国发动一场反贫困和偏执行为的决定性战争是不可能的。与战争中的需要相比，可以拿来反贫困的数十亿美元是微不足道的，与花在战争中的资源相比也毫无意义。"③

据估计，到 1967 年，杀死一个越南敌方士兵的费用是训练一个就业团（Job Corps）成员所需费用的三倍。④ 瓦尔特·利普曼（Walter Lippmann）认为，在国家将注意力转移到战争问题上时，国内政策必然会受到影响，因为"一场普遍的改革和重建运动只有在其目标是国家大众关注的主要之事时才能够存在"。1964 年，对于未来一代来说，"伟大社会"计划将成为美国主要的关注之事，这是可信、实际上也是可能的。但"自从约翰逊总统决定他必须

---

① 以上资料参阅 Thomas Powers, *The War at Home：Vietnam and the American People*, 1964～1968, （New York：Grossman Publishers, 1973）, pp. 156～157.

② 《经济：请战争拉一把？》，新华网，2002 年 1 月 14 日。

③ August Meier, Elliott Rudwick, and Francis L. Broderick, eds., *Black Protest Thought in the Twentieth Century*, （New York：Bobs-Merrill, 1965）, p. 461.

④ 参阅 Walter L. Hixson, *The Vietnam Antiwar Movement*, （New York and London：Garland Publishing, Inc., 2000）, p. 109. 就业团计划是美国政府为无业青年搞的就业训练计划。

在亚洲发动战争以来，它就不是美国的当务之急了"。① 约翰逊的总统助理哈利斯·沃佛德（Harris Wofford）同样认为："随着约翰逊专注于越南战场的报道，他对在国内开始的反贫困战争失去了兴趣，或没有时间从事这场战争了。"② 战争使约翰逊离开了他"真正喜爱的女人——伟大社会计划"。③ 1965年，约翰逊解除了副总统休波特·汉弗莱民权政策协调人的职务，而让他参与越南事务。美国政府的政策重点这时已非常清楚了。实际上，到1965 年，连新闻媒体也偏离了对民权运动和"对贫困宣战"的报道，而将注意力越来越多地集中于越战。④

在美国历史上，受压迫和歧视最深的首推黑人，黑人也是最早起来争取自由和平等权利的。对于越南战争给美国国内政策带来的影响，黑人的感受是深刻的，他们的反应也更为强烈。

黑人最初并不愿意反对战争，直到种族平等大会1965 年的会议上，他们还否决了反战决议。尽管此时的左派青年组织SNCC 对政府的越南政策越来越反感，但在反战问题上他们是犹豫不决的。⑤ 这是因为：首先，民权组织本来是非党派性的、单一问题的组织，外交问题对它们来说不仅是不相干的，而且还有政治上的危险。此前不到20 年，冷战曾引起民权组织内部的争论，结果导致了混乱、分裂并受到压制。反对遏制共产主义的组织受到"非美行动委员会"（the House Un-American Activities Committee，即 HUAC）、FBI 的不断侵扰，自由主义者也避之唯恐不及，而且像南方争取人类福利会议（Southern Conference for Human Welfare）这样的组织还遭到了毁灭。其次，为国而战既可以表现他们的"爱国主义"，又可以较快地获得一些平等权利。通过参加二战和朝鲜战争，黑人在废除种族隔离、选举权和就业机会方面得到了一定的好处。为了动员黑人为国而战，杜鲁门总统在1948 年就发布了服役人员完全融

---

① Walter Lippmann, "The Negro's Hopes are a War Casualty," *Washington Post*, August20, 1967. 转引自 Walter L. Hixson, *The Vietnam Antiwar Movement*, (New York and London: Garland Publishing, Inc., 2000), p. 102.

② Harris Wofford, *of Kennedys and Kings: Making Sense of the Sixties*, (Pittsburgh: University of Pittsburgh Press, 1980), p. 324.

③ 参阅 Jones, Jacqueline, Peter H. Wood, et. al., "The Nation Divides: The Vietnam War and Social Conflict (1964－1971)," in *Created Equal: a Social and Political History of the United States*, Volume2, (New York: Longman, 2003), p. 11.

④ 参阅 Walter L. Hixson, *The Vietnam Antiwar Movement*, (New York and London: Garland Publishing, Inc., 2000), p. 102.

⑤ 参阅 John Dumbrell, *Vietnam and the Antiwar Movement*, (England: Avebury, 1989), p. 114.

合的命令。至少在原则上，它要求平等地对待黑人士兵。而约翰逊总统则将军队看作是"伟大社会"计划的延伸，将它当作提高贫困青年生活水平的方式。这样，兵役似乎成了"种族的熔炉"，黑人服役人员相信"军队为他们提供了比在民用经济中发现的更大机会"。① 再次，民权运动的命运和约翰逊政府的命运是紧密相联的。客观地说，约翰逊政府为民权运动做了一些有益的工作，约翰逊也因此得到黑人一定程度的支持。如果说战争没有受到黑人的欢迎，它也没有受到他们广泛的反对。黑人工会主义者A·菲利普·鲁道夫（A. Philip Randolph）指出，民权运动没有"命令黑人群众"在越南问题上反对政府。白亚德·陆斯廷对常常在哈莱姆区遇到的黑人们的态度感到吃惊：黑人似乎不把战争当作一回事；他们想让反战的民权运动领袖马丁·路德·金停止谈论越南，而将注意力集中在种族歧视上面。② 从根本上说，黑人开展民权运动的目的是进入美国主流社会，因此他们不愿因战争问题与政府决裂。

然而，战争的升级逐渐转移了公众的视线，使民权运动离开了公众的视野。对于像"南方基督教领袖大会"（即 SCLC）这样的靠北方白人捐赠维持运作的组织，公众的注意就意味着金钱。1963 年和 1965 年间，种族问题和民权运动主宰着政治议程。然而到 1966 年，越战代替民权运动成为媒体、民意调查和政治争论最主要的议题。随着 SCLC 所获捐赠的减少，金注意到白人自由主义者越来越关注战争了。他的筹款总顾问斯坦立·兰维森（Stanley Levison）警告说，财政危机正在迫近，他们已"不得不面对人们……对民权运动不像去年那样敏感了的事实。"③ "伟大社会"的梦想似乎距离黑人越来越远了。

1966 年是民权运动政治上失败的一年。黑人领袖要求对贫困和少数民族聚居去的悲惨境遇发动大规模的进攻，但国会响应白宫发出的政治信号，减小了向贫穷开战的力度。中期选举之后，南方的民主党及其共和党的同盟者故意拖延民权立法，投票进一步削减社会开资，而约翰逊也开始依靠国会中的保守同盟。于是，"更多的枪炮意味着更少的黄油"。

1967 年初，马丁·路德·金决定公开反战，他号召将民权运动与和平运动结合起来。3 月，他宣布"伟大社会"的希望已被越南战争毁灭。4 月 4 日，他在纽约河畔教堂（Riverside Church）的一次集会上发表演说，再次表

① Rhodri Jeffreys-Jones, *Peace*, (New Haven and London：Yale University Press, 1999), pp. 33～34.

② Ibid. , p. 115.

③ 参阅 John Dumbrell, *Vietnam and the Antiwar Movement*, (England：Avebury, 1989), p. 116.

达了自己的反战立场。在解释其反战原因时，他指出，这首先是源于战争和争取国内平等的斗争间的联系。贫穷计划（Poverty Program）使穷人看到了希望，但在战争的情况下，金看到"这个计划破灭了，丧失了元气，似乎它是一个为战争而发狂了的社会中某种无聊的政治游戏"。这迫使他"将战争看作穷人的敌人并这样攻击它。"① 在《纽约时报》的一则广告中，种族平等大会提出这样一个问题："黑人对越南战争知道些什么？"其答案的一部分是：他们知道战争已"严重妨碍或完全毁掉了"每一项为穷人争取利益的计划。② 一幅海报则以愤怒而不乏幽默的口吻讲到，征召黑人"是反贫困计划的一部分！解决黑人贫困的方法就是使他们在对外战争中被杀死！"③ 这时，越南战争成了黑人青年关心的一件大事，它甚至超过了民权运动在他们心目中的地位。据联邦调查局的档案记载，当金在黑人大学里谈论战争的时候，他受到的欢迎甚至比谈论民权时还要多。④ 民权运动与反战思潮已经有机地联系在一起，原先的制度内斗争逐渐转变为对制度自身的进攻。

本来，人们希望把金钱用在改善所有美国公民的生活上面，防止他们的社会结构解体。他们认为，美国首先应当维护的是美国民主的安全，而不是外国的民主。但是，把国家大量的物力财力和知识才干都用于对外承担"义务"上，这样的外交政策不可能使国家拥有任何持久的威望和安全，它只会导致对国内问题的忽视和人民大众的反抗，最终破坏国内稳定的基础。

需要指出的是，约翰逊并不是 20 世纪第一位发现国外的军事冲突会阻遏国内社会和政治改革、甚至使之脱离正常轨道的美国总统。1914 年，威尔逊的进步改革计划遭遇了一战的爆发；随着二战的爆发，富兰克林·罗斯福的"新政"逐渐失去势头，"赢得战争博士"（Dr. Win the War）正在代替"新政博士"（Dr. New Deal）；⑤ 哈里·杜鲁门的"公平施政"纲领尽管比罗斯福的"新政"更为谨慎，但却常常受到共和党和南部民主党保守派联盟控制的国会

---

① Martin Luther King, "Beyond Vietnam," http：//www. africanamericans. com/mlkjrbeyondvietnam. html.

② 参阅 Walter L. Hixson, *The Vietnam Antiwar Movement*, (New York and London：Garland Publishing, Inc., 2000), p. 87.

③ Terry H. Anderson, *The Sixties*, (New York：Longman, 1999), p. 87.

④ 参阅 Walter L. Hixson, *The Vietnam Antiwar Movement*, (New York and London：Garland Publishing, Inc., 2000), p. 109.

⑤ James Nuechterlein, "Our New Deal Nation," *First Things：a Monthly Journal of Religion & Public Life*, Issue146 (Oct., 2004), pp. 40 ~ 49.

的阻挠，而随着他将美国带入到朝鲜战争，他本人也慢慢放弃了在这方面的努力。一战时期的《外国人及煽动叛乱法案》（The Alien and Sedition Acts）①、二战时期对日裔美国人的监禁以及朝鲜战争时期麦卡锡领导的反共清洗都危害到公民自由并阻挠了国内社会改革的努力。因此1965年约翰逊在使越南战争升级后对建设"伟大社会"兴趣的降低并不是孤立的现象，战争对国内政策和计划的影响也是有着一定的内在必然性的。因此，在制定一项对外政策时，任何政府都不能不将本国人民的愿望和要求，以及国内的发展和社会稳定作为一个重要因素加以考虑。当一项对外政策严重违背人们的意愿，长期影响国内正常秩序和人们的正常生活时，就必然失去人民的支持，其结果不仅是对外政策的失败，而且是国家凝聚力的削弱甚至丧失和社会的混乱。

3.3.4 青年个人计划遭到破坏

战争对青年的另一个重大刺激，是它使青年的个人计划发生了巨大变化。战争和与之相伴的军事征兵不仅将整代人抛向了争取个人生存的竞争之中，而且使他们的职业计划、未来希望濒于险境。2002年12月，在事过35年后，当越战时期的抵制征兵者克利斯·凡尔思（Chris Faiers）回答约翰"如果不发生征兵的话，你相信你的生活会不同吗？"的提问时，他这样说道：

"当然了。……记得在一个晚上散步时我想到，我大学毕业后要成为一名教师。……如果你翻看一下我的回忆录'Eel Pie Dharma'，你就会大致了解我的生活如何被剥夺了权利。我由一个过着中产阶级生活的大学生变成了一个住在少有人问津的宾馆里的长发嬉皮士。那里没有太多的职业选择——我做了一年的墓地工人和掘墓人，做了六个月的宾馆工作人员，等等。甚至当我回到加拿大时，我还是那么不稳定，那么迷惑，大致上还是一个流浪的嬉皮士，许多年里都没有认真考虑过固定职业。去年夏天，我读了杰克·托德（Jack Todd）的《金属的味道：一个逃兵的故事》，很有趣，在职业方面，他遇到的许多问题和我一样。"②

---

① 一战时期压制不同意见的法案。1917年4月16日，所有超过14岁的男性，只要仍是德国本土人、德国公民、加入德国籍者或属民，都被视为外敌。1918年，国会法案又将14岁的女性包括在内。实际上，"外敌"这个概念被政府运用到任何其认为讨厌的外国人身上。这成为政府用来反对和平主义的、谴责战争的或政治上对立的个人和组织的有效武器。参阅 Wendy McElroy, *World War I and the Suppression of Dissent*, April 1, 2002, http：//www. independent. org/.

② "35 Years Later: an Interview with a Vietnam Draft Resister," http：//www. eelpie. org/cricket/vietnam. htm.

这说明，处于战争威胁下的青年不得不面对前途的无常，他们没有权利进行自我设计，他们的个人理想在社会的压迫下往往成为空想。

这种现象在越战时期极具普遍性。60 年代末期的一项调查表明，每三名青年学生就大概有一名因战争而改变了其职业计划。许多学生对他们的前途感到极为迷茫。在一些学校中，超过三分之一的学生因为战争改变了他们的学习方向。每五名学生中就会有不止一人将其对课程的不满，以及对那些支配学生生活的规则的不满归因于战争。青年学生的情感变化是普遍现象，有60% 到70% 的学生因战争体验到了更多的愤怒、担忧和沮丧。① 这不能不影响到他们对战争和发动战争的国家机器的态度。

对于青年来说，自身的发展是其最大的利益，青年自身发展的利益就是其人生价值的基本内容。当政策的决策和推行，以及与青年发展相关的社会各方面不注意为青年创造发展的良好环境，甚至违背青年的意愿、破坏和剥夺青年自身发展的权利时，他们必然会产生思想的不稳定，出现叛逆的心理，直至采取激进的行动。

3.3.5　战争中的不平等现象

战争中的不平等现象也强化了青年、尤其是下层青年的反战意识。虽然白人中产阶级青年是反战的主力（这有其深刻的社会历史根源），但参加越战者大多并非来自这个群体，而是来自美国社会的中下层。原哈佛大学学生詹姆斯·法洛斯在一篇文章中指出，来自切尔西地区的底层青年往往无法逃避兵役，他们就像被送去屠宰的牛一样走上战场。而上层白人青年则有更多的机会逃避战争。在他所在班级的五周年汇报上（此时战争进行得还相当激烈），全班约1200 人中有近一半的人书面汇报了他们1970 年后的经历。在这些人中，仅有56 人从事着与军事有关的事情，并且大多数远离战争。而其余的人则通过不同方式逃避了兵役。②

下层青年在战争中的伤亡率也远高于中上层青年。芝加哥的一项研究发现，来自低收入社区的人在越战中死亡的可能性是来自高收入社区者的三倍。③ 主战

① Gergen and Gergen，"Vietnam and the Students，" p. 1. 转引自 Seymour Martin Lipset，*Rebellion in the University*，（Chicago：The University of Chicago Press，1971），p. 65.

② 参阅 Mary Susannah Robbins，*Against the War*，（New York：Syracuse University Press，1999），pp. 193 ~ 195.

③ 参阅 Michael X. Delli Carpini，*Stability and Change in American Politics：the Coming of Age of the Generation of the 1960s*，（New York：New York University Press，1986），p. 37.

派记者约瑟夫·艾尔索普也于 1968 年指出，来自常春藤院校的毕业生只有三人死在越南战场上；哈佛大学的学生毫发未损，而与之相邻的南波士顿——一个总共只有 34000 人的、劳动人民聚居的区域——却失去了 25 名年轻人。这使南波士顿成为全国伤亡率最高的社区。① 因此毫不奇怪，正是在那里第一个建起了纪念越战老兵的纪念碑。

在战争中，黑人青年受到的歧视性待遇尤其明显，杜鲁门关于服役人员完全融合的"命令"和约翰逊"种族的熔炉"的设想并未成为现实。1967 年，有 64% 的黑人役龄青年被征召，而白人青年则仅有 31%。② 1968 年，在前线作战单位的士兵中，黑人常常占到一半。③ 此外，在战争期间总计 17213 名征兵人员中，只有 261 人是黑人，而在亚拉巴马、阿肯色、路易斯安娜或密西西比各州，征兵处中则根本没有黑人。④ 在部队中，黑人还常常受到歧视性对待，他们特别容易受到监禁、接受"第十五条军规"（"article 15"）的惩罚和由于小过失受到军官的专断处罚。⑤ 黑人士兵的伤亡比率也比黑人在美军士兵中的比率大。尽管黑人只占越南参战士兵的 11.6%，但却占了 1965 年死亡人数的 24%。⑥ 1967 年，在 380 名营级指挥官中，只有两人是黑人，而死亡的人中却有 20% 是黑人。⑦ 反战的行动主义者玛丽·金（Mary King）以自己的亲身经历说明了黑人在战争中的境遇。她说道：

"在满是尘土的十字路口和密西西比的火车站台上，我看到了来自东南亚的陈放着尸体的铝制棺材。我注意到，至少在我所在的地方，它们受到了黑人家庭压倒性多数的迎接。"⑧

---

① 参阅［美］戴维·斯泰格沃德：《六十年代与现代美国的终结》，周朗等译，北京，商务印书馆，2002 年版，第 169 页。

② Walter L. Hixson, *The Vietnam Antiwar Movement*, (New York and London: Garland Publishing, Inc., 2000), p. 90.

③ David Coffey, "African Americans in the Vietnam War," http://www.english.uiuc.edu.

④ 大卫·柯菲也指出，在地方征兵处，非洲裔美国人代表严重不足。它举例说，在 1966 年，所有征兵处成员中黑人比例只略大于 1%，而且有 7 个州的征兵处根本没有黑人代表。参阅 "African Americans in the Vietnam War," http://www.english.uiuc.edu/maps/poets/s_z/stevens/africanamer.htm.

⑤ 参阅 Walter L. Hixson, *The Vietnam Antiwar Movement*, (New York and London: Garland Publishing, Inc., 2000), p. 90.

⑥ 参阅 Michael X. Delli Carpini, *Stability and Change in American Politics: the Coming of Age of the Generation of the 1960s*, (New York: New York University Press, 1986), p. 37.

⑦ Walter L. Hixson, *The Vietnam Antiwar Movement*, (New York and London: Garland Publishing, Inc., 2000), p. 90.

⑧ Ibid., p. 72.

117

针对这种状况，国内的民权组织提出了批评，军方也采取了一定的措施减少黑人所承担的战斗任务。到 1966 年，黑人的死亡比例降低到16%，1968 年降低到13% 。① 即便如此，黑人受歧视的现象没有根本改变，人们仍把越战和种族歧视联系起来。这可以从两个方面进行解释。首先，在历史上，美国是一个白人统治的国家。一般地说，国家机构保护白人的利益，无视或忽视黑人的利益。虽然到60 年代，经过黑人长达一个多世纪争取平等权利的斗争，黑人的地位有了明显的改观，但历史的惯性和人们思维的惯性不可能一下子根除，对黑人的歧视现象仍在社会各方面自觉不自觉地表现出来。其次，军队一直被认为是获得工作训练的途径，对于来自贫困区域的人，国防部甚至通过特别程序改变入伍条件来接纳他们。而在这种程序下入伍的人有40% 以上是黑人。尽管征兵委员会很少接纳黑人，但招募志愿兵的官员却宣扬说在美国军队里人人平等，以此作为一种动员手段。而那些通过特别程序入伍的人一般都要参加战斗。难怪菲利普·卡普托会说，三年的志愿兵生涯使他"随时准备死亡"，而且这超过了他"对生还的渴望"。② 黑人青年参军经济上的考虑同样反映了黑人地位的低下。他们不能获得与白人青年同等的工作机会，所以只能通过参军的方式获取一定的就业机会，尽管其结果是难以预料的。

　　随着战争的升级和黑人青年伤亡人数的增多，青年反战组织 SNCC 的成员深切地感受到征兵对他们的影响。他们"对军事征兵不满，因为它威胁到这一组织，使它失去了许多男性成员。SNCC 的成员一般缺少为大学生所享有的缓征权利，他们几乎不能期望得到大多是设在南方的征兵处的同情。"③ 马丁·路德·金则将越南战争描述为是种族主义的，即它是"白人的战争，黑人的战斗"。④

　　如果说，处于社会下层的和少数民族的青年像中上层白人青年一样认识到了战争的非正义性及其对人们正常生活的影响，那么所不同的是，与后者相比，他们更多地体会到战争的威胁和国内的歧视。强烈的阶级、种族不平等的悲愤情绪渗透到下层青年和少数民族青年及一切追求社会公正的人们对战争的

---

　　① 参阅奚广庆等：《西方新社会运动初探》，北京，中国人民大学出版社，1993 年 4 月版，第85页。

　　② 参阅［美］戴维·斯泰格沃德：《六十年代与现代美国的终结》，周朗等译，北京，商务印书馆，2002 年版，第170 页。

　　③ Clayborne Carson, *In Struggle: SNCC and the Black Awakening of the 1960s*, (Cambridge, Mass. : Harvard University Press, 1981), p. 183.

　　④ 参阅 David Coffey, "African Americans in the Vietnam War," http: //www. english. uiuc. edu.

理解①当中，他们将反战和反对阶级、种族不平等的斗争结合起来，将争取和平的斗争和争取个人权利的斗争结合起来，使反战思潮具有了维护人民平等权利的鲜明特色。

总之，越南战争的非正义性及其对青年权利的危害是青年反战思潮的直接根源，其中前者更具有基础性意义。从根本上讲，这场非正义的战争本身就是对人们权利的剥夺，因为它违背了多数人的意愿，使他们在面临危机时失去了决定自己命运的权利。一部影片（英文名为 FTA）中有一首体现越战时期激进精神的诗这样写道：

"……如果你毁掉了我们的和平，/如果你拿走了我们的工作，/如果试图使我们相互作对/我们知道该怎么做/如果你告诉我们使世界成为民主的安全地/我们会认真对待你……/我们会这样做……/我们知道，对我们生命的威胁/不在于非人之地的另一边……/它在我们自己的疆界内……/给我们口号/我们会将它们变为现实/唱响战歌/我们会在你们停止的地方将其捡起……/对此决不犯错/我们会活着……/会爱我们的孩子、生养我们的孩子于平静和安全中/于正义和和平中/权力归于人民！"②

这表明，青年反战不仅是出于对民主与自由的社会理想的追求，而且在很大程度上是出于争取自身权利的自我救助的目的。

在 60 年代强烈的反战氛围中，青年针对战争的抗议行为频繁发生，甚至在

---

① 对于中上层白人青年对阶级、种族不平等的感受，原驻越美军司令维斯特摩兰将军后来有所认识。他在 1978 年 4 月的一次讲话中谈到，越战时期对大学生的缓征是一个重大错误，它是歧视性的、不民主的，它导致了一场主要由穷人的孩子作战的战争。由此，他认为校园中激扬的反战情绪部分地源于"一种愧疚情结"。William C. Westmoreland，"Vietnam in Perspective," Military Review, Vol. Lix, No. 1（January1979），p. 37. 这是有道理的。面对政府阶级歧视、种族歧视的政策，任何一个追求社会公正的人都不能不对其合法性产生质疑，也不能不对这一背景下的战争的前景表示担忧。需要指出的是，阶级、种族不平等的现象在越战后的美国军队中依然存在。据 1987 年的调查，年收入在 19600 美元至 23300 美元者在服役适龄人口中明显地占少数。而且，来自高收入地区的入伍者偏向于进入海军和空军，家境较差者则偏向于条件较差的地面部队服务。1989 年，黑人在所有役龄青年中仅占 14% 的比率，但在现役新兵实际人数中，黑人的比率却达 22%。而在陆军中，他们的比率更高于 25%。参阅［美］约翰·肯尼斯·加尔布雷斯：《自满的年代》，杨丽君等译，海口，海南出版社，2000 年 7 月版，第 152、153 页。2003 年，由于有 44% 的年龄在 20～24 岁的黑人青年失业，占人口 12% 的黑人占了军队人数的 22%。拉美裔人占现役军人的 10%，但却占了美军在伊拉克伤亡人员的超过 20%。为此，美国反战人士认为必须组织起来抵制种族主义的战争机器，为国内的正义而战。参阅 Erika Arenger，"Racist Recruiting Tactics," Justice，No. 40（September-October 2004），http：//socialistalternative. org/literature/occupation/.

② 参阅 John Dumbrell，Vietnam and the Antiwar Movement，（Aldershot and Brookfield：Avebury，1989），pp. 82～83.

一些与战争没有直接关系的事情上，由战争激发的青年反叛情绪也有所表现。战争改变着青年的政治情感和行为方式。罗伯特·史密斯（Robert Smith）指出：

"校园抗议的频繁与对越南战争的不满密切相关。当不满高涨时，校园抗议就频繁。甚至当抗议明显与战争和与战争相关的问题无关时也是如此。对于学生个体来说，不满和抗议间的这些聚合关系（aggregate relationships）也是同样有效的。那些不满的学生（在其他问题上）要强硬得多。"①

有数据表明，从 1968 年到 1970 年，认为自己的政治观是激进的或极左的学生比例从 4% 增加到了 11%。杰甘斯（Gergens）对 39 个学校的 5000 名学生所做的 1969～1970 年的调查表明，学生中普遍的政治情感发生了重大变化，他们将这种情感与反战相联系。抽样中有 40% 多的人说战争已经改变了他们的政治归属。在这些人中，仅有 7% 的人对两大党其中之一的忠诚度增加了，而该群体的其余 93%（或全部抽样的 37%）则变得更加"自由主义"、"激进"、"对政党政治幻想破灭"，要不然就是疏离了政党政治。② 战争给青年带来的精神压抑和"精神失业"迫使他们走上了反叛社会的道路，这是青年反战情绪的另一种表现。③

---

① Robert B. Smith, "Campus Protest and the Vietnam War," mimeographed (Department of Sociology, University of Califonia, Santa Barbara, 1970), pp. 1, 46～47. 转引自 Seymour Martin Lipset, *Rebellion in the University*, (Chicago: The University of Chicago Press, 1971), p. 70.

② 参阅 Seymour Martin Lipset, *Rebellion in the University*, (Chicago: The University of Chicago Press, 1971), p. 47.

③ "精神失业"是托德·吉特林用来形容青年精神失落感的用语。Todd Gitlin, "Reflections on 1968 and Environs", Dissent, Vol. 40, Iss. 4 (New York: Fall 1993), p. 483. 在反战青年看来，"战争不仅标示了一种坏政策，而且标示了一种崩溃的社会秩序，抗议、集会和会议成了团体精神新的中心，正像校园，或音乐会，或咖啡屋那样。" Michael X. Delli Carpini, *Stability and Change in American Politics: the Coming of Age of the Generation of the 1960s*, (New York: New York University Press, 1986), p. 38. 青年们的挑衅行为，包括一些看似无意的挑战权威人物的有伤风化的言行和举动，都包含着他们从一个他们所鄙视的社会的束缚中解放出来的涵义。甚至在有些青年看来，意味着对自由的限制和剥夺的监狱也成了获得精神解放、体现新的精神和自身价值的地方。斯坦福大学学生会主席大卫·哈利斯因抵制征兵被叛 20 个月监禁。对此他强调说："在现代美国，我发现再没有比一个罪犯的身份更光荣的了。" Terry Anderson, *The Movement and the Sixties*, (New York : Oxford University Press, 1995), p. 268. 美国西海岸抵制战争者联盟组织（WRL）的领袖兰迪·凯勒（Randy Kehler）与政府官员丹尼尔·艾尔斯伯格（Daniel Ellsberg）的谈话也颇具代表性。他说："昨天，我们的朋友鲍勃进了监狱。这就像一月前简和我在旧金山海滩的婚礼一样，因为我总是大喊大叫。上个月，大卫·哈利斯进了监狱。我们的朋友瓦伦、约翰、特里和其他许多人已经在狱中了，对此，我真的不像它可能看上去的那样难过。它确有某种美丽的东西，我非常兴奋我很快就会被邀请加入他们的行列……" Stewart Burns, *Social Movements of the 1960s: Searching for Democracy*, (Boston: Twayne Publishers, 1990), p. 112.

而且，随着战争与反战成为 60 年代美国社会的主题，一些在常态社会中难以为人们接受和容忍的东西获得了存在的理由。这是因为，观念的形成与发展总是受社会生活变化发展的影响和制约，不同的社会生活可能催生出不同的观念形态。对于这种变化，彼德·科利尔和戴维·霍洛维兹是这样说的：

"战争使任何出格的事、任何过头的想法和行为都有了冠冕堂皇的借口。向大公司的玻璃窗投掷石块，我们一想到这是支援越南人民，罪恶感就立马消失。放火焚烧学校图书馆后，我们对自己说：这是为了支持越南人民。如果说战争给我们发了许可证，它还让我们沉湎于道德优越感而不能自拔。我们比自己生活在其中的环境要高尚得多。如果我们犯了什么不太体面的小错的话，从长远来看，他们（注：原文如此，应为"它们"）终将被我们在东南亚犯下的滔天罪行所淹没。"①

如果说，青年们在反战运动中表现出了某些过激行为，这些行为在正常情况下或许会被看作犯罪，但在战争的氛围中，他们往往不会从个人角度受到责备，他们愤怒的情感是完全正常的。在某种意义上，这种"犯罪"不再是社会中的病态表现，恰恰相反，它是一种试图解决群体或独立个体所面临的问题的有意义的行为，是某种崇高的、健康的和适应时代需要的东西。这样，"犯罪"成了"反叛"，成了对社会的合理挑战。因此，一场非正义的战争本身就包含了"改变"社会的道德底线、诱发激进和扩大社会对立面的因素。

3.4 青年反战思潮对美国越战政策的影响

1782 年，宾夕法尼亚大学委员会在一份报告中向公众宣布："大学对每一个国家的利益和管理都有着强大的影响。"② 用这句话来评价 60 年代以青年学生为主体的青年反战思潮对美国越战政策的影响是很恰当的。不论以什么标准评判，60 年代的青年反战思潮都是一场值得注意的景象。在美国历史上，在青年学生中发生如此深层的对政府政策的反对是空前的。有人评论说，除了1905 年和 1917 年的俄罗斯，反对政府政策的学界和学生构成了"枪杀进行时

---

① ［美］彼德·科利尔、戴维·霍洛维兹：《破坏性的一代》，北京，文津出版社，2004 年 4 月版，第 190、191 页。

② The quotation from The Journal of the Pennsylvania House of Representatives, 1782. may be found in Roche, The Colonial Colleges in the War for American Independence, 148. 转引自 Willis Rudy, *The Campus and a Nation in Crisis*, (New Jersey, England and Ontario: Associated University Presses, 1996), p. 204.

任何大国中最有效的反战运动"。① 约翰·K·加尔布雷思则认为："自 1848
年后，还没有如此普遍的运动。"② 对美国校园造反的同情甚至引发了法国、
英国、波兰、捷克斯洛伐克、意大利、拉丁美洲和东亚等国家的学生运动。

当然，并不是所有参加反战运动的学生都是出于对战争的憎恨，对一些青
年来说，他们参加反战运动也许是由寻求刺激和一般地蔑视政府权威的愿望激
发起来的，而不是希望发表什么政治宣言。就像一位学生抗议者说的：

"别误解我。我担任纠察员是认真的；不过，这是一个看女孩子的地方，
有时我们过得很愉快。这是我们的生活方式。"③

在这些青年身上更多地表现出了反文化的色彩和艾伦·布鲁姆认为的
"闹剧"特点。④ 但不管他们出于何种目的参加了反战运动，他们在客观上都
成为这一运动的推动者，都使青年反战的浪潮更具威势。

与掌握更多社会资源和更加稳定的成人社会的运动不同，由青年学生发起
和主导的运动往往受到种种限制。在代沟现象凸现、青年运动的独立性表现较
为突出的 60 年代，这些限制表现得更为明显：它既没有全国性的、固定的游
说团体，也没有什么专门的组织去宣传自己的观点；它没有自己可以控制的重
要报刊、杂志或电台；它对社会里其他重要的人群，即有组织的劳工或农民的
影响也不够大；作为校园抗议基础的大学生，因为他们大多属于匆匆过客，他
们的反战努力必然带有时间性和偶发性，因此他们是抗议运动并"不可靠的"
参与者和支持者。另外，它的行动往往表现为对某一事件的反应，而不是在一
定的纲领指导下的有组织、有计划的政治行动。这些都对青年思潮和运动的发
展及其力量释放产生了一定的消极影响。

尽管有这些不足，青年反战思潮和运动还是对美国政府的越南政策产生了
重要影响，尤其是对美国总统的行为产生了相当显著的"否决"力量。当政
府当政者考虑对越战进行重大升级时，这种力量表现得尤为明显。1966 年末，
五角大楼的官员们敦促约翰逊总统轰炸河内并摧毁北越的工业生产能力，这

---

① Thomas Powers, *The War at Home*, (New York: Grossman Publishers, 1973), pp. 180 ~ 181.

② John Kenneth Galbraith, "Politics in 1968 and the Liberal Response," p. 2, 1968 Convention folder,
carton1, ADA Convention, ADA Records, SHSW. 转引自 Charles Debenedentti, *An American Ordeal*, (New
York: Syracuse University Press, 1990), p. 217.

③ Edward J. Bacciocco, Jr. , *The New Left in America*, (Califonia: Hoover Institution Press, 1974),
p. 157.

④ 参阅［美］艾伦·布鲁姆：《走向封闭的美国精神》，谬青等译，北京，中国社会科学出版
社，1994 年版，第 343、354 页。

时，约翰逊告诉他的将军们："我还有一个问题要问你们的电脑——你们能输入电脑吗？如果总统做诸如此类的事情，50 万名愤怒的美国人爬过白宫那儿的墙并处死他们的总统要多少时间？"① 约翰逊对民意的重要性是了解的。他在 1967 年 8 月与一位记者的谈话表明了这一点："我们最大的问题不是胡志明问题和那里的战争。是我们这里的形势。它在使敌人相信我们会退出。"② 美国政府的许多其他官员也坚信，反战抗议是对共产主义事业的支持。维斯特摩兰认为，反战示威给了敌人希望，使他们相信可以从美国赢得在战场上得不到的东西。太平洋美军司令格兰特·夏普在国防部新闻发布会上攻击抗议者，说他们鼓舞了河内，毁掉了美国所有的有利形势。而美国驻西贡大使洛奇也强调，国内的异议鼓舞了河内。③ 在青年反战思潮和运动的压力下，美国的决策者们不得不在对外政策中更多地考虑到国内的影响因素。尽管美国政府内部有"鸽派"和"鹰派"之分，他们在对战争和反战思潮的认识上存有很多分歧，但在反战思潮和运动成功限制了美国在东南亚的行动这一点上认识却是一致的。

韦恩州立大学历史学家麦尔文·斯摩尔（Melvin Small）认为，越南反战运动引领大部分美国人（尤其是国会、新闻界和知识界有影响的人物）反战。如果它没有如希望的那么快结束战争，其行动也确实间接地导致约翰逊放弃了第二任期，并促使尼克松减少了越南驻军，抛弃了加强战事的计划。④ 汤姆·维尔斯（Tom Wells）也持此种观点。他认为反战运动滋养了美国广泛的反战情绪。它在包括国会和媒体在内的美国公众和精英中间激起了对战争的怀疑，而他们又反过来影响了其他美国人。此外，运动对国内社会稳定产生的威胁也使公众和精英对战争产生了不满。⑤ 这推动着美国政府越南政策的转变。反战行动主义者杰里·鲁宾自豪地指出："我们建立公众

---

① Gitlin, "Home Front Resistance to the Vietnam War," 73. 转引自 Willis Rudy, *The Campus and a Nation in Crisis*, （New Jersey, England and Ontario: Associated University Presses, 1996）, p. 202.

② Notes on the President's Meeting with Bob Lucas, 14 Aug. 1967, Notes on Meetings-President Folder, 1967, box1, Office Files of George Christian, LBJL. 转引自 Charles Debenedentti, *An American Ordeal*, （New York : Syracuse University Press, 1990）, p. 204.

③ 参阅 Charles Debenedentti, *An American Ordeal*, （New York: Syracuse University Press, 1990）, p. 177.

④ David Greenberg, "How Anti-War Protest Movements Have Made the U. S. Stronger," http://slate. msn. com/id/2080735/, March 26, 2003.

⑤ Tom Wells, *The War Within*, （Berkeley: University of California Press, 1994）, p. 5.

反对越战的全国性斗争成功了，战争结束了。"① 还有人认为，反战运动"迫使美国撤出了越南"。②

客观地说，从 1965 年大规模青年反战运动的兴起到 1969 年美国从南越首批撤军，期间历时 4 年，而到 1973 年美军完全撤离越南则历时 8 年。这样长的时间差表明，对反战思潮和运动推动美国政府改变其越南政策的作用不宜过高估计。民意的最大作用是影响总统的政治地位和竞选，从而间接影响战争的进程，但每一位总统在上台之后都会按照他对国家利益的理解把战争进行到可以中止的时候，而不会完全听凭民意的左右。但是，即使不能简单地说反战思潮和运动导致了战争的结束，但它确实"迫使政府认识到了失败"③ ——战争政策的失败。青年虽然不是最终的决策者，但却对政府的决策起着重要作用。至少在潜意识中，决策者们对一个由于政府的对外政策而使如此之多的优秀青年疏离的国家的前途感到担忧。

这说明，政治进程是个相当复杂的系统。这个系统既包括操纵政府的人，也包括在街头反对它的人。总统的正式声明对民族意识的影响可能会比一个焚烧征兵卡、之后又因这种挑战行为进入监狱的年轻人的小。与总统权力相比，这种反对的力量常常显得微不足道，但它最终却会占居上风。④ 这是因为，青年反战思潮这种反体系的思潮的核心思想是打破各种"正统势力"对政治、经济和社会生活的垄断，恢复民主，还政于民。它掌握着道德的武器，具有广泛的社会基础，因而能够成为同政府相抗衡的力量。因此，任何一个政府的决策者都不能轻视或忽视"小人物"们的声音，历史往往就站在他们一边。在 60 年代的美国历史编撰学中出现的颇有影响的"新左派"史学流派（加布里埃尔·科尔克、霍华德·辛等人）通过对 60 年代青年反叛行为、特别是反战行为的反思，对资产阶级历史编撰学的杰出人物统治论提出了批驳，强调了历史进程中人民群众的作用。这不能不说是认识上的一大进步。

---

① Eric Pace, "Jerry Rubin, 56, Flashy 60's Radical, Dies; 'Yippies' Founder and Chicago 7 Defendant," *The New York Times*, Vol. Cxliv, No. 49896 (Nov. 30, 1994), p. B13.

② Irwin Unger, *The Movement: a History of the American New Left*, 1959 ~ 1972, (New York: Dodd, Mead, 1974), p. 207.

③ 参阅 Thomas Powers, "preface," *The War at Home*, (New York: Grossman Publishers, 1973), p. xv.

④ Ibid., p. xix.

3.5 本章小结

本章主要思想归结如下：

一、战后生育高峰出生的一代美国青年曾是年轻的理想主义者，而越战使他们失去了对社会的信任。他们的父辈经过二战重又获得了信心，而这代人却在越战中连自己也不信任了。大卫·哈利斯在回忆录中这样写道："我们失去了我们的纯真、我们的立场、我们的名声、我们对我们是什么人的信念、我们的尊严、我们照镜子时的轻松感觉。"① 越战标志着美国所谓的"民主"、"自由"的破产，促使青年在反思中走上反战的道路。

二、在这场非正义的战争中，青年们失去了他们本应享有的权利和自由。美国本来是一个非常强调个人权利的国家，在人们看来，个人权利比国家和政府权力更重要，一切国家权力都是属于人民的。而人们之所以要建立政府，也正是为了保障每个个人的权利。对于个人的权利和自由，战后一代青年在成长过程中是深信不疑的，而60年代正是他们开始将这种观念付诸实践的时候。但就在"自由"这个词开始具有实际意义的时候，国家战争机器的需要却将大部分的自由剥夺了。在战争中，国家的权力被推向顶峰，青年的健康权、生命权和自由发展权利受到威胁，青年们难以将社会灌输给他们的价值观念与他们正被要求去做的事情协调起来，社会的信仰体系与越南战争背景下的社会现实发生了背离。而社会秩序的平衡是由信仰、道德、法律等力量维继的；当信仰遭到践踏时，社会秩序的失衡是必然的。

三、战争给青年带来了精神的压抑和"精神失业"，但这种压抑和"失业"状况却无法在秩序的框架内得以解决，因此，他们只能突破这个框架，通过激进的方式去寻求精神的慰藉。这表明，青年在常规的社会生活中已难以找到自由的空间，他们只能以反常的方式去实现自由，确认自己的价值和力量。

四、反战青年并不是缺乏爱国主义情感的人，他们只是通过反战的方式实践着从社会化机构中学来的、塑造了他们的生活的那些价值观。早在1789年，詹姆斯·麦迪逊（James Madison）就试图将真心实意反对罪恶战

---

① David Harris, *Our War*, (New York: Times Books, 1996), p. 175.

争者条款作为后来的宪法第二修正案之一部分。① 尽管这个提议未获成功，但战争期间国家权力和个人权利间的斗争却开始了，而越战时期则是它发展的顶峰。

五、青年反战思潮由于其广泛的社会基础，对美国政府的越南政策产生了重要影响。

---

① Leon Friedman, "Conscription and the Constitution：The Original Understanding," in M. Anderson (ed.), *The Military Draft*：*Selected Readings on Conscription*, (California：Hoover Institution Press, 1982), pp. 268 ~ 269. 宪法第二修正案指人民备置和挟带武器的权利不受侵犯。

第四章

青年反战思潮的深层社会根源

在《揭露的心》中，亚当·卡冯考谈到"鹰派"人物对美国 60 年代学生激进主义和反文化运动成因的看法，并对此提出了自己的见解。在"鹰派"人物看来，60 年代学生激进主义和反文化运动的根本原因是越南战争和征兵。他们认为这场运动没有拿出原则性的、受人欢迎的对美国社会的批判，其道德立场只是青少年放纵的借口：性、毒品和停战。卡冯考指出，在这一点上，"鹰派"是错误的。他认为学生激进主义者不都是憎恨父母的被宠坏了的孩子、胆小鬼或精神畸变者。婴儿潮一代所感受到的疏离和焦虑是真实的，是道德混乱和幻灭——源于战后的物质主义、种族歧视和冷战专家统治的无情而强大的力量——的产物。他肯定了越战对 60 年代青年激进主义的关键作用，但他认为越战只是催化剂而非原因，真正的原因是青年在一个日益繁荣的战后社会的核心里体味到的乏味和意义失落感。①

值得注意的是，持这种观点的远不止卡冯考一人。坎尼斯通同样认为，越南战争为已经发展着的政治情绪提供了集合点。② 罗杰·金伯尔则指出，越南战争成了一面旗帜，在它之下，全部的激进情绪都会聚在了一起。③ 而易比派领袖杰里·鲁宾的表述更为直白。他说："如果不曾有越战，我们也会创造出一个来。如果越战结束了，我们会寻找另一场战争。"④

这种说法表明了一个重要事实，那就是，60 年代青年激进主义的发生有

① 参阅 Adam Garfinkle, *Telltale Hearts*, (London：Macmillan Press Ltd.，1995), pp. 8, 117.

② 参阅 Michael X. Delli Carpini, *Stability and Change in American Politics：the Coming of Age of the Generation of the 1960s*, (New York：New York University Press, 1986), p. 35.

③ Roger Kimball, *The Long March*, (San Francisco：Encounter Books, 2000), p. 129.

④ Paul Hollander, Political Pilgrims：*Western Intellectuals in Search of the Good Society*, (New Brunswick, N. J.：Transaction Publishers, 1998), p. 198.

着深刻的社会历史背景，只有从经济、文化、政治和青年自身发展状况等多个角度予以考察，才能把握激进的新左派的思想根源，才能更好地解释为什么有更多机会逃避兵役的中上阶层白人青年——包括那些社会精英的子女①——加入了反战行列并成为思潮的引领者，从而，才能对反战思潮的发生和表现有一个全面而深入的理解。

4.1 60 年代社会历史背景下青年反叛意识的产生

4.1.1 "富裕社会"中社会矛盾的凸现

一切观念形态的产生和发展均与社会经济发展有关。60 年代美国青年反叛意识的产生有着深厚的经济根源。

4.1.1.1 "富裕社会"的到来

第二次世界大战后，科技革命发展气势汹涌。四五十年代，微电子技术、原子能技术、航空航天技术的突破性进展，带动了整个资本主义世界产业结构的变化。这次产业结构的变化为资本主义的战后重建提供了新的物质技术基础，由此使得战后的资本主义获得了新的发展动力。同时，西方各国在重建的过程中，扩大并加强了在战前就已开始的社会调整与改革。尽管从本质上说，这些调整是为了维护和挽救已经显露危机的资本主义，但它在强调效率的同时引进了一定的社会公正，在让资本有利可图的同时，也让底层人民能够生活下去，在一个富裕的社会里消灭赤贫，以保证社会的安全与稳定。这造成了资本主义世界和资本主义体制的一次深刻变革。在这个意义上，资本主义在新科技革命和一系列调整的基础上获得了"再生"，进入了一个不同以往的发展阶段。

就世界范围看，从 20 世纪40 年代末期至 20 世纪70 年代中期，经济扩张

---

① 其中，美国国防部长罗伯特·S·麦克纳马拉的儿子克莱格·麦克纳马拉在斯坦福大学组织了反战活动。他屋子里放着越盟的旗帜，并参加了由 15000 名海湾地区学生进行的破坏商业、打碎窗玻璃的结束越战行动。他说对他的父亲只有"愤怒、纯粹的愤怒"。他的妹妹凯西·麦克纳马拉也是一名反战的学生行动主义者。国防部高级官员保罗·尼采（Paul. Nitze）的 3 个孩子参加了 1967 年华盛顿的"对抗战争制造者"集会，其中一个还加入了 SDS 的哥伦比亚分会。陆军部长斯坦利·里索（Stanley Resor）的两个儿子是反战组织者，而该部副部长特德·比尔的一个女儿参加了反战运动。首席检察官尼古拉·卡赞巴赫的儿子与克莱格·麦克纳马拉一起加入了斯坦福大学的反战行列。此外，国家安全顾问麦克乔治·邦迪的儿子也参加了反战运动。参阅 Kenneth J. Heineman, *Put Your Bodies upon the Wheels: Student Revolt in the 1960s*, (Chicago: I. R. Dee, 2001), p. 73.

是时代的主导特征。① 在 20 世纪 50 年代和 70 年代中叶之间，很多发达国家的社会生产总值增长了 3 倍或 4 倍。实际收入增长还要高。事实上，这是增长似乎能回答一切问题的时代，增长不仅是一种普遍的信条，而且也是一种扎根于个人和机构的思想的出发点。②

就美国的情况看，二战之后，美国开始实现从工业社会到发达工业社会（即贝尔所谓的"后工业社会阶段"）的转变，而 60 年代则是它的转折点。在这一时期，美国经济大幅增长，导致了有着良好教育的"富裕社会"的出现。1950 到 1970 年间，美国的国民生产总值以 3.9% 的比率增长。③ 美国中产阶级的年均家庭收入在 1960 年达到了约 5000 到 10000 美元，比 1939 年翻了一番。战争在欧洲和亚洲造成的毁坏使美国产品少了很多竞争对手。到 40 年代末，美国公司生产着世界工业品的超过 50%，近 60% 的钢铁，超过 60% 的石油和 80% 的汽车。人们的福利待遇也有了很大提高。1946 年，仅有 8.5% 的蓝领工人和 17.5% 的白领雇员可以享受带薪休假，但到 1951 年，他们都达到了超过 40%。1953 年的《商业周刊》（*Business Week*）杂志在一篇名为《有闲群体》（*the Leisured Masses*）的文章中特别提到了工作条件、薪金、医疗金和年金，以及带薪休假的极大改善。④ 50 年代末期，美国社会各阶层的生活状况远远超过了战前水平，到 1960 年，国民生产总值从 1945 年的 2136 亿美元增加到 5024 亿美元。⑤ 而整个 60 年代的人均收入则增长了 41%。⑥ 有人认为，这时的美国正处于建立"人民资本主义"的进程中，它的特点是不断增长的实际收入、贫困的消除和股票持有向美国普通民众的扩展。⑦ 对于大多数美国人来说，温饱已经不再是一个迫在眉睫的问题。

---

① ［英］拉尔夫·达仁道夫：《现代社会冲突》，林荣远译，北京，中国社会科学出版社，2000 年版，第 126 页。

② 同上书，第 127、128 页。

③ Walter L. Hixson, *The Vietnam Antiwar Movement*, (New York and London：Garland Publishing, Inc. , 2000), p. 29.

④ 参阅 Dominick Cavallo, *A Fiction of the Past*, (New York：Palgrave, 1999), p. 31.

⑤ Steven M. Tipton, *Getting Saved from the Sixties*, (California：University of California Press, 1982), p. 27.

⑥ 参阅 Jacqueline Jones, Peter H. Wood, et. al. , "The Nation Divides：The Vietnam War and Social Conflict (1964 - 1971)," in *Created Equal：a Social and Political History of the United States*, *Volume*2, (New York：Longman, 2003), p. 4.

⑦ 参阅 Robert Fisher, *Let the People Decide* ：*Neighborhood Organizing in America*, (New York：Twayne Publishers, 1994), p. 100.

"富裕社会"使人们相信，社会解决问题的能力大大提高了。他们相信，不断的经济增长会最终使人们解决所有社会问题，这使人们有可能用批判的眼光看待"富裕"之外的事情。美国人开始将那些被社会排斥的人、尤其是那些受种族主义压迫的人的贫困和无力看作整个社会有责任尽快解决的问题，而不再是不可避免的遗憾或只是给予施舍的机会。① 在他们看来，社会应该变得更加公正、人道和美好。

4.1.1.2 "富裕社会"的矛盾与反叛意识的形成

美国的"富裕社会"虽然给人们带来了希望，但却远未能够解决所有的社会问题，它也没有给人们带来精神的愉悦。人们的良好愿望遭遇了严酷的社会现实。

首先，正如前面谈到的，"富裕社会"并没有在更大程度上实现经济民主。它没能解决收入不公的问题，普通美国人对股票的持有也没有达到实现"人民资本主义"的程度。1972 年的《商业周刊》杂志特别指出，财富的集中程度在60 年代相当稳定；而且自1962 年后，财富集中程度没有降低，"如果有什么不同的话，也是稍微增长了一点"。② 经济学家保罗·萨缪尔森（Paul Samuelson）对此作过一个形象的比方：

"如果我们用孩子的积木做一个收入金字塔，每一层是1000 美元，那么其顶端要远远高于埃菲尔铁塔，但几乎我们所有人都在离地面不到一码远的地方。"③

到50 年代时，美国还有20% 的人生活在贫困之中。④ 社会的现实引起一些富有正义感的知识分子的思考，他们敏锐地觉察到深藏于富裕社会中的危机。他们认识到，在一个繁荣的社会里，当人们基本的人的需要得到满足，而去追求愉快的生活时，阶级的限制会使人们起来造反，导致严重的社会混乱。⑤ 美国的大多数穷人是白人，不过黑人所受的贫困和痛苦最为剧烈和集

---

① 参阅 Steven M. Tipton, *Getting Saved from the Sixties*, (California: University of California Press, 1982), p. 27.

② Douglas F. Dowd, *The Twisted Dream*, (Massachusetts: Winthrop Publishers, Inc., 1974), p. 124.

③ 参阅 Jones, Jacqueline, Peter H. Wood, et. al., "The Nation Divides: The Vietnam War and Social Conflict (1964 - 1971)," in *Created Equal: a Social and Political History of the United States*, Volume2 (New York: Longman, 2003), p. 4.

④ 参阅 Dominick Cavallo, *A Fiction of the Past*, (New York: Palgrave, 1999), p. 32.

⑤ 参阅 Michael Harrington, *The Other America: Poverty in the United States*, (Baltimore: Penguin, 1963), p. 9.

中。因此，黑人的反抗尤其强烈，60年代的贫困问题也就主要成了"黑人问题"：

> "美国的穷人生活在世界最强大、最富裕的社会里。当许多人在谈论'福利国家'的时候，他们的苦难却继续存在着。在这种情况下，千百万人就化为无形的了。他们从人们的视线和思想中消失，他们没有自由的政治声音。"①

需要指出的是，一个国家对各族群、各阶级、阶层是否具有凝聚力，社会是否稳定，是与该国国内的经济社会发展水平和人民生活的改善程度密切相关的，各族群、各阶级、阶层人民只有从国家的经济发展和社会进步中获取巨大的利益，才能最大限度地达到对国家的认同，才能将自己的命运与国家的需要融为一体。在一个国家中，如果相关的个体和群体的价值体系和需求不能及时合法地体现在既定的酬赏制度中，而酬赏制度的不平等表征又太明显，那么对国家及其政府的认同和支持，都会毁于由于人的需要得不到满足而产生的强大压力。正因为经济的繁荣，贫困的存在就显得愈发突出和不可容忍；在一个主张平等的社会里，提高了的期望值和相对剥夺导致的沮丧比在一个等级分明的社会里还要多。不公正的社会现象，成为60年代青年反叛社会的一个重要原因。

其次，在"富裕社会"里，一种不同以往的经济体系和消费观念出现了，由这个体系和观念所共同支撑的大众消费社会兴起。对于这种社会，鲍德里亚这样描述道：

> "今天，在我们的周围，存在着一种由不断增长的物、服务和物质财富所构成的惊人的消费和丰盛现象。它构成了人类自然环境中的一种根本变化。恰当地说，富裕的人们不再像过去那样受到人的包围，而是受到物的包围。"②

这种资本主义社会与前资本主义社会不同。在前资本主义社会中，生产主要是为了满足人类生命本能的需要，如足够的食物、可以安身的住所，以及必要的生存条件。资本主义经济的兴起，使生产的性质发生了变化，社会生产不再仅仅是为了满足需要，而且满足欲望，满足超出生存本能所需要的欲望。③但是，一旦需求超出了人的本能需要，那么需求的增长就可能是无限的，人们

---

① 《美国的底层》，《人民日报》，1962年7月18日，第4版。

② ［法］鲍德里亚：《消费社会》，刘成富、全志钢译，南京，南京大学出版社，2001年版，第1、2页。

③ 参阅许平等著：《一场改变了一切的虚假革命》，上海，上海人民出版社，2004年1月版，第8页。

就可能将满足自己不断增长的物质需求作为生活的主要目标。这时，生活的意义就发生了变化。人们在满足自己不断增长的物质需求的同时，也在不知不觉中放弃着自己自由选择的权利和独立意志。因此，消费社会中潜藏着毁灭人类理想的因素和人的精神压抑的根源。

再次，随着战后美国垄断组织的不断完善，美国逐渐发展成为一个"公司化的国家"。在这个国家中，权力结构中最有影响力的机构是大商业，没有任何一个地方的权力集中可以胜过最大的 500 家工业公司。它们占有全国工业品销售的 62% 和利润的 73%。它们总共雇佣了约 1300 万人，其中大部分组织在与管理者携手合作的工会里。① 这些大公司从理论上讲是民主机构，对股东负责。实际上，它们只对自己负责。这些机构墨守成规、强大有力，并且越来越超出人的控制，忽视人的价值。它们要开发可利用的一切自然和人的资源，使其成为它们的产品，而不去考虑这样做对于环境的污染和破坏，以及对人性的压制和扼杀。在发达工业社会里，工艺技术在社会生活中日益成为一种决定性的因素，"人作为达到有效生产目的的工具，由技术理性安排，成了人的资源。"② 社会政治力量"通过它对机器过程和手段的技术组织的支配来表现自己。"③ 人在庞大的机器世界和自动化程序面前感到无能为力和惶惑恐惧，发达工业社会的强制力量将社会生活的一切方面都卷入到一场个人无法控制的疯狂漩涡之中。自动化和机械化使"工作成了人与人之间的、而不是人们之于自然或其虚拟形式（fabricated forms）的竞赛。这种游戏是面对面的，而不是肩并肩去做的。"④ 在粗放的手工劳动基础上培养起来的人与人之间的深厚感情丧失殆尽，人们普遍感到失落和压抑。

而随着生产组织的社会化，大多数美国人为了确保生活的稳定，他们把大公司、企业、银行的利益放在高于个人或家庭利益之上，不仅效忠于自己的公司，而且时刻按公司的要求检点自己的行为。他们是这个社会的"组织的人"，没有质疑公司决策的权利，只能像被输入电脑程序的软件一样听从摆布，任人指挥。久而久之，他们变得唯唯诺诺，安分守己，其身上的个人首创

① From a Special Issue of Fortune, *Youth in Turmoil*, (New York: Time, Inc., 1969), p. 48.

② Steven M. Tipton, *Getting Saved from the Sixties*, (California: University of California Press, 1982), p. 21.

③ ［美］马尔库塞：《单面人》，左晓斯等译，长沙，湖南人民出版社，1988 年版，第 3 页。

④ Steven M. Tipton, *Getting Saved from the Sixties*, (California: University of California Press, 1982), p. 25.

精神和个人责任感渐渐弱化，甚至泯灭。他们是发达工业文明的奴隶，尽管是"升华了的奴隶，但毕竟还是奴隶，因为奴隶制之确立，既不靠压服，也不靠劳动的冷酷，而是靠作为纯粹工具的地位和把人降低为物的状态。"① 这是一个由无数个无力参与到社会发展方向决定过程的"旁观者"所构成的社会，一贯强调人的"尊严"、"价值"的西方人文主义传统在这里陷入了危机。

最后，战后美国维持经济繁荣的一个重要手段是发展"军工复合制"，坚持走国民经济军事化的道路，为美国争霸全球的战略服务。军国主义和冷战成了美国工业体系不可分割的组成部分。查尔斯·赖特·米尔斯指出：

"军事力量的建立长期以来就与经济密切相关。……但现在，军事力量与经济的关系已有了本质上的不同。国家预算已经增加，特别是其中由军队或为军队开支的百分比。自二战开始，这个百分比就没低于百分之三十，并且已经达到政府整个预算的百分之五十以上。实际上，1955 年公布的预算中，每三个美元就有两美元是用于军事安全的。……二战之后，军事的需求不断地改造和推动着企业的经济发展。"②

军工企业的发展，不但没有使人们体会到经济繁荣的快乐，反而更加深切地感受到战争的威胁。

总之，60 年代的人们认为相对繁荣将会成为未来经济状况的持久现实，不仅是青年，连权势集团本身，包括政府、大学和国际组织等也大力鼓吹一种"摆脱了匮乏社会"的思想。人们认为，在这种社会中基本的生活福利问题已经解决或者即将得到解决，需要关心的主要政策问题只是生活的质量或生活方式；甚至不光是生活方式问题，还涉及到权力的再分配。但现实告诉人们，为了社会繁荣，他们付出了怎样的代价。理查德·蔡斯在其 1958 年的著作《民主展望》中说道：

"家庭生活的新富裕究竟有什么价值，如果我们在获得这种富裕的同时，放弃了对国家物质发展的控制？我们现在应当扪心自问，在这样一个美国究竟是否可能过一种丰富而人道的生活？在这个国家里，永久性战争经济聚集了浮华而粗鄙的财富，贫民区里罪恶丛生，剥夺人性的低级公寓小镇猖獗蔓延，种族仇恨日益加深，自然资源遭到肆无忌惮的开发和浪费，压力集团、逃避责任

---

① ［美］马尔库塞：《单面人》，左晓斯等译，长沙，湖南人民出版社，1988 年版，第 25 页。

② ［美］C·赖特·米尔斯：《权力精英》，王崑等译，南京，南京大学出版社，2004 年 7 月版，第 269～271 页。

的行政机构和得过且过的国会控制了政府，学校被庸俗化以致毁灭，更可怕的是，'核装置'频频闪光，向四面喷洒放射性尘埃。这里有的是敌人。这里就是意识形态的温床。"①

在这个物质繁荣的社会里，人们并没有什么安全感。在青年们看来，父辈"用物品填补空虚，却忘记了人的价值。他们口头上忠于理想实际却做不到，他们忽视周围的虚伪。他们害怕变革。他们失去了对生活的控制。"② 他们感到，在消费社会中，他们的生活毫无意义，即使他们物质上感到惬意（其中许多人并不如此），却比以前失去了更多的权利。

这样，60 年代的美国产生了这样的矛盾：一方面，物质上的丰裕，闲暇时间的增多，使人们更加注重追求生活的质量，他们探求真理的积极性和对社会的期望值越来越高；而另一方面，资本主义制度和技术文明本身又包含着实现这些期望的抑制因素。这个矛盾使许多美国人感到一种难以言状的压抑，致使他们对"生产至上、效率第一"等传统的经济思想表示怀疑，甚至对整个科学技术本身和资本主义的工业社会丧失了信心。在这个社会里，尽管一个现代化工厂生产的鞋"够全世界的人穿"，但在倍感压抑的人们看来，"感情重于理智，信仰重于知识，娱乐重于生产，精神生活重于物质生活，人的本能重于科技"。为了个性解放，"他们宁可不穿鞋"。③ 在压抑和不满中，人们起而反抗这个非人性的社会。马里奥·萨维奥大声疾呼道：

"是时候了，当这部机器的运转变得如此糟糕，使人的心灵受到如此的伤害，以至于使你不能再加入，甚至不能保持沉默地加入其中的时候，你就应该把你的身体放在它的齿轮上，放在它的轮子上，放在它的杠杆上，放在它的全部装置上，使它停止运转。"④

鲍德里亚以其非凡的洞察力深刻揭示了这个社会的矛盾，与受压抑的人们的呐喊之声互为说明。他指出："消费社会既是关切的社会也是压制的社会，既是平静的社会也是暴力的社会。"⑤ "暴力"意味着人们对"消费社会"的

---

① 参阅［美］莫里斯·迪克斯坦：《伊甸园之门》，方晓光译，上海，上海外语教育出版社，1985 年 8 月版，第 65 页。

② From a Special Issue of Fortune, *Youth in Turmoil*, (New York：Time, Inc., 1969), p. 48.

③ Ayn Rand, *The New Left*：*The Anti-Industrial Revolution*, (New York：Signet, 1971), p. 91.

④ Paul Jacobs and Saul Landau, *The New Radicals*：*a Report with Documents*, (New York：Random House, 1966), p. 69.

⑤ ［法］鲍德里亚：《消费社会》，刘成富、全志钢译，南京，南京大学出版社，2001 年版，第 197 页。

"排拒"，它基于"富裕"的束缚而产生，因为"假如丰盛真的意味着自由，那么这种暴力就是不可思议的。假如丰盛（增长）是束缚，那么这种暴力就能自圆其说，就是合乎逻辑的。"①

此时，较少传统束缚、对社会不合理现象特别敏感的青年站在被贬抑的人性和人道主义的立场上抨击科技的发展和社会的不公正，在50年代末60年代初形成了一股广泛的、不同于老左派的反传统和反现代文明的社会思潮。正是这股思潮形成了60年代青年反战的思想基础。

4.1.2　文化的失范与知识分子的反思

60年代的反战思潮在具体的政治目标之上蕴涵着深刻的观念变革，它的产生有着深刻的文化背景。

4.1.2.1　50年代社会与文化的失范

社会学家扬（Young）认为，文化都是社会内部一代代地传递的，一旦某一文化不适合于解决某一特定群体的问题时，新的文化便应运而生。② 这可以用来解释60年代美国青年新的意识的产生。

历史对行为和反应间的关系总是很忠实的。要理解青年反战思潮的产生，就不能不回过头来看一看50年代的美国社会以及那个时代的人。

50年代的美国是富裕而刻板的。如上分析，美国的技术社会造就了训练有素而又毫无个性的组织人，而艾森豪威尔的"道德"和麦卡锡的政治约束也使大多数美国人变得"没什么挑战，也不够大胆。"③ 诺曼·梅勒于1957年在《白种黑人》中指出，50年代是一个随大流（conformity）和消沉（depression）的年代，美国人患了集体精神崩溃症。在这个时代，人们没有保持自己个性的勇气，不敢用自己的声音说话。④ 美国社会的"每一件事，包括其最有特权和最有教养的孩子们的远大前程，都似乎是'预设的'、受到控制和不可避免的。大学里的成功只是无意义的职业生活的前奏。"⑤ "沉默的一代"是对这个时期青年最形象的称呼。威廉·曼彻斯特这样写道：

"美国青年人从来也没有这样孤僻离群、谨小慎微、缺乏想像力、漠不关

①　同上书，第200页。

②　参阅黄志坚：《中外青年比较》，北京，中国青年出版社，1993年2月版，第344页。

③　Ibid.，p. 55.

④　参阅 Norman Mailer, *The White Negro*,（San Francisco：Dissent Publishing Associates，1957），p2.（注：原书无页码，系本文作者按一般图书编页法加填的页码，以方便查阅。下同）

⑤　Dominick Cavallo, *A Fiction of the Past*,（New York：Palgrave，1999），p. 70.

心、不求进取，而且沉默寡言。"①

"沉默的一代"受到社会各方面的压抑和束缚，使他们失去了青年人应有的激情和理想。他们是 50 年代极其富裕又极其严密的技术社会造就的"畸形儿"，也是它所需要的典型的毫无自我意识、毫无个性的组织人。

50 年代的校园是压抑的，这一时期的行动主义指向是恢复自由言论的基本权利。一项对 72 所学校所作的调查表明，学生们胆战心惊，效忠宣誓和对激进主义、自由主义演讲者的压制在校园里是很平常的事。这时的学校里有两类学生：经营型（managerial type）和智力型（intellectual type）。前者是名利主义者，热衷于商业；后者则热衷于研究，躲在远离政治的象牙塔里。这两类学生的共同之处在于，他们都将价值观和目标分离开来，逃避社会责任，也不相信社会变革。② 然而，尽管 50 年代没有多少青年学生参与异己政治，但他们还是为 60 年代的青年反叛运动铺平了道路。

50 年代人是从战后蓬勃发展的经济中获益的一代，是以孩子为中心的家庭生活的承受者。这些以自我为中心的青年对这一时代的流行观念具有社会敏感性。这种观念信奉商业世界的价值观，反映其需要，并期望获取物质利益。这样，"沉默的一代"就具有了另一种表现，那就是对物质享乐的狂热追求。在这种环境中，青少年文化迅速发展起来，它有自己的特征、习惯、风尚、流行语言以及崇拜偶像，它以对消费和享乐的追求不断冲击着强调节俭、自律的传统价值体系。于是，作为美国传统价值观的新教伦理和清教精神走向衰落。它不再是现实生活中强有力的行为规范，而是逐渐沦为道德家劝世喻人的说辞。正像斯蒂文·狄布腾所讲的那样："形成美国基督教主流的禁欲精神对反文化几乎没有什么吸引力。"③ 于是，人们的思想发生了变化。

然而，享乐主义的盛行并不意味着它已取代旧的价值体系，这不仅突出体现了文化准则和社会结构准则的脱离，而且还暴露出社会结构自身非常严重的矛盾。

"一方面，政治家、教师、传道者依旧继续宣传着基督教新教伦理，而另

---

① ［美］威廉·曼彻斯特：《光荣与梦想》（下），广州外国语学院美英问题研究室翻译组、朱协译，海口，海南出版社、三环出版社，2004 年 3 月版，第 581 页。

② 参阅 Philip G. Altbach, *Student Politics in America：a Historical Analysis*,（New Brunswick, NJ, USA：Transaction Publishers, 1997），pp. 117～118.

③ Steven M. Tipton, *Getting Saved from the Sixties*,（California：University of California Press, 1982），p. 19.

一方面，大众传播媒介却在大肆宣扬享乐主义。典型的'失范'① 现象弥漫着，文化断裂已经是够明显、够广泛的了，但新的价值却尚未诞生。"②

这种断裂表现在青年身上，就是学校按照旧的价值体系教育他们，而社会又鼓励他们消费，提供给他们许多诸如摇滚乐唱片等为正统教育所排斥的商品。这样，在文化失范状态逐渐加深的过程中，一些比较敏感的知识分子开始进行反思，提出了解决失范状态的方法。

4.1.2.2 "垮掉的一代"③ 的反思

最先对美国社会的文化失范现象作出反思的是以艾伦·金斯伯格（Alent Gingsburg）④ 为代表的"垮掉的一代"（Beat Generation）。

"垮掉的一代"包括了 50 年代一批公开蔑视美国主流文化和价值观的青

---

① 希腊文"失范"（anomie）往往被作为无政府状态（anarchie）的同义词加以使用。在现代的社会科学里，这个概念归功于埃米尔·迪尔凯姆，他谈到失范，是为了描写由于经济和政治的危机使得社会的规范失去效力。失范的结果是人们失去一切约束，直至他们把自杀看作是惟一的出路。罗伯特·麦农则把失范描写为"文化结构的崩溃"。倘若人们不能在其社会地位的基础上遵循他们的社会的各种价值，崩溃就会发生。参阅拉尔夫·达仁道夫：《现代社会冲突》，林荣远译，北京，中国社会科学出版社，2000 年版，第 209 页。

② ［美］理查德·弗拉克斯：《青年与社会变迁》，李青等译，北京，北京日报出版社，1989 年 4 月版，第 20 页。

③ 对于"beat generation"，我国一直使用"垮掉的一代"的译法。在汉语中，"垮掉"是与"颓废"、"堕落"近义的词，带有明显的贬义，这与 60 年代初翻译该词时我国特定的政治和国际气候有关。那时，我国政界和学界都是将"垮掉的一代"当作美国资产阶级道德沦亡、腐化堕落的集中表现的（注：也有学者——如王念宁等——将"垮掉"写作"跨掉"，但据汉语大词典出版社 2000 年版《现代汉语大词典》［第 740、3071 页］及语文出版社 2004 年版《现代汉语规范词典》［第 761 页］等辞书，"垮"与"跨"的涵义是有区别的。根据词义，本文作者认为用"垮掉"更符合译者原义）。而在英文中，"beat"并无"垮掉"的意思。霍尔姆斯（Holmes）指出，"beat"是一种精疲力竭、一无所有的状态，是指精神上的某种赤裸裸的直率和坦诚，一种回归到最原始自然的直觉或意识时的感觉。［美］杰克·凯鲁亚克：《在路上》，文楚安译，桂林，漓江出版社，1998 年版，第 415 页。所谓"垮掉的"生活，实际上是一种追求新视野和新现实的生活。美国《读者文摘插图本百科辞典》对"垮掉的一代"的定义是："50 年代包括杰克·卡罗雅克（即杰克·凯鲁亚克）、艾伦·金斯伯格和威廉·巴勒斯在内的一批美国年轻人，这些人对西方价值观念幻想破灭，因而改向东方宗教寻求鼓舞，进行文学样式上的试验，而且采取一种放荡不羁的生活方式。"可见，"垮掉的一代"是指当年美国对西方价值观念不满的一批年轻人。参阅费林格蒂等著，文楚安主编：《透视美国》，四川文艺出版社，2002 年 9 月版，第 92 页。实际上，"垮掉的一代"并不是真的"垮掉"了，相反，他们对社会的认知有着异乎寻常的敏锐性和深刻性，他们对社会充满了关切，并以其独特的生活方式探求新的视野和新的现实。

④ 金斯伯格因患肝癌于 1997 年 4 月 5 日逝世，美国及世界各国的主要传媒报刊都及时作了报道。美联社当日称："他的写作及生活方式造就了随后四十年的音乐、政治以及抗议运动。"见高照成、冯海燕：《"愤怒的青年"与"垮掉的一代"之比较研究》，《无锡商业职业技术学院学报》，2004 年 3 月第 1 期，第 67 页。

年知识分子，主要是一些作家和诗人。在50 年代末，这些"垮掉"的作家被传媒称为"beatniks"，即"垮掉分子"。这一称谓的词尾"nik"取自苏联发射的人造卫星——俄语称为"sputnik"，带有明显的贬义。早在1955 年，著名散文作家和文学研究家马利科里姆·考利在《文学的境遇》中就对"垮掉的一代"做了这样的描述：

在美国，"存在一个人数相当众多的团体，这个团体不愿意顺从，反而鼓动激烈的造反。很难说它反对什么，因为在这个团体中没有任何纲领。或许它反对同代的另一些人所接受的法律、习俗、思维习惯和文学模式。这是一种个人主义者的造反，一种虚无主义的造反，每个造反者都简单地拒绝仿效任何一种成年人所提供的文学的和生活的模式。有些人崇拜酗酒、耍无赖、吸马里胡阿纳（印度大麻中所含的麻醉性毒——译注）或者是任何一种被禁的玩乐。不过，只有疯狂地驱车奔驰（假如他们有车的话）以及听爵士音乐，才使他们得到真正的享乐。他们喜欢'保持冷淡'，也就是袖手旁观。他们常常说他们是'underground'，——'地下室的人'，并自称是'The Beat Generation'。在以下两个方面，他们跟（合众国的）大多数寻常青年是相似的：他们对政治根本不感兴趣，并寻找某种无论如何也要相信的东西，寻找某种不管怎样只要能使他们安于自己的天地就行的宗教。"①

"垮掉的一代"不满于"沉默的一代"的惟命是从和追求物质享乐的社会风气，主张通过肉体和灵魂的裸露来重新发现自我。他们比60 年代的反叛青年早一辈，无论从思想上还是行为上，他们都可以算作是60 年代青年反叛的先驱。他们故意嘲弄和破坏主流文化的道德规范，并反其道而为之。他们抛弃流行的生活方式，过着一种同时代的美国人认为不道德的生活。"垮掉的一代"最早在行动上表达了60 年代的反叛意识。

1955 年，金斯伯格发表了新诗《嚎叫》。在这首诗中，他揭露了冷战时期美国社会对青年一代的摧残，描写了年轻的应征入伍者参加体格检查时的情景："他们失声恸哭在白色凄凉的体育馆内一丝不挂在如同骷髅般的机械前颤栗不已。"他要表明的是：应征者被剥去的不只是衣服，而且还有他们的血肉，他们被变成机械般的骷髅，变成了使吞噬一切的机器得以运转的零部件。② 在诗中，

---

① 参阅王念宁编译：《西方跨掉的一代》，《青年研究》，1985 年12 月，第46 页。

② 参阅詹姆斯·A·W·海弗南：《政治与自由》，见［美］费林格蒂等著，文楚安主编：《透视美国》，成都，四川文艺出版社，2002 年9 月版，第158、159 页。

金斯伯格将战争机器看作是强大的毁灭力量，发出了60年代青年反战思潮的先声。这首诗反映了青年们的愤懑之情和追求刺激、麻醉自己的思想。虽然它被正统文学界视为"有失体统"，但却成为"垮掉的一代"的圣经和一种新的青年文化的宣言书。据说，当1955年金斯伯格在旧金山向观众阅读这首著名的诗作时，"在20世纪的美国，朗读诗文第一次成了改变生活的公共行为。"①这首诗在十年中卖出了10万份，成为那个时代最受欢迎的诗歌，而金斯伯格本人则成为新的青年文化的精神领袖。

梅勒是洞悉在50年代即将发生某种重要变化的人物之一。在1957年出版的《白种黑人》一书中，他注意到美国白人中的一种新现象，称为"嬉皮士"。他认为这是一种得到广泛模仿的形象。梅勒指出，嬉皮士不必然是政治激进主义者，但他不可避免地会因社会保守力量对其自由的否定而被激怒，从而对社会恐怖做出"激进的理解"。②梅勒估计嬉皮士的数量虽然不到10万人，但重要的是他们兼有精英的潜在无情（potential ruthlessness of an elite）和多数青少年能够靠直觉理解的语言。梅勒认为，他们的潜力，就在于他们对现实的看法和青年的经历及其反叛倾向是一致的。③青年中出现的嬉皮士现象，是整个制度中的裂缝，是一种"新精神"的先导。这种"新精神"在60年代的反战思潮中得到了充分的展现，嬉皮士运动也因而带有了更多的政治色彩。

凯鲁亚克（Kerouac）的著作《在路上》也是"垮掉的一代"最有影响力的书籍之一。汤姆·海登认为，《在路上》所要表达的重点是：美国人的自由是来到路上并认识将在那里意外发现的经历和人的冒险旅行。这种思想对于青年的影响正像海登感受到的那样，它加强了自己"到一个情感和理智的荒野冒险旅行"的"深切愿望"。海登认为小说中的游历者迪恩·莫里阿迪（Dean Moriarty）就像50年代电视西部片中的英雄一样，是一个强大的反叛者，一个试图脱离新郊区——它们现在占据着以往广袤的美国边疆——的牛仔和探险者的混合形象。这一形象对于想要过一种"丰富而冒险"的生活的青年具有很大的吸引力。④《在路上》不加修饰的自发性话语和充满活力的人物形象令人

————————

　① Tod Gitlin, *The Sixties*: *Years of Hope*, *Days of Rage*, （New York：Bantam Books, 1987），p. 45.

　② 参阅 Norman Mailer, *The White Negro*, （San Francisco：Dissent Publishing Associates, 1957），pp. 15～16.

　③ Ibid. , p. 6.

　④ 参阅 Dominick Cavallo, *A Fiction of the Past*, （New York：Palgrave, 1999），p. 69.

振奋。其人物形象永远在行动，传达了他们对生活的不满和摆脱中产阶级限制的兴奋感。中产阶级是美国社会的聚焦点，它最典型地反映了美利坚民族的精神、信仰和价值观，然而在战后的大部分中产阶级青年眼里，传统的信仰已日趋瓦解，新的信仰又杳无踪影，在惶惶不安的焦虑困窘中，中产阶级青年的反传统心理正积聚着能量。

"垮掉的一代"的青年常常以吸毒、性等反道德乃至于近乎自虐的方式作为排遣内心的愤懑和反叛情绪的手段，这也是历史使然。历史向来如此：无论何种社会形态，青年往往是社会的晴雨表。在二战后的社会环境中，由于青年在社会中所处政治、经济、文化地位，以及异己的社会高压氛围，他们无法与强大的社会机制抗争，他们表达自我情感和思想的方式受到很大限制，自然会采取一些比较极端的方式，以凸现自己与主流社会的疏离。因此，"这些夸张举止的意义，完全不在于行为的内容，而在于'与众不同'的形式，在于惊人的风格让人注目"。① 而"垮掉的一代"的代言者们为了唤醒民众，也往往以直白的、激烈的，甚至冲动和挑衅的语言唤起社会的关注，争取话语权利，这在他们的早期作品中表现尤为明显。

对于"垮掉的一代"来说，"尽管他们还留在美国，但是在内心里已经成为侨民。这是一种特殊的侨民：他们不想参与由'死硬派'掌实权的生活。"他们认为，这些"死硬派"正在"利用智慧、科学和技术把人类引向世界大战。这些策动战争的'死硬派'把别人推出去对大量的罪行承担杀人责任，并运用一切可能的思想手段为这些罪行辩解。"② 在"精神血统"上，他们已不同于传统的美国人。"垮掉的一代"并未向"死硬派"展开斗争，他们没有拿出自己的思想和行动纲领来与之抗衡。"垮掉的一代"仅仅是用自己不成熟青年所具有的"早熟性"来反对冷酷的交易社会，他们反叛的价值主要在于表明资产阶级世界正在腐烂，它不能建立新的道德价值和新的生活结构模式。"垮掉的一代"对时代的关注一刻未停，对政治欺骗、军火威胁、世界和平、环境污染、人格异化都表达了他们的判断和要求，人道主义、人文深度在个体生命中得以深沉释展。尽管"垮掉的一代"对当时心满意足、平平安安的美国社会并没有造成太大的损害，但重要的是，他们以自己独特的方式解构着主流社会和主流文化，预示着未来的风暴。

---

① K. H. Wolff (ed. &trans.), *The Sociology of Georg Simmel*, (New York：Free Press, 1950), p. 420.
② 王念宁编译：《西方跨掉的一代》，《青年研究》，1985 年12 月，第46、47 页。

4.1.2.2 新左派思想家登上历史舞台

在"垮掉的一代"反思文化的同时，新左派思想家登上了历史舞台，代表人物有美国社会学家C·赖特·米尔斯（C. Wright Mills）、社会评论家兼文学家保罗·古德曼、史学家威廉·A·威廉姆斯以及法兰克福学派"社会批判理论"第一代学者赫伯特·马尔库塞（Herbert Marcuse）等。他们在思想上对美国社会及其制度展开激烈的批判，并希望青年一代能够担当起改良社会的任务。

赖特·米尔斯被认为是新左派运动的理论先驱。他认为，大商业和大政府的本质使中产阶级的白领职业者成了"把社会裹束在一起的那些巨大的权威链条上一群可替换的部件"，成了"政治上的哑子"。① 操纵美国的实际上是"军工共同体"。经济财阀与高级军人结成同盟，控制着美国的权力，而富裕起来的美国中产阶级实际上没起什么作用。这对于一向自认为美国社会中坚的中产阶级无疑是当头一棒。

他指出，后工业社会出现的各种社会问题归根结底是政府"不负责任的政治"造成的。人们不仅对自身命运失去了控制，（政府的）责任感也正在消失，而且变得公开不负责任。因此，人们必须让掌权的人对重大事件负责，必须揭穿他们声称不负任何责任的荒谬借口。② 制定政策的人应对社会和人民负责。但是，可惜的是，人们对此并没有充分意识到。米尔斯提醒人们，"现在需要的是一个有助于文化发展的政治思想。这种思想之所以不存在，是因为人们不知道哪些价值受到了破坏，及其表现在何处。"③

那么，谁能站出来指责政府不负责任的政治行为呢？米尔斯的回答是：知识分子。"除了知识分子，还有谁更能了解历史上具有创造历史意义的决定的作用？还有谁更有资格懂得，命运应成为政治问题？"④ 米尔斯并不是相信知识真的可以立即转化为权力，他明白美国的知识分子根本不是什么权力精英，但他还是对他们寄予希望，要求他们运用社会结构知识和历史知识介入社会议题的讨论。60年代，米尔斯在《新左派评论》上发表了《给新左派的信》，明确指出青年知识分子可以取代无产阶级成为一支可能的激进的变革力量。他

---

① C. Wright. Mills, "Introduction," White Collar: the American Middle Classes, （New York: Oxford University Press, 1951）, p. xvii.

② 参阅 Carl Oglesby, ed., The New Left Reader, （New York: Grove Press, Inc., 1969）, p. 24.

③ Ibid., p. 26.

④ Ibid., p. 25.

认为："一般而言，只有在工业化一定［早期］的阶段及实行政治独裁的国家里，以挣工资养家糊口的工人们才有可能成为一个为自己奋斗的阶级。"而在发达资本主义社会中，"考虑到社会集团的结构状况，最有可能继续进行反对现行体制斗争的社会集团是知识分子。"他的思想与加尔布雷思颇为相似。早在 50 年代，加尔布雷思就"认为现代工业体系必然有其相应的产物，即富裕的经济，它可以承受阶级之间的冲突，极大地减少围绕'社会本身目标'展开的斗争"。像米尔斯一样，他也注意到"特别是在学生和知识分子中，出现了一种敌视正统的社会思想道德的不满情绪。"① 他们敏锐地觉察到发达资本主义社会阶级状况的变化和一种新的反体制形式的出现。尽管这种思想有夸大青年学生和知识分子力量之嫌，但其对美国青年精神上的鼓舞以及青年反叛思潮和运动所起的指导作用却不容忽视。后来的一位学生领袖公开宣称：

"米尔斯是我们的楷模，《权力精英》是我们的圣经。"②

50 年代后期，保罗·古德曼与威廉·A·威廉姆斯对美国社会制度提出了尖锐的批评。古德曼认为美国虽拥有大量财产，但青年中却出现了"异化"的现象，出现很多违背理性的思想与行为，他所著《荒诞的成长》一书表现了文化反叛运动的初期活动。这本书指出了当时青年一代所处的困境，引起了强烈共鸣。《荒诞的成长》的直接主题是青年，主要是那些逃避现实、堕入"垮掉"亚文化群的人和因犯罪而落入法网者。它的真正主题则是艾森豪威尔时期的美国，这是一个古德曼认为不给青年一代成长余地的社会。世界显得"荒谬"而毫无意义；它未能提供令人满意的任务和楷模。因此，青年人不是单纯地逃避现实；毋宁说，他们是在以实际行动对一个有组织的体制进行批判，而这种批判在某种意义上得到所有人的支持。这本书深刻揭示了青年反叛的社会原因，"在很大程度上活跃了 60 年代知识分子的整个思想方法"。③

---

① 相关论述见 C·赖特·米尔斯：《权力、政治与人民》（纽约，巴兰坦出版公司，1963 年版），第 256 页；约翰·肯尼斯·加尔布雷思：《新兴工业国家》（纽约，图章出版公司，1968 年版），第 330 ~331 页。转引自［美］西摩·马丁·李普塞特：《一致与冲突》，张华青等译，上海，上海出版社，1995 年版，第 114 页。

② James Miller, *Democracy is in the Street*（《民主走上大街》），纽约 1987 年版，第 86 页。转引自张友伦等：《美国历史上的社会运动和政府改革》，天津，天津教育出版社，1992 年 2 月版，第 309 页。需要指出的是，米尔斯还写出了《社会学的想像力》等有影响的著作，新左派青年之所以特别推崇《权力精英》一书，主要是因为该书对美国体制的攻击暗合了他们的思想倾向。

③ ［美］莫里斯·迪克斯坦：《伊甸园之门》，方晓光译，上海，上海外语教育出版社，1985 年 8 月版，第 77 页。

威廉姆斯于1959年出版了《美国外交的悲剧》一书，并创建了美国外交史研究的"修正学派"。该学派对美国外交政策做出与美国主流意识形态完全不同的解释。威廉姆斯认为，冷战的责任不在苏联一方，而在美国自身。他从史学家的角度对当时流行的"美国社会利益一致化"进行了分析，认为美国的自然环境日趋恶化，引发了工业发展之初的种种矛盾，为寻找逃避社会灾难的出路，美国只能对外扩张。威廉姆斯的观点可谓石破天惊，它使美国人对传统的思想产生了怀疑，美国外交政策的合理性开始动摇。正如前面提到的，他的理论成为后来反战思潮和运动的重要思想依据。

对青年人影响最大的可能要数赫伯特·马尔库塞了。他在二战后撰写的著作中，对资本主义社会存在的种种弊端进行了尖锐而深刻的批判。他在实际行动中则一贯同情和支持西方社会中激进的学生运动。他的理论被称为"青年造反哲学"。他强烈反对美帝国主义发动的侵略战争和镇压第三世界民族解放运动的政策。在著作中，他号召非生产性的社会阶层运用非暴力的手段，即宣传、罢课、静坐、游行示威甚至开展"性解放"运动等方式进行斗争，驱除压抑。他的理论在青年中产生了极大的反响，对于反主流文化运动（这里指广义上的反主流文化运动）的兴起有着很大的影响。新左派的一位领袖盖哥·卡尔沃特（Greg Calvert）曾写道：

"赫伯特·马尔库塞的书，尤其是《爱欲与文明》，是对60年代早期运动影响最大的书。"①

实际上，他的思想一直到后来的青年反战思潮和运动仍然深深影响着青年们的思想和行为。

青年对"垮掉的一代"和新左派知识分子推崇备至，在成长的过程中，他们亲身感受着不断加深的文化失范，并在激进知识分子的反思中汲取着营养。1951年刚刚进入50年代时，"气象员"派领导人马克·鲁德3岁，马里奥·萨维奥8岁，黑豹党领导人休伊·牛顿10岁，他们在美国文化生活中的激进情感不断滋长和反叛意识渐趋风行的氛围中成长起来，随着他们步入青年阶段，青春期特有的激情使他们掀起了一场追求自由、民主和尊重人性的气势恢弘的反叛运动。在50年代的长期冷漠之后，他们"不仅开始发出疑问，而

---

① Allen J. Matusow, *The Unraveling of America: a History of Liberalism in the 1960s*, (New York: Harper & Row, 1984), p. 321.

且在找到答案后，开始按照那些答案行动。"① 这是青年人在文化失范中寻求新的生活方式、构筑新的价值体系的一种尝试。

4.1.3 有利于青年激进思潮生长的政治气候

尽管在50 年代的美国也有受过良好教育的和富裕的青年学生与美国传统价值观相疏离，但当时并没有出现大规模的青年反叛思潮和运动。从根本上说，"他们的疏离是非政治的（apolitical）"，"50 年代是沉默的年代。"② 50 年代，虽然美国的贫困和种族不平等现象比60 年代更为普遍，但持不同见解的青年学生却并不像后来那样予以关注。只是到了60 年代，青年思潮和运动才具有了更多的政治色彩，其规模和声势也达到了前所未有的水平。

任何政治思潮和运动的发生，都离不开一定的政治环境和政治意识，青年反战思潮也不例外。总的说来，美国50 年代末60 年代初的政治气候是有利于青年激进思潮和运动的产生的。

4.1.3.1 麦卡锡主义的衰退为青年的政治表达提供了宽松的社会环境

如前所述，二战后，随着冷战铁幕的降临，美国国内滋生出一股煽动性的政治势力——麦卡锡主义，其目的是要根除美国文化和学术生活中的激进思想和不同政见。从20 世纪40 年代末到60 年代初，反共的意识形态渗透进美国的教育、文化和政治领域的各个层面，美国的持不同政见者付出了职业生涯被扼杀的惨痛代价，左翼力量受到空前的打击，一些左翼的工会和文化组织被排除在主流社会之外。麦卡锡主义扼杀了美国思想界的自由讨论，制造了一场现代的恐怖政治。虽然美国从未正式限制过表达不同政见的自由，但只有那些愿意研究"无争议问题"的人才有可能获得出版权、研究许可和政府津贴。因此，那时人们可能获得一笔丰厚的资助去采访古巴流亡者，以了解卡斯特罗统治下的古巴的"真实状况"，但如果想去古巴研究革命政府的普及教育和大众健康计划，就不可能得到任何支持。麦卡锡主义把美国的民主体制变成了一种不经正当程序而剥夺个人权利和自由的"暴政"。

麦卡锡主义对人的个性与自由的压制遭到人们的抵制。B·T·哈利森认为，麦卡锡主义并不能扑灭火焰，在很多情况下，它只是火上浇油。1954 年，当密歇根大学的一位教授因宣称"困扰这一代人的不是共产主义幽灵，而是麦卡锡主义的力量和模式"被学校解雇时，一位后来的SDS 成员第一次参加

---

① Thomas Powers, *The War at Home*, (New York: Grossman Publishers, 1973), p. 33.
② 参阅 From a Special Issue of Fortune, *Youth in Turmoil*, (New York: Time, Inc. , 1969), p. 18.

了政治示威游行。实际上，教授们被解雇了，结果使学生们变得激进化了。①
甚至联邦最高法院大法官威廉·道格拉斯对麦卡锡主义也深表忧虑。他指出，
麦卡锡主义"使我们的思想僵化，缩小了自由的公共讨论的空间，把许多有
思想的人逼到了无路可走的地步"。在他看来，世界上的问题是复杂的，"没
有一个人或一群人能够掌握在解决当前世界事务时所面临的诸多复杂问题的答
案"。美国的强大并不在于其物质力量，而在于精神力量，在于它能容忍"一
个完整的思想市场"（a whole marketplace of ideas），而麦卡锡主义恰恰是在扼
杀这个思想市场。他尤其担心，如果青年人不随大流加入反共的行列，他们就
可能被当成"颠覆分子"（subversive）来对待，那么美国的未来是没有希
望的。②

麦卡锡主义的过火使民众恐惧、厌恶，也使执政的共和党和最高政权机关
的威望受到损害。到1953年，甚至连艾森豪威尔也对麦卡锡感到恼火。1954
年12月，参议院以67票对22票通过了对麦卡锡加以制裁的决议。③ 50年代
末，麦卡锡主义已经衰退，自由主义者从以往的恐慌中崛起，自由言论问题再
次引来了众多支持者。尤其是到60年代初，国际政治环境的变化使人们相信，
美国不再是一个被国际共产主义所包围的社会，在许多人看来，这时的共产主
义阵营已经分裂，统一的共产主义阵营已经不再存在。如果说三四十年代共产
主义者对一个国家的接管会增加对"民主世界"的威胁，那么在"多中心主
义"的时代，共产主义的扩张不再意味着苏联或中国势力的扩张，不管局势
多么令人遗憾，它都不会对"民主国家"的安全构成致命的战略威胁。④ 因
此，像以往那样"表现"对美国制度的忠诚不再必要了。

1961年，肯尼迪入主白宫，这更造就了有利于青年政治表达的氛围。中
产阶级青年将自由主义的肯尼迪视为自己的政治偶像，对他们来说，肯尼迪代
表了一种大众美德，他的形象与麦卡锡之流形成了鲜明对比。他的言谈举止似
乎向人们保证，活力会代替自满，社会邪恶会得到纠正，一个更加自由、民主

① 参阅 Charles Debenedentti, *An American Ordeal*, (New York: Syracuse University Press, 1990),
p. 105.

② William O. Douglas, "the Black Silence of Fear," *The New York Times Magazine*, January13, 1952,
p. 38.

③ 参阅刘绪贻:《20世纪30年代以来美国史论丛》，北京，中国社会科学出版社，2001年5月，
第352页。

④ 参阅 Arthur M. Schlesinger, *The Bitter Heritage: Vietnam and American Democracy*, 1941 ~ 1966,
(London: Deutsch, 1967), pp. 78 ~ 79.

的时代到来了。

社会大气候的变化，理所当然地也影响到校园里的小气候，历史学家理查德·奥曼指出，"麦卡锡时期被迫从学术讨论中清除掉的观念和世界观重又出现在丰富多彩的学术和教学活动当中。"① 在长期的压制之后，相对宽松的政治环境为青年自我表达、发泄不满提供了便利条件。

4.1.3.2　国内外一系列政治事件促进了青年的政治反叛意识

从50 年代后期到60 年代初期，美国国内和国际上发生的一系列事件促进了青年的政治反叛意识，使他们在"沉默的一代"、"垮掉的一代"之后，成为变革社会的"反叛的一代"。这些事件主要包括：

第一，民权运动。美国的民权运动兴起于二战之后，它标志着美国黑人的高度觉醒，是美国黑人反对种族隔离和歧视、争取民主权利运动的里程碑。

早在 1954 年，美国最高法院就做出裁决，反对种族隔离的学校制度。厄尔·沃伦首席大法官宣布："在公共教育这一领域是没有'隔离但平等'原则的地位的"，"隔离的教育设施生来就是不平等的"；要求隔离学校的法律，是违反第十四条修正案的平等法律保护条款的。② 这一事件开始打破种族隔离的坚冰。1955 年，马丁·路德·金在蒙哥马利城（Montgomery）组织了一次抵制公共汽车的运动，"重新开启了为冷战结束了的社会议程"。③ 它不仅把反种族隔离的挑战扩展到教育领域之外，而且首次采取了在 60 年代新左派运动中发挥了重大作用的直接行动战术（tactic of direct action）。从 1957 年到 1962 年，金和他领导的 SCLC 组织多次在南方发动斗争，北方的民权组织也在南方开展了静坐示威、"自由乘客"等运动。民权运动不只是由黑人参加的运动，

①　Richard Ohmann, letter to editor, *New York Review of Books*（4December1986）, p. 60. 转引自 Stewart Burns, *Social Movements of the1960s: Searching for Democracy*,（Boston: Twayne Publishers, 1990）, p. 166.

②　参阅李道揆：《美国政府和美国政治》，北京，商务印书馆，1999 年版，第 35 页。

③　Paul Buhle, *Marxism in the United States*,（London and New York: Verso, 1991）, p. 224. 蒙哥马利城公共汽车乘客中有 75% 是黑人，他们对于公共汽车的种族隔离和白人司机对黑人的凌辱早已忍无可忍。1955 年 12 月 1 日，亚拉巴马州首府蒙哥马利城有色人种协会分会秘书罗莎·帕克斯夫人乘坐公共汽车时坐在白人席上，因拒绝让座给白人而被警察逮捕，并被控告违反市公共汽车关于种族隔离的法规。对于这一事件，协进会分会和当地黑人领袖决定 5 日在全市开始黑人直接行动，抵制市公共汽车。5 日那天，无一黑人乘坐公共汽车。轰动全国的蒙哥马利城反对种族隔离的群众斗争开始了。经过一年的艰苦斗争，这场斗争最终取得胜利，公共汽车公司被迫取消了种族隔离。它是黑人在整个南方第一次以非暴力进行的群众抗议斗争，突破了协进会局限于法庭的斗争方式，在黑人民权运动史上写下了光辉的一页。

它同时得到许多白人的支持；它不仅是美国黑人运动历史的分水岭，而且为白人、尤其是白人学生（大多来自中产阶级家庭）受到压抑的精神和对冒险的渴望提供了发泄口，在成千上万的白人青年心中燃起了他们对美国生活"虚伪和不公正的感受"。对种族主义的道德愤怒和创造一个公正社会的渴望激发着白人参加美国黑人事业的决心。① 由于民权运动比反战思潮更早地树立起声威，许多后来的反战青年也有参加民权运动的经历。如 SDS 领袖汤姆·海登就曾在南方各地为民权奔走，与白人种族主义者作斗争。60 年代初，随着参与的深入，新左派组织 SDS 在某些方面甚至成了南方黑人学生民权运动的领导中心 SNCC 的"白人版本"。②

对于许多反战青年来说，民权运动是他们走向政治活动的第一步。他们认为："对美国政客们产生了影响的民权运动，几乎是校园反战行动主义的必要[先决]条件。"③ 当海登于 1960 年前去民主党全国会议进行报道时，对他产生巨大影响的不是约翰·肯尼迪，而是马丁·路德·金。他认为与金的会面使他发生了转变。而海登的转变不是唯一的。当 60 年代初期伯克利的"自由言论运动"发生时，政府对一些印刷品予以取缔，这其中就包括了马里奥·萨维奥等曾去南方为民权运动工作过的学生制作的手册。④ 这说明青年的政治反叛意识正在形成。

在民权运动中，青年们逐渐形成了批判性的世界观，他们也开始相信自己的行动能力。他们的经历使他们发生了变化，产生了弗雷德·哈利斯所谓的"转型效应"（transforming effects）。⑤ 民权运动启迪青年们要为争取和维护自身的权利而斗争，当越战最终使青年的个人权利遭到破坏时，他们从民权运动中接受的教育因素便转而成为维护自身权利的武器。可以说，青年反战思潮和运动是民权运动合乎逻辑的延伸，在一定意义上甚至是其组成部分。

第二，卡斯特罗革命政府的成立。1959 年 1 月，卡斯特罗率领古巴起义军推翻了美国支持的巴蒂斯塔独裁政权，成立了革命政府，并出任政府总理（后改称部长会议主席）。这一事件对美国的青年学生产生了持久而巨大的影

---

① 参阅 Dominick Cavallo, *A Fiction of the Past*, （New York：Palgrave, 1999）, p. 72.

② Stewart Burns, *Social Movements of the 1960s: Searching for Democracy*, （Boston：Twayne Publishers, 1990）, p. 56.

③ Sam Brown, "The Politics of Peace," *The Washington Monthly*, Vol. 10 （August, 1965）, p. 27.

④ Walter L. Hixson, *The Vietnam Antiwar Movement*, （New York and London：Garland Publishing, Inc., 2000）, p. 33.

⑤ Fred R. Harris, *America's Democracy*, （Soston：Scott, Foresman and Company, 1986）, p. 373.

响。他们主要是通过同情革命的书籍和杂志——其中包括里奥·休伯曼和保罗·斯维兹的《古巴：对一次革命的分析》以及赖特·米尔斯的《听，美国佬：古巴革命》——了解古巴情况的。里奥·休伯曼等人指出，古巴的新制度进行了前所未有的经济社会改革，绝大多数人民享受到了历史上从未有过的自由。他们告诫人们，不要让任何善良的人为"古巴是某种极权主义独裁国家"的反革命宣传所欺骗。他们满怀激情地声称："古巴革命在继续前进，它集聚着力量和自信，并以非凡的榜样激励着各地的青年和受压迫者，为人类更加光明的社会主义前途开辟着道路。"① 通过他们的描写和议论，美国青年较全面地了解了古巴革命，并因而产生出无限的向往。在《听，美国佬》中，米尔斯确信，卡斯特罗和他的指挥层既不属于资本主义阵营也不属于共产主义阵营，而是"后斯大林时期"的革命者，是新的反美激进主义者，实际上是世界上首先取得胜利的新左派。② 这似乎实现了米尔斯在《给新左派的信》中表达的愿望，即以一支新的学生和知识分子力量取代马克思主义对工人阶级的"迷信"。

在一些人看来，古巴革命象征着欠发达国家中的非共产主义革命，这使那些对老左派已经失望、正在寻找新的革命理论和英雄形象的青年看到了进行社会变革的新的希望。而对一些青年学生——尤其是那些生活在舒适、安全和相对没有挑战性的环境中的学生——来说，古巴革命唤起了他们浪漫的想象。尽管后来指责卡斯特罗的声音有所增多，但即使在 1962 年 10 月古巴导弹危机之后，学运刊物上的文章仍然与古巴革命的声音保持一致。古巴革命对新左派发展的重要性甚至超过了冷战，许多追求革命、理想或英雄的政治化了的学生在卡斯特罗及其伙伴身上发现了这些因素。对一些人来说，古巴的经历证实了，导致制度变迁的革命行动也可能出现在美国。而古巴革命者的言论也激励着美国青年。切·格瓦拉曾这样告诉来访的美国青年："你们北美人非常幸运。你们生活在野兽的核心。你们投身到了最重要的战争当中。"③ 这无疑是战斗的动员令。

---

① Leo Huberman and Paul M. Sweezy, Cuba: *Anatomy of a Revolution* (Second Edition), (New York: Monthly Review Press, 1961), pp. 145, 156, 157, 173.

② C. Wright Mills, Listen, Yankee: *the Revolution in Cuba*, (New York, Toronto, London: McGraw-Hill Book Company, Inc., 1960), p. 43.

③ Jerry Rubin, Do It! *Scenarios of the Revolution*, (New York: Ballantine, 1970), 20. 转引自 Melvin Small, *Antiwarriors*, (Wilmington, Delaware: Scholarly Resources Inc., 2002), p. 8.

在对待这一事件的态度上，青年们抛弃了老一代认为的"革命会导致极权主义、新的强烈的剥削形式和对公众意志愤世嫉俗的背叛"的观念，他们认为这"只是在为面对不可忍受的现状时的无所作为辩护。"① 古巴革命让处于压抑中的青年看到了一种全然不同的生活方式，并从中发现了解除压抑的现实途径。

托克维尔认为，革命的发生并非总是因为人们的处境越来越坏，当人们耐心忍受着苦难，以为这是不可避免的时候，他们是不会产生革命的冲动的；而当人们不仅意识到了苦难，而且认识到消除苦难、打破现状的可能性的时候，苦难就变得无法忍受了，革命就有可能发生。② 60 年代，原本幸运但不安分的美国青年受外界批判意识和反叛行动③的影响，他们的不满在增长，他们变革社会的愿望更为急迫。

第三，拯救卡莱尔·查士曼之战。④ 这一事件发生在 1960 年初。查士曼是一个罪犯，他在 1948 年 1 月因所犯的十七宗重罪被判处死刑。在狱中，他通过自学，研究了法律，成了一名"知识分子"，写了一本传记和大量文章，并成功地请求到八次缓刑。查士曼的智慧和文学才能赢得了学生们的羡慕。它在法庭上公然拒绝接受法官的判决，给旁观者留下了深刻印象，同时也吸引了一些学生。学生们相信，查士曼变了，因此应该得到缓刑。这样就形成了对立的双方：一边是查士曼，他为自己的清白辩护，并且饱受着巨大的精神折磨；另一边则是法官和早就主张取消死刑，并在两月前答应给查士曼缓刑，现在却又拒绝这样做的州长潘特·布朗（Pat Brown）。在学生们看来，法律只是帮助富人的，对查士曼的生命则漠然置之。查士曼最终被执行了死刑。不论是情感上还是政治上，这件事都使许多学生走向激进，并激起人们对法律的置疑。

青年学生为什么会站在一个罪犯一边？这是因为：首先，查士曼的所作所

---

① Seymour Martin Lipset, *Rebellion in the University*, (Chicago: the University of Chicago Press, 1971), p. 11.

② 参阅 ［法］托克维尔：《旧制度与大革命》，冯棠译，北京，商务印书馆，1996 年版，第 210 页。

③ 这其中还包括阿拉伯人民的民族解放运动、中国的"文化大革命"和东欧国家对斯大林模式的反思等等。这时，托洛茨基、蒲鲁东、古巴的卡斯特罗和格瓦拉，以及毛泽东都成为美国青年崇拜的偶像。

④ 以下两个事件参阅 Edward J. Bacciocco, Jr., *The New Left in America*, (Stanford, Calif: Hoover Institution Press, 1974), pp. 24~27.

为塑造了一个反叛者的形象，这对于倍感压抑、寻求发泄的青年无疑具有很大的吸引力。其次，青年们开始意识到个人行为背后的社会原因。拉尔夫·达仁道夫讲得很精辟：

"在很多国家里，人们希望受过刑事处分的人重返社会，以此取代较早的惩罪和威慑原则。在所有这一切的背后，隐藏着这样的思想，即认为个人是社会力量和社会环境的产物，因此，不能让他们个人来对他们的行为负责。人格化的统治丧失了它的光芒，对于很多人来说，它失去了存在的理由。"①

通过对置身主流社会之外的犯罪者的支持，青年们要表达的是对于社会问题的关注和变革社会的渴望。

第四，扰乱旧金山"议会非美行动委员会"。查士曼死去不过两周，"议会非美行动委员会"在旧金山就所谓的共产党在海湾地区（Bay area）的活动质问证人。1960 年 5 月 12 日，一群学生在旧金山市政厅集会表达他们对该委员会的不满。尽管抗议活动的组织者告诉参与者要友善地对待任何人，但示威者们还是于 13 日这天转向了扰乱性的直接行动策略。之后，"议会非美行动委员会"制作了一部名为《行动废止》的影片，其中的一些片断有意表明学生的行动受到了共产党的指导。当影片在全国的大学校园放映时，遭到了许多学生的抗议；他们通过全国巡回演讲、辩论等形式进行了有效的反击。结果是，过去对"议会非美行动委员会"并不在意的学生也转变了态度，变得激进起来。之后，各种抗议群体开始在全国涌现。

这些事件促进了青年的政治反叛意识，青年的政治敏感性和参与社会的积极性提高了，他们渴望将自己的意愿表达于社会政治系统之中，让社会听到自己的声音。随着 SDS 等青年组织的出现，新左派形成并逐渐壮大起来。在 20 世纪 60 年代的美国社会里，政治的和文化的激进主义逐渐合谋，试图推翻在此之前形成的种种权威结构。

4.1.4　青年自身发展状况

要全面了解青年反战思潮的产生，还需要对其主体——青年——自身的发展状况做出具体分析。

青年是一个特殊的社会群体，他们有许多不同于其他群体的特性。青年是最活跃的社会群体之一。毛泽东在 20 世纪 50 年代就曾指出："青年是整个社

---

① ［英］拉尔夫·达仁道夫：《现代社会冲突》，林荣远译，北京，中国社会科学出版社，2000 年版，第 151 页。

会力量中的一部分最积极最有生气的力量。他们最肯学习，最少保守思想……。"① 这是因为，青年具有未定性，也就是未特定性、不定性、可塑性和弹性。人的未定性是指人具有的那种开始并不把自己局限、限制、封锁在某一特定的范围或封闭的系统之内，而保留自己向各个方向发展可能的属性。社会未定性使青年最大限度地对未来开放，趋向未来成为青年所固有的或者说特有的本性。对青年而言，未来发展前景要比过去经验领域大得多，他们具有的传统意识最少，受传统的约束较少。这种向未来开放的思维方式也决定了青年的思想与行为往往超越于现实，不满于现状，具有"崇尚反叛和理想主义的自然倾向"。而他们"特殊的结构地位"也保护了这些倾向，② 使他们没有其他群体采取行动时的那么多限制。他们在物质上没有什么需要特别保护，并且他们大多数没有要为之负责的家庭和专职工作。他们比其他大多数人有更多的闲暇时间和自由支配时间，而较少失去什么。因此，他们更加勇于采取行动。除此之外，60 年代的美国青年所具有的其他一些鲜明特征，也使他们成为了变革社会的主导力量。

4.1.4.1 青年独立意识增强

60 年代的美国是一个快速变化的社会。肯尼斯·坎尼斯通指出：

"1950 年的美国和 1960 年的美国之间的差异大于 1900 年的美国和 1910 年的美国之间的差异；因为革新的加速，每一个相继的十年中都有更多的事情更快地变化着。过去一个世纪才发生的社会变革现在在不到一代的时间里就发生了。"③

在这个社会中，社会分工越来越细，人们所从事的工作差异越来越大，人员的流动性也越来越强，以往社会里由于对某项技能或工艺的掌握或垄断而享有的威望和尊重不复存在。这时，"在许多富裕的家庭里，儿子不尊重父亲的权威，因为他没有理由将父亲的经历看得与自己有什么关系。在高度专业化、不断再组织、日益国际化的白领管理者的世界里，儿子们甚至常常不清楚他们的父亲们成天做些什么，对他们来说，设想某一天他们可能会做着同样的事情

---

① 共青团中央、中共中央文献研究室编：《毛泽东邓小平江泽民论青少年和青少年工作》，北京，中央文献出版社、中国青年出版社，2000 年版，第 108 页。

② ［英］戴维·米勒、韦农·波格丹诺编：《布莱克维尔政治学百科全书》（下），中国问题研究所等组织翻译，北京，中国政法大学出版社，1992 年 6 月版，第 807 页。

③ Kenneth Keniston, *Youth and Dissent*: *the Rise of a New Opposition*, (New York: Harcourt Brace Jovanovich, 1971), p. 65.

往往是不现实的。这样，快速变迁导致了可以被称作父亲权威危机的现象。"①
对此，玛格丽特·米德有过形象的描述：

"即使在不久以前，老一代仍然可以毫无愧色地训斥年轻一代：'你应该明白，在这个世界上我曾年轻过，而你却未老过。'但是，现在的年轻一代却能够理直气壮地回答：'在今天这个世界上，我是年轻的，而你却从未年轻过，并且永远不可能再年轻。'"②

60 年代的年轻一代生长在一个他们的长辈难以理解的世界中，青年和老一代之间产生了被称作"代沟"的代际冲突，老一代的权威在青年们面前坍塌了。于是，在美国社会中出现了一种新的现象：

"最狂妄的那些人炫示着写有'不要相信任何三十岁以上的人！'的横幅和徽章；这是令人痛苦的；多少三十岁以上的美国人想要再度变得年轻，想要分享青年们的风尚和热衷的东西。……'年轻就是好'，……'正如人们一度都想要有钱一样，现在人人都想变得年轻或显得年轻。服装样式、电影、书籍、音乐，甚至政治，都是倾向青年的'。"③

"代沟"现象所反映的，是青年对老一代所代表的社会秩序的质疑、不满和反动；青年因为反对现存社会秩序而与这种秩序的代表者相疏离。④

此外，美国历史上是一个等级制度不严格的社会，美国人的社会地位和个人命运具有很大的不确定性，美国社会各阶级、阶层对社会成员的约束性相对较小。在社会变化缓慢、人的身份较为确定的时候，人们可能会较多地受到所处社会阶级、阶层的教育和影响，从而在思想意识和行为方式上表现出较大的不同。但在 60 年代这样变化迅速、人员流动性强的社会里，人们的身份变化加快，阶级、阶层归属感弱化。青年在这样的社会环境中成长，他们受到的阶级、阶层权威束缚较小，从而更加趋向于独立。

总之，60 年代美国家庭权威和阶级、阶层权威的弱化，使美国年轻一代有可能以独立的姿态投身到自己的运动中去，成为担负时代课题的独特社会力量。

---

① From a Special Issue of Fortune, *Youth in Turmoil*，（New York：Time，Inc.，1969），p. 25.

② ［美］玛格丽特·米德：《文化与承诺：一项有关代沟问题的研究》，周晓虹等译，石家庄，河北人民出版社，1987 年 12 月版，第 74 页。

③ ［美］威廉·曼彻斯特：《光荣与梦想》（下），广州外国语学院美英问题研究室翻译组、朱协译，海口，海南出版社、三环出版社，2004 年 3 月版，第 1123 页。

④ 从根本上说，在青年和老一辈之间并不存在"不可逾越的鸿沟"，社会总是在不同代人由差异和冲突走向相互衔接中发展进步的。

4.1.4.2 青年人数大量增加、群体意识增强

美国战后"生育高潮"(从1946年到1964年)出生的青年人数众多,在美国人口中所占比例较大。在二战后第一年,美国的出生人数就增长了10%。① 据曼彻斯特说,60年代初期,美国人口的半数在30岁以下;随后半数在27岁以下;再后的半数在25岁以下,并且其中17岁和17岁以下的占40%,18岁以下的增长速度4倍于其他人口的增长速度。② 1963年,15～24岁的人有2700万,到1967年27岁以下的人口约占美国人口的一半。③ 这为以青年为主体的反战思潮的兴起打下了基础。

此外,美国的大学教育在二战后得到了蓬勃发展,大学在美国社会中占据着相当关键的地位。60年代,美国的学生比农民多,也比矿工多,进行正式学习的人比从事建筑、运输或公共事业的人都多。④ 从1957年到1967年的10年间,18岁到24岁的在册大学生人数增加了一倍还多,由原来的220万增加到约510万。⑤ 这是因为,一方面,社会的繁荣为教育的发展奠定了坚实的物质基础。另一方面,自50年代以来,美国政府为了促进生产与科技的发展,大力进行智力投资,增加教育经费和研究经费。这时的大学"成了国家目的的主要工具。……铁路在19世纪后半期所起的作用和汽车在本世纪前半期所起的作用在本世纪后半期可以由知识工业完成了:即它起着国家发展焦点的作用。"⑥ 特别是1957年苏联发射了第一颗人造卫星,让美国猛然意识到一场教育危机。不久,用于外语突击计划的"国防"经费无意之间为各大学的比较文学系提供了资金。因此威廉·勒克坦博格(William Leuchtanburg)谈到,为联邦政府资助教育而大声疾呼的整整一代自由派未能完成的事业,冷战几乎一夜之间就完成了。⑦ 从1950年到1969年,各州政府的教育经费开支从14亿美

① 参阅 Walter L. Hixson, *The Vietnam Antiwar Movement*,(New York and London: Garland Publishing, Inc.,2000),p. 105.

② 参阅〔美〕威廉·曼彻斯特:《光荣与梦想》(下),广州外国语学院美英问题研究室翻译组、朱协译,海口,海南出版社、三环出版社,2004年3月版,第1123页。

③ George Katsiaficas, *The Imagination of the New Left*,(Massachusetts: South End Press Boston,1987),p. 26.

④ Ibid.,p. 26.

⑤ 参阅 From a Special Issue of Fortune, *Youth in Turmoil*,(New York: Time, Inc.,1969),p. 75.

⑥ Kirkpatrick Sale, *SDS*,(New York: Vintage Books, Random House, 1973),p. 22.

⑦ 参阅〔美〕莫里斯·迪克斯坦:《伊甸园之门》,方晓光译,上海,上海外语教育出版社,1985年8月版,第56页。

元增至 100 亿美元，而同期地方政府的教育经费开支大约增长了六倍。①

教育的发展，为青年群体意识的增强提供了条件。在马克思看来，工业无产阶级集结于工厂中，是工人能够发展出阶级意识的一种要素。我们同样可以认为，在大学这个集中了大批青年的学生共同体中，青年们容易感觉到他们具有共同的情感和不同于其他社会阶层的独立意识，这导致了青年一系列行为、活动和价值观的形成。而且，现代社会也为青年共同意识的形成提供了有利条件。现代科学技术的发展带来了通讯和大众传播的迅速发展，电视、电波等在青年意识的发展中占有重要的位置，而且这也为青年提供了表达意识和联络情感的工具。需要指出的是，现代传媒不仅驱散了青年学生中的孤立感，而且还使得在短时间内从不同的校园里动员起成千上万的学生成为可能的事情。

在 60 年代的美国，学生真正成了"国内最大的单一的共同利益集团。"②美国加州大学校长克拉克·科尔于 1963 年指出，大学生已把自己看成一个"阶级"，甚至有人认为是十足的无产阶级。③ 在这种条件下，青年以大学生为核心，成为一个具有统一性的并有一定能量的社会集团。青年及其社会集团所具有的特点使它实际上或潜在地成为变革和进步的力量。当社会发展提出变革要求时，青年往往最先反映和促进这种变革。

4.1.4.3　中产阶级家庭出生的青年社会地位有所下降

如前所述，60 年代青年反战思潮和运动的主体不是工人阶级或农民阶级，而是中产阶级的子女，尤其是其中的青年学生。这是因为，在五六十年代的美国，大学教育的普及程度还没有容纳大部分的工人和下层青年，他们还没有成为这个社会集团中的成员。据肯尼斯·J·海因曼（Kenneth J. Heineman）说，在 60 年代的大学生中，只有 17% 来自工人和中低阶级家庭。④ 当然，某些青年在大学生中所占的比例只是影响他们反叛意识的因素之一，而决不是唯一的因素。那些受技术官僚制的"组织枷锁"压迫更重的青年之所以没有成为反叛思潮的引领者和主要推动力量，从一定意义上说是因为资本主义社会的生命

---

① ［美］吉尔伯特·C·菲特等：《美国经济史》，司徒淳等译，沈阳，辽宁人民出版社，1981 年版，第 798、799 页。

② ［美］威廉·曼彻斯特：《光荣与梦想》（下），广州外国语学院美英问题研究室翻译组、朱协译，海口，海南出版社、三环出版社，2004 年 3 月版，第 1118 页。

③ 参阅张友伦等：《美国历史上的社会运动和政府改革》，天津，天津教育出版社，1992 年 2 月版，第 311 页。

④ 参阅 Kenneth J. Heineman, *Put Your Bodies upon the Wheels*: *Student Revolt in the 1960s*, （Chicago: I. R. Dee, 2001）, p. 17.

力还没有完结，它在给下层青年带来压迫的同时，也使他们看到了改善自己境况的希望，这在一定程度上限制了他们反叛社会的主动性和积极性。

而战后美国经济、科技和教育事业发展的副作用之一，是中产阶级家庭出身的青年社会地位的下降。以往，像加州大学伯克利分校这样的地方是培养美国社会思想贵族的场所，是美国中产阶级子弟巩固自己祖上社会地位的"俱乐部"和进身阶梯，然而战后大学已经成为美国社会这个特殊的历史环境的组成部分，成了保罗·古德曼所谓的权势集团的"婢女"。① 它为美国工业的需要服务，是一个生产某种工业和政府所需要的产品的工厂；它是专断的。在这样的学校里，"学生们感觉就像被当作 IBM 的员工一样对待。大学的官员认为在这些学生远离亲生父母时，他们是其代理父母。"② 大批学生丧失了跻身上流社会的机会，而是面临着沦为工人甚至失业的危险。大学里的青年学生，经历着新的世界、新的时代，他们对战后经济的巨大增长缺乏亲身经历与渐入佳境的意识，其心中的不满便毫无缓冲的余地。他们对现状的想法与父母一辈截然不同，他们觉得凡事都应该更美好更不同。对社会不尽如人意的地方，他们的承受能力也要差一些。这决定了中产阶级家庭出身的青年知识分子和学生成为反战思潮的主导力量。

总之，60 年代的社会历史状况为青年反战思潮的发生准备了条件。在影响反战思潮的背景因素中，经济因素具有基础性的意义。经济繁荣带来的解决社会问题的可能性与社会现实间的鲜明对比引发了青年对社会的不满；经济发展过程中产生了文化失范现象，使青年陷入苦闷、彷徨和思索之中，进而导致了新的意识的产生；经济繁荣推动了教育的发展，使青年中有可能产生出"学生文化"和强烈的群体意识，为反战思潮和运动做了思想上和组织上的准备。而越南战争则使美国社会内部针对种族主义、贫穷、消费主义和压制青年自由等社会问题的抗议紧密联系在一起，使早已蕴藏在青年中的反叛意识集中凸现并爆发出来，青年对社会的谴责趋于极端尖锐化。这是因为，战争总括了社会的邪恶：

"人的毁灭、环境的毁灭、技术的非人性运用、由富人和有权势的人向穷人和无助者发动的战争、基于抽象合理性、虚伪和谎言的理由，以及不顾及个

---

① Kirkpatrick Sale, *SDS*, (New York: Vintage Books, Random House, 1973), p. 86.

② Walter L. Hixson, *The Vietnam Antiwar Movement*, (New York and London: Garland Publishing, Inc., 2000), p. 106.

人良心、价值观和自我而使自己成为战争机器的一部分的要求和将死亡带给别人的无情发射物。"①

战争成了反叛意识的聚合点和爆发点。

4.2 对青年反战思潮社会历史背景的反思

通过对60 年代青年反战思潮社会历史背景的分析，我们发现，青年反叛意识和反叛思潮的产生是有一定的规律可寻的。揭示这些规律，可以进一步深化我们对青年思潮的认识，使我们在应对青年思潮时更加具有针对性和实效性。

4.2.1 青年思潮往往发生在社会转型过程中

60 年代的美国青年反战思潮发生在快速变化的现代化转型过程中。二战后的美国是一个加速变化的社会，青年反战思潮就出现在这个"快速而确定的变化时刻，出现在对传统状况出现疑问，特征（或'身份'）本身成为问题的时候。"在这个过程中，"大批突然无所适从的人寻求严格的自我控制（rigid self-control）；这时他们发现新的目标，梦想新的秩序，为有组织有纪律的活动组织他们的生活。"②

这表明，青年思潮或运动往往发生在社会变化迅速、矛盾集中的社会转折时期。清人梁启超在谈到社会思潮时说：

"今之恒言，曰'时代思潮'。此其语最妙于形容。凡文化发展之国，其国民于一时期中，因环境之变迁，与夫心理之感召，不期而思想之进路同趋于一方向，于是相与呼应汹涌，如潮然。"③

青年思潮的产生也是如此。一般说来，当社会处于正常发展阶段时，社会的信息反馈机制比较完善，占统治地位的意识形态也能够比较充分地反映青年成员的意愿和利益，因而较少产生青年思潮。但在社会面临重大转折的时期，社会的信息反馈机制严重失调，旧的意识形态已不能也来不及吸收和处理来自青年当中的社会信息，势必造成青年潜意识的大量产生和郁积。这些潜隐的社

---

① Charles A. Reich, *The Greening of America*, (New York: Random House, 1970), p. 206.

② Michael Walzer, *The Revolution of the Saints*, (Cambridge, MA: Harvard University Press, 1965), p. 317. 转引自 Adam Garfinkle, *Telltale Hearts*, (London: Macmillan Press Ltd., 1995), p. 137.

③ 梁启超：《清代学术概论》，北京，中华书局，1954 年，第1 页。

会心理因素，是青年思潮产生和存在的前提和基础，也是青年思潮的基本构成因素。

4.2.2　精神的压迫激发了"富裕社会"中青年的反叛行为

总的来看，60年代青年的反叛意识和行为主要不是因为物质的原因（当然并不排除物质的因素，如美国黑人反对种族隔离、要求平等就业等，就涉及到物质生活问题），而是因为精神的压迫。60年代的一代美国青年是在持续的富足中成长起来的，因此贫穷不是他们进行运动的主要根源，他们是因精神的压迫而抗争的。正如安琪楼·夸特罗其和汤姆·奈仁在讲述1968年法国革命时指出的："有史以来第一遭，人们革命不单为面包，还为蔷薇。"[①] 当美国的"披头士"乐队高唱"你所需要的只有爱……爱是你所需要的一切"时，他们所传达的也是这样一种信息。[②]

历史地看，在经济发展的同时出现激烈的社会冲突、甚至爆发革命的例子并不是孤立的现象。在解释法国革命时，托克维尔对经济的发展、特别是迅速的经济发展和政治动乱的相互关系作了精辟的论述。他指出，在这场革命之前，国家繁荣的步法不仅突飞猛进，而且是史无前例的。但这种繁荣却远没有使人民乐其所守，反而到处滋生着一种不安定的情绪，而且正是在法国那些发展最快、进步最明显的地方，人民大众的不满情绪最高。[③] 这表明，在经济增长以某种速度促进物质福利提高的同时，社会的怨愤却在以另一种更快的速度滋长着。我国学者王绍光等人在一份公开发表的调查报告中也指出：

"希望用经济增长来解决社会不稳定问题既不现实，又不会达到社会稳定的目标，……各国的历史经验告诉我们，只有公平的增长才会带来社会稳定；不公平的增长则往往带来社会不稳定甚至是社会动荡。……从中国历史来看，严重的社会危机通常发生在经济繁荣时期。"[④]

历史的经验告诉我们，经济的增长、物质生活的富足不会直接导致稳定，

---

① ［意］安琪楼·夸特罗其、［英］汤姆·奈仁：《法国1968：终结的开始》，赵刚译，北京，三联书店，2001年版，前言第23页。

② Daniel A. Foss and Ralph W. Larkin, "From 'the Gates of Eden' to 'Day of the Locust': An Analysis of the Dissident Youth Movement of the 1960s and its Heirs of the Early 1970s ——the Post-movement Groups," *Theory & Society*, Vol. 3, Issue 1 (Spring1976), p. 48.

③ 参阅［法］托克维尔：《旧制度与大革命》，冯棠译，北京，商务印书馆，1996年版，第204~213页。

④ 王绍光、胡鞍钢、丁元竹：《最严重的警告：经济繁荣背后的社会不稳定》，见 http://www.rainbowsoft.org/，原文参阅《战略与研究》，2002年第3期。

一个社会的经济繁荣期并不必然就是社会各方面协调发展的时期，在很多情况下，在经济的快速发展中会产生大量的非经济问题，形成诸多社会不稳定因素，使社会的运行不畅。青年思潮也往往产生在这个时期。因此，越是在经济取得了巨大成就的时候，越需要树立整体性思考问题的观点，将视野拓展到经济、政治、社会、文化等各个领域，综合解决社会协调发展的问题；在满足了人们的基本物质需求的同时，更要突出"以人为本"的理念，满足人们日益增长着的精神需求，关心弱势群体，促进社会的公平、公正，使人们在获得物质利益的同时也能感受到精神的愉悦。这正是今天我们党提出"科学发展观"和构建社会主义和谐社会的意义所在。

4.2.3　青年反叛思潮的根源在于社会自身

60 年代青年反叛思潮的主体是青年，但我们不能只从青年身上寻找原因；青年反叛思潮产生的根源往往不在青年自身，而在社会本身。

1981 年4 月，联邦德国一个专门的调查委员会在一项名为《民主国家的青年抗议》的调查报告中指出，发生在德国80 年代初的青年抗议行为[①]"起因不是青年人自己的问题，而是社会总体的问题。"该报告送呈联邦议院，带有官方色彩。调查委员会一致认为：

"青年人的抗议本质上应被理解为对那些还未解决的社会问题的反映，而不能解释为传统的两代人之间的冲突。"[②]

这个结论，也同样可以用来解释60 年代美国青年思潮的兴起。

就20 世纪60 年代美国青年的不满情绪来看，它不是一种偶然现象，不满的对象也不是仅限于非常事件：经济的不景气、私刑或某一特别残酷的战争，而是美国社会的正常活动。贫富问题不再是困难时期的问题，而是繁荣时期的问题；种族问题不再是南方的问题，而是全国的问题；战争问题也不再只关系到某一具体的军事冒险，而是关系到整个对外政策；政治问题不再只涉及保守的共和党，而且也涉及到较"开明"的民主党。这个社会是通过一系列精心设计的法律制度进行运转的，然而，社会的正常运转却产生了贫困、种族歧视、对外扩张、不公正和寡头政治，这说明出问题并非是偶然的，并非是由于

---

① 指青年人为了反对土地投机商和房屋占有者、为了反对环境的污染和破坏以及反对联邦国防军的自吹自擂而走上街头的行动。

② ［联邦德国］林德内尔等：《从霹雳舞到反战》，周曦等译，北京，农村读物出版社，1988 年版，第45 页。

违反了法律和常规，相反，"毛病就出在法律制度本身，它是通过法律制度起作用的。所有这一切不仅不违反法律，而且符合法律，处处是在按照法律办事。社会的问题不仅仅在于'坏'年景、'坏'领导和'坏'战争，而在于整个制度，在一定意义上，它运转顺利与否与问题关系不大。"① 处于这样时刻的社会，它发生变革是必然的，也是必需的，否则就难免走向崩溃。

60 年代美国青年的反社会文化说明，"现代青年所面临的问题也是人类社会所面临的问题。所以，与其说是青年走到了十字路口，不如说是人类社会走到了十字路口，……青年的反社会化说明传统的社会制度和模式要变更。"② 当一个社会中出现大规模的青年叛离现象时，"就是意味着既存秩序已在崩溃，新的历史阶段已露出了曙光。"③ 青年社会心理之所以会爆发为社会思潮，就是由于社会存在的矛盾运动尖锐地刺激了青年的心理，青年社会心理被分裂、组合而造成了一种共同的心理意向或趋势。青年是国民情绪的代言人。因此，在看待青年思潮时，要分析青年所处的社会环境是否存在问题，这意味着我们在探究青年社会问题的根源时关注的不只是青年自身的原因，而是应该寻找该现象的社会力量和社会关系，它是宏观性的、结构性的、社会性的。对青年反叛性的夸大，只能是社会没有能力提出一个青年们所希望的目标的证明。

4.2.4 青年参与意识增强与参与机会匮乏的矛盾导致青年的反叛

青年思潮是青年在参与社会、接受传统文化和行为规范、不断完成其社会化的过程中产生的。在这个过程中，青年人精力旺盛，思维敏捷，又往往对事物持怀疑态度和逆反心理。这使他们在接受各种文化、价值观念的同时又不断地溶入新思想、新意识，在继承、扬弃、创造中形成独立的"思想人格"，青年的主体意识逐渐形成。而随着青年主体意识的萌生和发展，他们日渐强烈地意识到自己区别于其他社会群体的独特存在，在享受前人创造的文明成果的同时，也敏感地觉察到这种文明成果给自己带来的制约。与主体意识的觉醒一并到来的是青年的社会责任感。它要求青年超越前人的成果及其制约而有所创造，有所发展，青年的参与意识增强了。然而，由于现实条件和青年自身的局限，又使青年参与的手段和机会相对匮乏，他们实现历史使命的愿望受到限

① ［美］特里·M·珀林编：《当代无政府主义》，吴继淦等译，北京，商务印书馆，1984 年版，第 315 页。

② 邝海春：《困惑的新生代》，南宁，广西教育出版社，1989 年 7 月版，第 254、255 页。

③ ［美］理查德·弗拉克斯：《青年与社会变迁》，李青等译，北京，北京日报出版社，1989 年 4 月版，第 121 页。

制，因而使得年轻一代和主导社会的老一代之间产生了各种形式不同的碰撞，甚至激烈的冲突。60 年代的青年反叛思潮就是青年要求充分权利介入社会生活和真正参与政治决策、实现理想的愿望得不到满足的表现，是政治机构危机的征兆。

应该说，在一定的历史条件下，青年与老一代的差异、对立和冲突是有积极意义的。尤其是在现代化的进程中，当一个国家和民族从封闭走向开放、从落后走向进步的时候，每一代人都应该从传统中剔除陈腐的、不合时代要求的成分，重新创造新的、具有活力的因素，再建与新时代相一致的新的价值标准和行为方式。因此，青年思潮对传统一定的反思和冲击，应该被认为是促进社会反思、增强社会活力、推动社会进步的一个重要方面。

当然，与任何事物一样，青年反叛社会的思潮也有它的局限性。任何一个国家要发展都需要相对稳定的社会环境，而非权威带来的一个负面效应就是可能造成人们、特别是青年对各社会组织指挥系统的背离倾向，出现涣散局面。当青年与主流社会的差异、对立和冲突以一种极端的形式走向失控时，就会给整个社会带来动荡和断裂。而一个动荡的社会是不可能实现现代化的。因此，正确应对青年思潮，着力寻求和保持代际差异的适当"张力"，不断减少和消融相互间的对立与冲突，是现代化进程中整个社会所应该关注的一个重大问题。

4.3 本章小结

本章认为，美国20 世纪60 年代之所以产生青年反战思潮，除战争的刺激因素外，还在于60 年代的社会经济、文化、政治状况以及青年自身的发展为其准备了社会条件。

一、60 年代青年反战思潮发生的深层原因，在于国家垄断资本主义历史条件下美国社会矛盾的进一步深化。在这一时期，人们对生活中的"异化"现象有了更深切的体会，知识分子和青年学生对这种现象的抗议比以往更加强烈。

二、在现代化的进程中，随着社会经济的繁荣，物质的因素在社会革命中的作用相对减小，人们更多地将目光投注在政治、精神层面的问题上，对社会的反叛也往往表现为对社会公正、民主等政治理想的追求和对自身权利的维护。

三、在一个快速变化着的社会中，社会矛盾迅速积聚，人们感到精神上的压抑；社会的进步和教育的发展促进了青年自身的发展，他们的主体意识和社会参与意识增强，而社会的压制——尤其是战争对青年权利的威胁和剥夺——则使青年感受到现实状况与理想之间的巨大差异。这样，受到社会严密控制而又急于改变现状的青年突破了社会秩序的框架，以激进的手段应对社会自身及其加于个人的危机。

第五章

反战青年的主流化

　　如上所述，如何应对已经出现了的青年反叛思潮，使社会机体不至在矛盾和冲突中分裂、崩溃和瓦解，使反叛青年和社会重新达成一致，是任何政府①及其调节下的社会必须认真面对的重大问题。总的看来，应对青年思潮的方式大致有两种：一种是诱导、排拒或压制的方式。这或者是以社会的主流思想或居于统治地位的思想诱导、排拒或压制青年思潮，影响青年思潮的发展方向和形态，试图减少思潮加于主流社会的冲击；或者是以武力或暴力的方式压制思潮，用强力遏制青年思潮的发展、散布，剥夺其存在的合法性。另一种是宽容的方式。这并不意味着对某些观点或行为本身无限制、无原则、无条件的屈服和纵容，它更多地表现为对人们发表观点、做出行动的权利的尊重。这种方式以对青年思潮一定的理解、尊重或认可为基础，将思潮中合理的成分吸纳为对社会机体有益的养分，逐渐实现反叛青年的主流化（mainstreaming，即回归主流），从而从根本上缓和与化解社会矛盾，促进社会和谐。这两种方式产生的效果和对社会稳定的影响是不同的。

　　社会稳定的实现可以有不同的情形。建立在高压基础上的"稳定"不以思潮主体的"心情舒畅"为条件和目标，相反，它进一步发展了郁积的反叛心理，因而是一种"强制稳定"；它是表面的、短暂的。事实上，这不是真正的稳定，而往往是思潮激化前的沉寂。而以宽容为介质实现的社会和谐着重于社会激励，着重于营造社会的活力和创造力，有利于实现真正的社会稳定。这是一种"和谐稳定"。从这个意义上讲，我们党提出"构建社会主义和谐社

---

　　① 在政治学文献中，"政府"有广义和狭义之分，广义的政府是国家的全部机构，包括全部立法、司法和行政机构。而狭义的政府，一般只包括国家的行政机构，有时甚至仅指行政机构的核心即内阁。纳入本章分析视野的是广义的"政府"，尽管在特定的场合其所指会有所侧重。［英］戴维·米勒、韦农·波格丹诺编：《布莱克维尔政治学百科全书》（上），中国问题研究所等组织翻译，北京，中国政法大学出版社，1992 年6 月版，第295 页。

会"的思想是具有深远意义的，它更符合社会良性发展的要求。

本章着重分析美国政府和社会应对青年反战思潮的方式及其不同后果，从中发现使反战青年最终主流化的社会原因，以期有所借鉴。

5.1　政府的应对方式对青年反战思潮的影响

面对 60 年代规模宏大的青年反战思潮，美国政府作出了回应，而其不同的回应方式对青年思潮的影响是不同的。通过对比，可以使我们对影响青年思潮走向的因素有更加清醒的认识。

5.1.1　政府谎言的影响

对于一个政府来说，对它的权力和存在构成最大威胁的主要是两种情况：一是被另一个国家所征服，一是被本国人民所推翻。当一场失去道义支持的战争爆发时，战争又常常会引发国内人民的反抗甚至革命。这时，陷于内外交困的政府往往会做出最大的努力，对人民开展强大的宣传攻势，想方设法让他们相信，保卫国家就是在保卫自己的利益。而为了达到这一目的，宣传便往往充斥着对事实的歪曲。正如汉斯·摩根索所说的："真理害怕权力，而权力也害怕真理。要使权力变得有效，就要以另一种面目出现，欺骗——自欺欺人——是和权力的使用直接联系在一起的（……）。"① 越战时期，伴随着战争的发展和不断升级，美国政府的谎言也在不断发展着。

较早"揭露"美国政府官方谎言的是施莱辛格。在《一千天——约翰·F·肯尼迪在白宫》一书中，他追溯了肯尼迪政府在近三年的时间里官方谎言的发展。尽管他的本意是要赞美肯尼迪，为美国的外交政策辩护，但在客观上却起到了"揭露"政府谎言的作用。他指出，肯尼迪早在 50 年代初期就十分怀疑西方对越南的政策，而且在当上总统后也经常说美国对东南亚承担的义务过多，但他又说既然介入了，他"别无他法，只能在他继承的框框内行事"。实际上，1962 年 7 月老挝和平、中立协议在第二次日内瓦会议上的达成表明，政府并非"别无他法"。这一协议使美国政府被迫接受了在老挝问题上的"中立主义"解决方案和"杜勒斯政策在老挝的破产"的现实。在这一背景下，美国政府却仍在越南执行着杜勒斯的政策，这只是因为那里的"政府比较坚

---

① Hans Morgenthau, "Truth and Power," *New Republic*, Vol. 155, Issue 22 （Nov. 26, 1966）, p. 9.

强而且军队也比较愿意打仗"。甚至在施莱辛格看来，这也是"啼笑皆非"的事情。①

美国政府在越南政策上的谎言在约翰逊当政时期得到了进一步的发展。为了使战争的反对者们沉默下来，约翰逊政府出版了国务院越南白皮书，用以说明战争是被强加给美国的，美国不能放弃西贡。其中，文章《来自北方的侵略》（*Aggression from the North*）附录了大量数据，它要证明的是：南越的全国解放阵线是统治北越的劳动党创立的；在 1959 年和 1964 年间，有两万人渗透到南越；有越来越多出生在北越的人渗透到南越，而不是 1954 年来到北越的南方人；河内正在用中国、俄国和东欧制造的武器弹药供应越盟；南方的斗争通过南越中心局处于北方的直接控制下；河内是因吴庭艳统治下的南越取得的"经济奇迹"而决定进行侵略的；南方人是在恐怖主义之下、而不是因为理想主义加入越盟的。自 1961 年以来，美国官员就战争做过成千上百次演讲，但白皮书是最有条理的对"这不是内战、而是断然侵略"的官方声明的祖护。

对《来自北方的侵略》最早提出批评的是 I·F·斯通。1965 年 3 月 8 日，他发表了《对白皮书的回答》一文。斯通指出，白皮书"在精确的地方不完全，在诚实的地方误导，在明白的议论中与每一个已知的战争史实相反"。他承认政府所说的河内对民族解放阵线的支持，但这并不意味着就是侵略战争。他认为，河内实际上仅仅提供了很小部分的越盟使用的物资，而绝没有给它大量提供共产党制造的弹药。他引证了美国军方的估计，越盟 80% 的武器是从美国或西贡的武装力量那里缴获的。他指出，在 1962～1964 年间，五角大楼自己的数字表明，在西贡夺取的总计 15100 件武器中，仅有 179 件是共产党制造的。斯通还指出，如果北越人在派往南方的武装力量中真的占据了支配地位，那么为什么在美国报告中提到的 23 名渗透者中只有 6 名是北越人？这令他感到迷惑。他嘲笑白皮书没有提到应在 1956 年举行的越南重新统一的选举。他指出，国际控制委员会②的报告谴责北越破坏了日内瓦协议，这只是这个报告的一部分，它同时也对美国在南方集结军力进行了攻击，但这一事实却在白皮书中"漏掉"了。最后，斯通否定了白皮书中关于南方的"经济奇迹"是战争的原因的说法，他认为如果这样的话，那么历史上第一次，"游击战不是

---

① 参阅［美］小阿瑟·M·施莱辛格：《一千天——约翰·F·肯尼迪在白宫》，仲宜译，北京，三联书店，1981 年 8 月版，第 419 页。

② 即 ICC，是 1954 年成立的监督《日内瓦协议》条款执行情况的专门机构。

因为人民的不满、而是因为他们的运气在变好而发展起来。"① 白皮书和斯通的"回答"表明，美国政府在战争的许多方面进行了有意的歪曲，目的在于改变美国人民对战争的看法，使舆论朝着有利于政府战争政策的方向发展。

为了达到误导美国人民的目的，政府甚至预先"设计"谎言。据原 CIA 官员菲利普·利克迪（Philip Liechty）1982 年的回忆，他曾在 60 年代初见过一份书面计划，内容是要将收集和储备的共产党的大量武器装上一艘越式小船，伪造一场船只沉没在浅水中的战争，然后叫来西方记者观看这些所谓的被"缴获"的武器，以此作为外界帮助越盟的证据。这样的事情在 1965 年 2 月真的发生了。仍据《来自北方的侵略》报道，1965 年 2 月 16 日，一艘"可疑船只"在遭到南越武装力量进攻后在越南湾附近的浅水中沉没。报道说该船装了至少 100 吨"几乎都是源自共产党的、大多是来自共产党中国和捷克斯洛伐克以及北越"的军事供给。白皮书特别提到"自由媒体的代表参观了沉没的北越船只并看了其中货物"。之后，美国的"滚雷行动"就开始了。正如《华盛顿邮报》指出的，白皮书的发表"是记载南部战斗中北越和其他共产党国家的支持，以及让美国民意对很快就要发生的事情有所准备的关键事件。"②

而为了应对校园里的反战浪潮，约翰逊政府还专门成立了一个由威廉·乔丹（William Jorden）领导的"越南政策部际演讲四人小组"（inter-department speaking team on Vietnam policy）。1965 年 5 月，这个被《时代》杂志称为"真理小组"（truth team）的"宣传队"访问了中西部的六所学校，其使命就是向青年学生宣传有关战争的官方观点。威廉·葛德文曾以讽刺的口吻说道：

"如果我们开始欺骗，随后又要维持我们的骗局，那就需要有刑法和报刊检察官以及专门雇佣来撒谎和欺骗的官员。这是传播智慧和美德的多么美好的方式啊！"③

这是对"真理小组"的绝好注脚。约翰逊本人也于 4 月 7 日在霍普金斯大学发表了欺骗性的演说。对此，SDS 声明指出：约翰逊是"无理装作有理，将战争说成和平"。④

① 参阅 Thomas Powers，*The War at Home*，（New York：Grossman Publishers，1973），pp. 57～59.

② Michael Getler，"CIA Faked' 65 Evidence on War in Vietnam，Ex-Officer Charges，"*The Washington Post*，No. 105（March20，1982），p. A19.

③ ［英］威廉·葛德文：《政治正义论》，何慕李译，北京，商务印书馆，1997 年版，第 399、400 页。

④ 《揭穿约翰逊谎言的大学辩论会》，《中国青年报》，1965 年 6 月 17 日，第 4 版。

政府的谎言如此普遍，以致连负责公共事务的国防部副部长阿瑟·希尔维斯特（Arthur Sylvester）也不得不承认："如果你认为任何美国官员会告诉你真相，那么你就是愚蠢的。"①

对美国政府的谎言做出较全面概括的是亚历山大·布卢姆。在《久已逝去的岁月》一书中，他将这些谎言称作美国的"神话"。② 这个说法本身就含有政府越战言论虚假和离奇之意。在文中，布卢姆列举了美国政府的十三个"神话"。他认为，这些"神话"都是对现实难以容忍的扭曲。事实上，美国政府将摩擦作为美国的核心战略，将搜索和摧毁作为主要策略，将敌人的死亡人数作为衡量进展的主要依据。与"搜寻、确定和消灭"敌人相比，保卫南越的自由和民主、赢得人民的政治忠诚等说辞都显得苍白无力。

如果上述还不足以说明问题的话，那么美国国防部的档案则以其真实性和权威性让世人认识到美国政府的谎言。1971 年 6 月，《纽约时报》和其他一些报纸披露了一些美国卷入越南战争的国防部秘密文件。在文件公布之前，美国政府曾试图以"国家安全"为由阻止文件的发布，但未果。这些文件是由助理国防部长约翰·麦克诺顿的特别助理、麦克纳马拉和麦克诺顿演讲稿的撰写人、一个颇有正义感的国防部官员丹尼尔·艾尔斯伯格（Daniel Ellsberg）透漏给外界的。文件表明，美国政府从战争初期开始就采取了蒙蔽、欺骗公众的行径，以获取人们对越战的支持。这就是美国政治史和新闻史上著名的"五角大楼文件事件"。

政府谎言的一个直接后果，就是政府信任危机的产生。1965 年，《纽约时报》评论员赖斯顿承认，约翰逊政府已出现了"信任危机"。③ 此时，美国人已在谈论约翰逊的"信用差距"（credibility gap）了。"信用差距"这个词的起源可以回溯到艾森豪威尔执政时的 U - 2 飞机事件，④ 但其本身却是在约翰逊时代由《华盛顿邮报》的记者穆瑞·马德尔（Murrey Marder）首先使用的。他将之定义为"一种可感觉到的、日益滋长的对官方声明诚实性或正当性的

---

① Cited in The CIA, A Forgotten History by William Blum；Congressional Record, House, 12 May 1966, pp. 9977～78, reprint of article by Morley Safer of CBS News. 转引自 Jeff Drake，"How the U. S Got Involved in Vietnam," p. 31，http：//www. vietvet. org/jeffviet. htm.

② 参阅 Alexander Bloom, *Long Time Gone*, （New York：Oxford University Press, 2001），pp. 54～59.

③ 参阅《危机》，《人民日报》，1965 年 11 月 22 日，第 4 版。

④ 1960 年，美国不断派出 U-2 侦察机侵犯前苏联领空。后来侦察机被击落，美国国务院却予以否认。这是一个赤裸裸的谎言。当苏联领导人赫鲁晓夫将被活捉的飞行员展示在世人面前时，艾森豪威尔总统不得不承认这是一次间谍飞行。这一真相令大多数美国人感到震惊。

不安、恐惧和怀疑"。① 早在 1965 年 6 月,《纽约时报》就撰文谴责了约翰逊政府在越南政策上的"闪烁其辞",以及它对越南升级行动的掩盖。② 大卫·哈利斯后来指出,在战争的最后几年,政府已"习惯于对我们其余人撒谎,它甚至准备走上法庭去保护它这样做的权力。"③

约翰逊的"信用差距"不仅表现在战争问题上,甚至还表现在与此无关的其他事情上:按照约翰逊的要求,他的医生说他只喝美国产的波旁威士忌酒,而实际上华盛顿的人们都知道他只喝苏格兰威士忌酒;在做胆囊手术前,他坚持说自己没有其他疾病,而实际上他还患有肾结石。④ 这些本来无关大局的生活小事,在 60 年代后期特殊的政治氛围中却成了人们关注的焦点和引发不满的线索。一个在 1965 年初似乎还没有敌人的人,到 1966 年春其支持率却降到了不足 50%。⑤ 可见这种"信用差距"发展得有多么迅速。

据一份名为"因对白宫信任急剧衰退而导致对政府机构信任的下降"的哈利斯民意测验显示,公众在 1966 年对政府机构的信任程度分别为:行政系统为 41%,国会为 42%,最高法院为 50%,军界为 61%。⑥ 这种信任危机是全部冷战政策政治危机的一部分,因为它正在摧毁美国为执行这种政策所需要的大后方的支持。虽然美国政府一直希望通过败坏对手、通过使人民相信"和平事业"的"无望"来缓解信任危机,但这种企图总是随着谎言的暴露而日益走向愿望的反面。欺骗从来不会走得太远。政治骗局的一个不利之点就在于:

"这个肥皂泡随时都有破裂的危险,受骗者随时都会醒悟。……欺骗中永远有矛盾。从某一角度上看,它似乎有理,但是它经不起从各个角度来进行研究和鉴别。它在某种心情激动的情形下能对我们起作用,但是在理智清醒的时

---

① Maurice Isserman and Michael Kazin, *America Divided*, (New York, Oxford: Oxford University Press, 2000), p. 187.

② 参阅 "Ground War in Asia," *The New York Times*, Vol. Cxiv, No. 39219 (June 10, 1965), p. 4.

③ David Harris, *Our War*, (New York: Times Books, 1996), p. 115.

④ 参阅 on bourbon, Sidney, a Very Personal Presidency, 173; on his operation, Deakin, Credibility Gap, 45. 转引自 Allen J. Matusow, *The Unraveling of America: a History of Liberalism in the 1960s*, (New York: Harper & Row, 1984), p. 154.

⑤ I. M. Destler, *Leslie H. Gelb, and Anthony Lake, Our Own Worst Enemy*, (New York: Simon and Schuster, 1984), p. 140.

⑥ 参阅任东来等:《当代美国——一个超级大国的成长》,贵阳,贵州人民出版社,2000 年 9 月版,第 159 页。

候，它是没有力量的。"①

随着社会越来越趋于理性，谎言也会越来越没有生存的场所。

青年们透过政府的谎言看到了美国社会的无序性，因为政府使谎言成了一种"被接受的政府职能"。② 绝大多数具有政治意识的学生认识到，这种行为同一直教导他们期望于那些"民主领袖"的崇高原则是尖锐地对立的。他们对政府就国内外政策中的重要问题所发表的辩解和谎言越怀疑，促使他们抗议的动机也就越强烈。

需要强调的是，二战后，由于冷战给美国政府的信息流通政策投下防范的阴影，加之联邦行政权力不断扩张，导致消极对待政务信息公开化的官僚主义倾向蔓延，美国公众于是提出了及时、全面地了解政府掌握的情报信息，进而参与国家权力行使过程的要求。到 50 年代初，这一要求引发了由国会领导及各界广泛参与的"信息自由运动"。1966 年，美国国会制定了《情报自由法》（也称为《信息自由法》），政府信息具有了公共财产的性质。信息公开的理念深入人心。在这一背景下，政府对信息的掩盖和歪曲只能使人产生更大的心理反差和不满情绪。尤其是在战争危机的状态下，公民对于自己所处境遇和预期态势有着更为强烈的了解的愿望，他们比正常情形下更为迫切地要求享有知情权，行使自己民主参与的权利，而政府的谎言则意味着对公民权利的剥夺，这是导致青年反抗政府和思潮激化的重要原因。

5.1.2 政府暴行的影响

谎言是对公民权利实质上的剥夺，但至少在形式上，它没有公然否定公民享有的权利，而仍然对公民的意愿和反应有所顾及。暴力行为则不同，它是对公民权利直接的、赤裸裸的剥夺。它意味着施暴者将对方直接置于敌对的位置上，他们之间具有了类似"敌人"的关系。暴力刺激的直接性、强烈性和情绪性特点使它在激起民众的反抗情绪上较之谎言来说更为快速而强烈。

60 年代，美国政府针对反战青年的武力和暴力事件时有发生。仅 1966 年春，就有 3 个反战组织的中心集会地遭到破坏，而其他许多组织的办公室受到了搜查。③ 1967 年 10 月向五角大楼进军事件发生后，约翰逊政府感受到了国

---

① ［英］威廉·葛德文：《政治正义论》，何慕李译，北京，商务印书馆，1997 年版，第 402 页。

② David Harris, *Our War*,（New York：Times Books，1996），p. 8.

③ 参阅 Walter L. Hixson, *The Vietnam Antiwar Movement*,（New York and London：Garland Publishing, Inc.，2000），p. 44.

内发展着的危机，在使针对北越的战争升级的同时，它进一步加强了对国内持不同政见者的压制。1968 年春，至少发生了 1265 起校园逮捕事件，SDS 的组织也时或被取缔。① 1969 年，加利福尼亚新任州长里根命令国民警卫队占领加州大学伯克利分校，直升机向校园里喷洒了催泪弹，并造成一名无辜旁观者的死亡。② 1970 年，大多数大学都增加了校园警力，当局对校园抗议活动的压制进一步加强。如哥伦比亚大学的警力由原来的 80 人增加到 100 人，康乃尔大学由 24 人增加到 36 人，乔治·华盛顿大学由 26 人增加到 50 人，俄亥俄州立大学由 30 人增加到 60 人，西北大学由 3 人增加到 25 人，南伊利诺斯大学由 20 人增加到 75 人，加州大学洛杉矶分校由 9 人增加到 52 人。③ 该年 5 月 4 日，在抗议入侵柬埔寨的斗争中，四名肯特州立大学的学生被国民警卫队打死，一人终身瘫痪。之后不久，密西西比的警察在杰克逊州立大学又打死了两名学生。④ 布瑞尔（Burrell）对此评论道："肯特郡事件发生了，柬埔寨事件发生了，至少对我来说，这是一种个人危机状态，因为我们不被允许以任何形式表达对那些事情的反对，而它们是针对那些要对这些事情做出决定的人的。"⑤ 而政府的暴力行为每发生一次，都使青年更为激进，并一步步走向"以暴抗暴"的道路。有人指出："几乎每一个暴力事件都可能源于警察的某种愚蠢或野蛮的（往往二者兼具）行径。"⑥ 在这个意义上，青年激进的反战思潮是政府的暴力压制造成的。

对于激进的新左派成员来说，他们在 60 年代受到的政府压制较之其他青年组织的成员来说更要多一些，其中很多人是在"集中行动的插曲中"得到"意识提升"的。一位 SDS 成员这样描绘自己的转变：

"正是由于被警察追打，使得我倒要看看他们到底要有多邪恶……我还看到

---

① Beverly Burr, "Chapter 4: The Student Movement Thrives," *History of Student Activism at the University of Texas at Austin* (1960~1988), http://www.utwatch.org/archives/burr/, last modified 2005 - 02 - 02, p. 39.

② 参阅 Stephen Macedo, *Reassessing the Sixties*, (New York and London: W. W. Norton&Company, 1997), p. 149.

③ Kirkpatrick Sale, *SDS*, (New York: Vintage Books, Random House, 1973), p. 646.

④ 参阅 Mary Susannah Robbins, *Against the Vietnam War*, (New York: Syracuse University Press, 1999), p. 26; Mitchell K. Hall, "The Vietnam Era Antiwar Movement," *OAH Magazine of History*, October 2004, p. 15.

⑤ Marc Jason Gilbert, *The Vietnam War On Campus*, (Westport: Praeger Publishers, 2001), p. 135.

⑥ Arthur Marwick, *The Sixties: Cultural Revolution in Britain, France, Italy, and the United States, c. 1958 - c. 1974*, (Oxford, New York: Oxford University Press, 1998), p. 535.

了联邦调查局对我们造成的迫害，我们周围有个严密的警察网。你或许认为你正在做一件公正的无害的反战工作，但是我就是被联邦调查局查问了。人们一再遭到袭击。你开始明白政府的某些所作所为了，人们对事物的了悟也已经发展了。"①

自由主义者和自由意志论者也有着类似的经历。自由主义者卡罗尔·克里斯曼回忆说：

"我是被警察的暴行组织起来的。1968 年著名的'道（Dow）集会'发生时，我在威斯康星大学并且我并没有加入其中……我当时去上课，人们在道所在的那幢建筑的外面和那附件的一座小山周围集合。看来有些我未曾经历过的事情在发生。听起来像是在战争区。当然，我曾学过辨别催泪弹的声音。但是这次听起来却像炸弹……人们四处逃散，身上流着鲜血……头部也受了伤，非常难以置信……这是这所白人大学首次发生的暴力冲突。所以……我无法理解所发生的事情。拥挤的人群开始奔跑，人们兴奋了。有些人说'警察在殴打那儿的人'，于是我心理上……就发生了一些变化。我的大脑像是在快速运转。"

这使他从一个"好的自由主义者"发展到了"爆发状态"，从"政治前自我"迅速转变为"投入的行动主义者"。②

而自由意志论者戴夫·舒马赫则这样描述自己的激进化之路：

"我记得（在）向华盛顿进军途中，我们通过最高法院时，（大法官）米切尔（Michell）站在阳台上观望着……周围布置着直升机和警察……我非常非常地反感政府对待抗议者的方式。镇压太多了——你知道，旗帜在燃烧，征兵卡也在燃烧掉——政府以一种法西斯的方式来对付这些人……我只是不理解为什么别的 YAF 成员看不到那样的暗杀……我完全不相信尼克松、米切尔了……我憎恨亨利·凯森格（Henry Kissinger，即亨利·基辛格）……当你看到当权者对反战者的反应和那些正在发生的事情——监视和努力地想控制个人的行动，禁毒法案正在被通过……都是那一类的事情时，真的让人难以接受。"③

警察是国家机器、政权和体制的最直接代表，他们对青年的暴行表明，他

---

① ［美］理伯卡·E·卡拉奇：《分裂的一代》，覃文珍等译，北京，社会科学文献出版社，2001年11 月版，第144 页。

② 同上书，第137 页。

③ 同上书，第155、156 页。

们"不懂得教育能采取各种不同的形式"。① 这使得当局的道德合法性崩溃了，从而激起了青年的不满和对整个体制的反思。反战青年不仅仅"感觉"与政府疏离了，而且是"被"政府疏离了。

政府的暴力行为不仅刺激了青年的反叛意识，而且使民意倾向于青年一边。在1967年下半年之前，反战行动主义主要是非暴力的，而针对反战青年的政府暴力却时有发生。面对政府对青年的暴力压制，民意很容易地倒向了反战青年一边。历史学家大卫·甘罗（David Garrow）通过对1965年发生的塞尔马（Selma）斗争的分析得出结论，认为这一斗争导致的公众对黑人运动的支持特别来自于双方行为的鲜明对比（黑人一方采取了非暴力的方式，而政府一方采取了暴力的方式）。② 这也可以用来解释反战思潮的发展。这种对比越明显，反战青年的行动主义就会越有效，政府就越容易陷入被动，其剩余的合法性也就越容易遭到破坏；相反，行动主义者的煽动性言论或挑衅性行为越受到公众注意，公众对他们的敌视就越可能超过对他们的支持，他们就越容易陷于孤立。60年代青年反战思潮的进程说明了这一点。这也表明一个道理：任何冲突中的力量对比都不是一成不变的，只要还有人处于冲突之外（旁观者），他们就会是影响冲突最终结果的重要变量。

政府的暴力行为给青年传递了这样一种信息：政府顽固地坚持现行的社会秩序，它对青年根本地采取一种压制的态度。政府暴力没有对事物新秩序的要求，所以它实际上肯定了现行的社会制度和实践。暴力不仅是一个对暴亡的恐惧压倒了一切的社会的逻辑产物，而且由于它有赖于工具手段，暴力又是"无言的"。它既不需要主体之间的同意、讨论与说服，也无法使之成为可能。它堵塞了政府和民众间沟通的可能，威胁和破坏着二者的关系基础。暴力本来是国家实现自己政治目的的手段，但在此情形下的运用，却使国家越来越远地

① ［美］莫里斯·迪克斯坦：《伊甸园之门》，方晓光译，上海，上海外语教育出版社，1985年8月版，第257页。

② David J. Garrow, *Protest at Selma*, （New Haven and London：Yale University Press, 1978），pp. 145～160. 塞尔马斗争是民权运动中的重大事件。1964年时，美国南方11个州平均有57%的黑人被剥夺选举权，其中5个州达到70%，亚拉巴马州更高达80%。金决定在亚拉巴马州的塞尔马市开展示威，争取黑人选举权。1965年1月18日，示威开始。当局出动警察殴打示威者，半个多月逮捕3000人。3月7日，示威者向州首府进军请愿。途中遭警察袭击，重伤17人，轻伤70余人，造成"血腥的星期日"（bloody sunday）。消息传开，举国愤慨。北方许多城市举行了声援示威。前来增援的白人牧师詹姆斯·里德被白人暴徒打死，而用汽车送示威者到塞尔马的维奥拉·利厄佐夫人在途中中弹身亡，事态扩大。联邦政府不得不进行干预。3月15日，总统向国会提交了投票权利法案。之后，全国舆论明显站在黑人一边。同年8月，国会通过投票权利法案，民权运动取得重大胜利。

背离了自己的目的。正是在这个意义上，兰斯立·里普森（Leslie Lipson）指出：

"有人说，目的决定手段，这是不对的，因为有些手段是如此的不道德以致于没有什么目的能够说明它们的正当性。事实上正好相反，手段决定目的，因为我们对手段与对目的一样也作出道德批判。"①

尽管不能简单地说"手段决定目的"，但毋庸置疑，手段之于目的具有极端的重要性。对于目的和手段之间的关系，需要辨证地认识和处理：既要严肃认真地对待目的，又要严肃认真地对待手段；目的的设定必须以手段为根据，手段的选择也必须以目的为转移。在人类的对象性活动中，能否正确处理二者的关系是极为重要而又具有普遍意义的课题。

那些在试图控制反抗时不断强化其高压统治的政权往往会适得其反，因为它会激起日益强烈的暴力抵制。这样，一方面，当公众受制于暴力手段时，安全的保障就只能依赖于暴力对暴力的抵制；另一方面，一旦内部冲突的上升螺旋开始形成，似乎只有高水平和长时间的政治压制才能够制止抗议者和反叛者。在这种不断升级的暴力冲突中，国家的安定和社会秩序就会一步步遭到破坏。

5.1.3　法治传统的影响

如上分析，60 年代的美国政府以谎言和暴力应对青年反战思潮，从而使反战青年的"离心"倾向更为明显，社会冲突更加尖锐，其教训是深刻的。但除此之外，它还有借助法治手段解决青年和政府间矛盾、减少社会摩擦的一面。尽管这在当时并不像前两种方式那样鲜明而突出，社会影响也不是很大，但正是在这一点上表现了美国政府驾驭社会危机成熟的一面和所具有的进步意义。

美国是一个有着法治传统的国家，它的传统政治秩序可以说就是一种法治秩序。独立战争时期的著名政治思想家潘恩认为：

"政府不是任何人或任何一群人为了谋利就有权利去开设或经营的店铺，而完全是一种信托，人民给他这种信托，也可以随时收回。政府本身并不拥有权利，只负有义务。"②

① ［美］兰斯立·里普森：《政治学的重大问题》，刘晓等译，北京，华夏出版社，2001 年版，第 61 页。
② 《潘恩文集》，北京，商务印书馆，1991 年版，第 254 页。

这其中包含了现代法治精神的精髓和内核。法治的基本功能就在于限制权力而保障权利，就是保护某些基本的个人权利不受制于政府的武断行为，就是宽容和理性地对待人民。权利意识是法治的一个基本意识，法治的最终目标就在于促进利益关系的一致性。任何一个统治阶级只要不想失去已经取得的政权，就会运用法治来促进利益关系的一致性，而不是破坏利益关系的一致性或激化利益关系的冲突。因此，法治在维护社会稳定方面发挥着重要作用。

在 60 年代美国青年反战思潮的发展过程中，美国社会的法治传统在避免矛盾的进一步激化中起到了一定的作用。对于反战青年来说，民权运动在实现自身目的过程中从美国法院得到的帮助启示他们，他们也可以借助法律达到自己的目的。而从总体上看，与民权工作者的境遇相比，反战青年以及他们所代表的事业在美国法院遭受的敌意相对较少，这自然与政府官员个人对战争的看法有关，但更主要的则是源于他们缓和青年反战浪潮的目的。以下从两个方面说明。

5.1.3.1　青年的象征性言论、附加言论与政府的态度

在美国的司法实践中，最高法院一般将"言论"分为三类：纯粹言论、象征性言论（symbolic speech）和附加言论（speech-plus-conduct）。所谓纯粹言论是指"口语、文字、图画、音像、肢体语言等纯粹用于表达、展现思想、技艺等而不与外界或他人直接发生物理学意义上冲突的形式、手段"；象征性言论是指"所有目的在于表达、沟通或传播思想、意见等观念性质的因素的行为"，如焚烧国旗、佩带黑纱等；而附加言论则是指"在设置纠察线（或警戒）、游行、示威时，言论混合着行动的情况"。① 这三种"言论"表达方式在美国 60 年代的青年反战思潮和运动中都有所表现。在反战过程中，青年们除了口头宣传和散发传单、书籍（纯粹言论）之外，还有藉由焚烧、毁弃或拒绝挟带征兵卡、破坏征兵处、横躺在运输车前等方式进行的抗议（象征性言论或附加言论）。较之前一种"言论"，后面两种"言论"是更加强烈的沟通手段，它比单纯的言语、作品等更具形象性和情绪性，是反战者在无法接近大众传播媒介的情况下旨在引起大众关注的一种沟通方式。对于这类"言论"，政府最终多以"言论自由"为依据给以宽容的对待。下面以典型案例说明。

---

① 参阅秦前红、陈道英：《言论自由的法律界限初探——美国相关经验之述评》，http://so. bylw. com/xzf/2004128155918. htm.

第一，廷柯案件（Tinker case）。这是一起因佩戴衣饰引发的案件。本案上诉人为爱荷华州在校学生约翰·廷柯（John F. Tinker，15 岁）、克里斯托弗·埃克哈德（Christopher Eckhardt，16 岁）等人。他们在1965 年12 月间曾计划佩戴黑色臂章到校上课，以抗议越南战争，这一计划为校方获知。校方唯恐他们扰乱校园纪律，于是在当年12 月14 日开会做出决定，凡佩戴黑色臂章到学校上学的学生，校方将要求他们摘掉，不听从者将被勒令休学。上诉人知道校方的规定后，仍然按原计划行事，于是校方勒令他们休学。对于校方的裁定，青年学生们由家长代拟诉状，请求法院宣布校方的裁定为违宪。这项请求在地方法院和上诉法院遭到挫败，于是学生们上诉至最高法院。最高法院撤销了下级法院的裁定，认为上诉人佩戴黑色臂章近似于"纯言论"的第一修正案①的权利，上诉人佩戴臂章仅是沉默、消极地表达言论，并未造成校园混乱，也未侵犯到其他学生应有的权利，而且"没有人能证明学生和教师一到学校大门就失去了言论自由的权利"。法官弗塔斯（Fortas）认为：

"在我们的制度中，对动荡的无名恐惧或忧虑并不能成为限制自由表达权利的充分理由。任何对绝对制度控制的背离都可能产生麻烦，任何对多数意见的变更也可能蕴育恐惧。在课堂上、在餐厅中或在校园内不同于他人观点的每句话都可能引起争辩或动乱。但我们的宪法明白表示我们要冒这种险，……我们的历史也告诉我们，这种危险的自由——这种开放性——是这个国家强大和独立的基础，也是美国人民在这个相当宽容、极具争论性的社会里成长和生活的精力源泉。"②

这成为美国历史上一个著名的案例，它关于"行使个人权利绝不到校门为止"的原则也成为美国社会的一种共识。

第二，巴契勒案件（Bachellar v. Maryland）和赫斯案件（Hess v. Indiana）。这两个案件是由示威游行引起的争讼。

巴契勒案件起因于1966 年的反战游行。该年3 月28 日，巴契勒等人在美国陆军征兵处前举着诸如"解放农民，不要升级"、"要做爱，不要战争"、"停止，以爱的名义"和"我们为什么在越南？"的反越战标语游行，马里兰上诉法院裁决他们妨害治安。被告不服裁决，要求最高法院重新核定他们的宪法权利。最高法院法官认为：

---

① 即宗教自由、言论、出版、集会自由，以及向政府请愿的权利。
② Tinker v. Des Moines School Dist. , 393 U. S. 503 (1969)，http：∥caselaw. lp. findlaw. com.

"标语的用语不在……'可能激起一般人报复、因而导致破坏和平'的'挑衅话语'之列，也没有任何证据证明游行者对群众的言语包含了'挑衅话语'。由标语、言论和和平游行导致的任何冲突后果应归因于所表达理念之内容，或旁观者对以游行示威作为表达不满的手段的憎恶。但'在我们的宪法之下，公开表达理念不应仅仅因为这些理念本身令一些听者讨厌而予以取缔'，……或者只是因为旁观者反对和平有序的游行示威而取缔，这是确定的。"

因此，最高法院认为本案没有任何定罪的依据，它有责任予以修正。①

赫斯案件是反越战最后的讼案。它起因于 1970 年 5 月印第安纳州立大学的反战示威游行。在示威游行过程中，近 100 ~ 150 名游行者走上大街并堵塞了车辆的通行。行政司法长官做出了清理街道的口头指示，但游行者对此并未理会。接着，这位长官及其副手走上了街头，而路上的示威者则来到两侧的街边石上，加入了早已聚在一起的群众当中。当行政司法长官走过赫斯身旁时，他听到赫斯大声说了"fuck"这个词，② 于是便立即逮捕了他。经过地方法院、高等法院和州最高法院的审判之后，赫斯又上诉至联邦最高法院。联邦最高法院认为，印第安纳州最高法院的判决主要依赖赫斯的言论是"意图煽动周围群众进一步的非法行动，并且可能产生这种行动"，但这种言论从坏处想也不过是鼓吹并不确定的未来的非法行动，而且从证据看赫斯的言论不是针对某人或某个人群的，从一般意义上说也不能说他在鼓吹什么行动。因此，他的话语不能以具有"导致暴力倾向"的理由遭受惩罚。③ 联邦最高法院最终推翻了印第安纳州最高法院的定罪判决。

第三，史卡克特案件（Schacht v. United States）。这是一起由讽刺军人的戏剧引起的讼案。1967 年 12 月 4 日，在德克萨斯州的休斯顿陆军征兵中心前，史卡克特等三人多次演出幽默讽刺短剧，旨在揭露美国在越南的罪恶，同时它还是一次较大的和平反战游行的组成部分。据上诉法院说，史卡克特在剧中身穿陆军军服，另一个人穿着具有"军方色彩的"（military colored）连衫

---

① Bachellar v. Maryland, 397 U. S. 564 (1970) 397 U. S. 564, http：//caselaw. lp. findlaw. com.

② 赫斯究竟说了什么并不确定，只是后来约定他说了"我们将过后夺取这该死的街道"（"We'll take the fucking street later"）或"我们将再次夺取这该死的街道"（"We'll take the fucking street again"）之类的话。见 Hess v. Indiana, 414 U. S. 105 (1973) 414 U. S. 105, Hess v. Indiana, Appeal from the Supreme Court of Indiana, No. 73 - 5290, http：//caselaw. lp. findlaw. com/.

③ Hess v. Indiana, 414 U. S. 105 (1973), 414 U. S. 105, Hess v. Indiana, Appeal from the Supreme Court of Indiana, No. 73 - 5290, http：//caselaw. lp. findlaw. com.

裤，还有一个人穿戴着典型的越盟成员的服饰。前两个人拿着水枪，其中一个喊"做个能干的美国人"，接着他们就用枪射杀那个"越盟成员"。当枪里射出的红色液体打到对方时，给人的印象就是他在流血。"受害者"倒下后，另外两个人会走上前喊道："我的天，这是个怀孕的妇女。"

美国地方法院认为，在剧中穿戴美国军服进行表演损坏了军方声誉。1968年2月29日，史卡克特被地方法院判处罚金250美元并监禁6个月。史卡克特认为这一判决有失公允，以第一修正案遭到破坏为由上诉至最高法院。最高法院认为，实际上，国会认为穿着军服的演员在演出时表达对军方行为和政策的谴责是犯罪。一个演员，就像这个国家的其他任何人一样，享有言论自由的宪法权利，包括在戏剧表演中公开谴责政府的权利。给史卡克特定罪的国会法案10U. S. C. 772（f）的最后条款①否定了演员的这项权利。史卡克特可以自由参加任何赞扬军方的戏剧演出，但在772（f）的最后条款之下，如果他的形象攻击而不是赞扬了军方，他就会被判有罪。最高法院指出，772（f）的最后条款在存在宪法第一修正案的国家是不能生存的，要维护772（f）的合法性，其最后条款就必须取消。此案最终以史卡克特的胜诉告终。②

总的看来，对于反战青年的象征性言论和附加言论这类较为激烈的沟通形式，美国政府在它们没有对国家和社会产生实质性危害的情况下采取了相当宽容的态度。在很大程度上，这维护了反战青年言论自由的权利，使他们由于法律的保护没有受到更多的压制和惩罚，他们与社会的矛盾没有因此进一步激化。

5.1.3.2　青年由于某种信仰拒服兵役与政府的态度

美国是一个笃信宗教的国家，宗教在美国有着相当广泛的群众基础。据统计，在1980~1999年间，美国信教人口在总人口中所占比例一直在89%以上，教会成员所占比例稳定在65%以上，而经常去教堂的人所占比例也在38%以上。③ 现实中，宗教与美国的政治生活和社会生活深深地融为一体。艾森豪威尔总统曾说："我们的政治制度如果不是建立在一种深刻的宗教信念之

---

① 其中规定："当戏剧作品或电影作品中的演员扮演一个陆军、海军、空军或海军陆战队成员时，如果其形象不是意在损毁那一部队的声誉，就可以穿着那一部队的服装。"Schacht v. United States, 398 U. S. 58 (1970), 398 U. S. 58, http：//caselaw. lp. findlaw. com.

② Schacht v. United States, 398 U. S. 58 (1970), 398 U. S. 58, http：//caselaw. lp. findlaw. com.

③ U. S. Census Bureau, *Statistical Abstract of the United States：the National Data Book*, (Wash. , D. C. : U. S. Department of Commerce, 2000), p. 62.

上的话，它就失去了意义，至于是哪一种信念我倒不在乎"。① 在对宗教组织和教徒的宗教行为和活动上，美国政府一般采取不指导、不压制、不介入、不裁判的态度。政府做的唯一事情是不许可宗教团体和个人损害公众利益。当双方发生冲突时，政府有权采取措施维护国家与公众利益，但政府采取的任何干涉宗教自由实践的措施都是有条件的，都要受到法律的严格监督。最高法院和州法院对政府此类行为的法律监督一般是从严不从宽。而当公民个人的宗教实践与国家利益发生冲突时，法律监督则往往是从宽不从严。这使掌握着强大国家机器的政府不能借口维护公共利益而随意剥夺公民的基本权利。

以战争中免服兵役的情况看，一战时期的"选择兵役法案"（Selective Service Act of 1917）免除了一些所谓的"和平教会"（如贵格会和门诺派）信徒的战斗义务。这些信徒都信奉和平主义，反对一切战争和服兵役；他们反战没有"政治"因素，而是出于一种信仰，因而可以免受战斗训练和服兵役。之后，二战时期的"选择训练和兵役法案"（Selective Training and Service Act of 1940）取消了要求"良心反对者"（Conscientious Objector，简称为 CO）必须归属于教会的条件，但仍坚持信仰必须以宗教为基础。②

据"华盛顿良心和战争中心"（Center on Conscience and War in Washington, D. C.）估计，一战时期共有 3500 名"良心反对者"，二战时期为 37000 名，朝鲜战争时期为 4300 名，而越战时期则达到超过 20 万名。③ 这种状况的产生既与人们对越战的看法有关——它使大批青年出于对越战的反对而寻求"良心反对者"的身份，也与政府对"良心反对者"申请条件的进一步放宽有关——这主要从两个案例上反映出来：西格案（United States v. Seeger, 380 U. S. 163［1965］）和威尔士案（Welsh v. United States, 398 U. S. 333［1970］）。

西格案发生在 1965 年。西格反对战争的理由是，良知不许他参加这样罪

---

① ［美］布卢姆等:《美国的历程》（下册），杨国标、张儒林译，北京，商务印书馆，1988 年版，第 547 页。

② Carlos E. Bertha, "Is Selective Conscientious Objection Tenable?"
http: //atlas. usafa. af. mil/dfpfa/CVs/Bertha/Sco. html. "良心反对者"是指那些出于宗教、道德或个人良知等理由，拒服兵役或拒绝服从不正当军事任务的人。

③ Joe Johnson, "A Tale of Two COs," http: //www. delicatemonster. com/vol4. 越战时期的"良心反对者"一说为 17 万人。Melvin Small, *Antiwarriors*, (Wilmington, Delaware: Scholarly Resources Inc., 2002), p. 63; also see Hank Fukui, "Letter to Youth: Should Conscientious Objection be an Expression of the SGI-USA's Victory-Over-Violence Initiative?" http: //www. fortunechildbooks. com/objector. htm.

恶的活动。在申请免服兵役时，西格对选择征兵表上"我由于宗教熏陶和宗教信仰的原因，从良心上反对任何形式的战争"的声明中"熏陶"的字眼提出质疑，并表示只有对"宗教"一词作了引用记号后才愿意签字。征兵处拒绝了他的申请，理由是他的申请并没有建立在"相信在上帝面前承担的责任高于来自人间的任何责任"的基础之上。美国最高法院推翻了征兵处的裁定，认为"促使登记者反对所有战争的真挚而有意义的宗教不必拘囿于传统的或者教区的宗教概念的来源和内容"。如果一个人拥有一种纯粹伦理的或者道德的真挚信仰，而这一信仰使他承担了避免在任何时候参加战争的良心上的义务，那么这种信仰对他来说就具有了与"上帝"之于传统的信教者一样的意义，因此他也就应该享有"宗教的"良心反对者的资格。① 这就是说，"任何深层的'宗教'，即使与教会无关，也成了拒服兵役的法律基础。"② 西格案的判决扩大了因信仰免服兵役的范围；只要是由于某种信仰拒服兵役的人，即使是无神论者，也都有资格得到豁免，而不只是限于几个和平主义教派的信徒。

1970 年，美国最高法院对威尔士诉美国案的判决进一步扩大了免服兵役者的范围。威尔士声称对参加战争有着深深的良心上的谴责，但他在填写"良心反对者"申请表时否定了自己是因为"宗教的"原因拒服兵役的，而是"通过阅读历史和社会学"形成的信仰，其宗教信仰的表达较之西格更显"不足"。上诉法院认为他"否认了他对战争的反对是以宗教信仰为前提的"，因而对他作出有罪判决。美国最高法院认为此案与西格案并无本质的区别，因为很少有申请者能意识到"宗教熏陶和信仰"的概念有多么宽泛，威尔士实际上要比他自己认识到的更加宗教化。最高法院推翻了下级法院的判决，并且指出，只有当其信仰并不是被深深地持有或者他们对战争的反对根本不是基于道德的、伦理的或者宗教的原则，而是单纯基于对政策、实用主义或者私利的考量上时，才能适用有关豁免的除外规定。③ 根据这一裁决，不仅由于宗教信仰而反对战争的人，由于道德和伦理信仰而反对战争的人，只要他"深深地感受到"这种信仰，也都有资格免服兵役。客观地讲，以此作为免服兵役的条

① 北京大学法学院司法研究中心编：《宪法的精神》，邓海平等译，北京，中国方正出版社，2003 年10 月版，第376、377 页。

② Charles Debenedentti, *An American Ordeal*,（New York: Syracuse University Press, 1990），p. 165.

③ 北京大学法学院司法研究中心编：《宪法的精神》，邓海平等译，北京，中国方正出版社，2003 年10 月版，第377、378 页；Ronald B. Flowers, To Defend the Constitution,（Lanham, Maryland, and Oxford: the Scarecrow Press, Inc. , 2003），pp. 74～75.

件存在着操作上的困难，因为这种信仰难有统一的、客观的判定标准，不同的人会对同一种信仰"表达"作出不同的判断。但是，它反映了政府对青年权利一定的尊重和对他们宽容，从而避免了与这个国家中一部分也许是最坚决的反战者的正面冲突。

需要指出的是，由于越战期间美国国内外局势的恶化以及反战青年与政府间矛盾的激化，政府对"良心反对者"的态度并不总是宽容的；但如果将其当作一个过程来看的话，则其趋于宽容的态势是明显的。这从阿里案中可以见其一斑。

1971 年 4 月 19 日，美国最高法院对拳王阿里依伊斯兰教教义拒服兵役案进行了辩论。6 月 28 日，法庭一致做出有利于阿里的判决。法官威廉·道格拉斯写道："这是一个信仰、良心和宗教原则的问题。……这一信仰是受第一修正案保护的良心问题。"尽管在几年前，美国官方还在想尽办法迫使阿里服兵役并使他成为政府"有用的象征"，但此时态度却发生了明显转变。① 后来，阿里还成为了福特总统的座上客。这说明在战争的后期，政府在应对反战青年的方式上认识更加清醒，做法也更为成熟了。

对于"良心反对者"来说，他们有时不得不从事一些替代性的服务作为交换条件，但他们摆脱了战争的直接威胁，他们的个人权利得到一定的尊重，因而反叛情绪有所缓和。这在一定程度上削弱了反战青年的群体力量。尤其在一个信教者众多、宗教问题比较敏感、宗教在社会上有着巨大而广泛影响的国度，政府对信教青年权利的尊重和维护避免了可能因宗教信仰问题引发的政教矛盾和冲突，避免了社会发生更大分裂的可能，对保持国家政局的稳定无疑起着积极作用。

综上所述，法治的传统使反战青年和社会间的矛盾和摩擦得以在秩序的轨道内解决，从而减少了社会的振荡。它在维护了青年权利的同时，也使政府的合法性得到了巩固。这是与政府统治上的需要相适应的。查尔斯·L·小布莱克指出：

"（最高）法院最重要、最不可推卸的职责是使政府的行为合法化，而不是非合法化。权力受到限制的政府从一开始直到永远，需要的是这样一个工具，它能使人民相信，政府为了不超越权限已采取了一切人力所及的步骤。这

---

① Timothy L. Reed, "Peace Profile: Muhammad Ali," *Peace Review*, Vol. 16, Issue1 (Mar., 2004), pp. 107~111.

就是政府获得合法地位的条件，而取得合法地位，最终将是它借以生存的条件。从历史上来看，法院的作用一直是使政府的行为合法化。"①

法庭就1971 年五角大楼文件披露案的决议同样认为：

"保卫我们的社区免受暴力倾覆的重要性越大，就越有必要保证宪法赋予的自由言论、自由出版和自由集会的权利不受侵犯，目的是为了维护自由政治争论的机会以便让政府顺应民意。即便需要改变，也只能通过和平的方式。这才是共和国的安全所在，它也是合法政府最基本的基础。"②

在青年激进主义风行的60 年代，政府的这种态度和做法对事态的发展也许并不能起到关键性的作用，但它包含了化解青年和社会之间矛盾、实现反战青年主流化的制度因素，为问题的解决奠定了良好的基础。

5.2　社会③的变革与60 年代后反战青年的主流化

美国60 年代的青年反战思潮并没有对美国制度造成致命的冲击，尽管这是当时的激进左派所期望的。而随着时间的推移，多数反战青年也逐渐放弃了原先的激进思想，融入了美国的主流社会，尽管他们并未放弃对社会公正的呼吁。当年新左派杂志《堡垒》的编辑、学生运动的骨干分子、曾经对选举政治和里根抱有强烈不满的彼德·科利尔和大卫·霍洛维兹公然承认他们背叛了60 年代。他们说："投罗纳德·里根的票确实是一种最终告别过去的一切的方法。"④

1987 年，一些60 年代的激进派在华盛顿的"大海牙特饭店"集会，对当年的运动和其后的思想转变进行了反思。他们中有"关注战争神职人员"组织成员理查·纽豪斯牧师和"柬埔寨档案委员会"的戴维·浩克；以"全国学生联合会"主席的身份去过河内、对北越作过广播宣传的华盛顿大法官戴维·伊夫辛。还有其他一些在运动中喜欢将"美国"（America）一词中的字

---

①　《人民和法院》，纽约，麦克米伦公司，1960 年，第52 页。转引自［美］特里·M·珀林编：《当代无政府主义》，吴继淦等译，北京，商务印书馆，1984 年版，第168 页。

②　［美］J·艾捷尔编：《美国赖以立国的文本》，赵一凡等主译，海口，海南出版社，2000 年3 月版，第656 页。

③　这里指广义的社会，它是与自然相对应的范畴，其中包括政府和其他国家机构。狭义的社会则专指"市民社会"或"第三部门"。

④　Peter Collier and David Horowitz, "Lefties for Reagan," *The Washington Post Magazine*, March 17, 1985, p. 8.

母"c"写成"k"以表示其法西斯主义的重量级人物，其中包括曾经的"共产主义青年团"成员、以马克思主义历史学家的身份对"集体自由主义"做了批判的罗纳德·拉道什，曾经进行过恐怖活动的"青年革命运动"组织成员、现在成为海军战争大学教授的杰弗·浩夫。虽然他们的观点和结论不尽相同，他们现在的政治倾向也不完全相同，如有的"反思家"变成了保守派，有的自认为是自由派或左派，但他们有一个共同点，就是把美国的民主制度视为值得捍卫的目标，接受美国的主流价值观，重新找回"爱国主义"。① 而领导这场"再思运动"（Second Thoughts Movement）的，正是彼德·科利尔和大卫·霍洛维兹。

总的看来，当年青年运动的参加者大多改变了激进的嬉皮士形象，而成为认同主流社会的雅皮士。不仅如此，他们还成为主流社会的中坚，在主流社会里具有了一定的社会地位和学术地位。

分析其中原因，可以发现，虽然60年代青年反战思潮中的新左派对美国社会制度提出过挑战，但对多数青年来说，他们并没有从根本上与美国的主流社会决裂。他们本身是发达的资本主义消费社会的"产儿"，也是这个社会的受益者。在思想意识上，他们深受父辈的影响，这在前文已有所涉及。尽管年轻一代也曾批判过父辈们的信仰（如《休伦港宣言》中对自由主义的批判），但他们很少有人真正跨入与父母对立的意识形态阵营。② 虽然学生行动主义者比他们的父辈要激进得多，"但父子双方都位于光谱的同一边"；虽然造反学生比他们的父亲更加富有理想和责任心，"但基本在同一个方向上"。③ 即使是60年代公认的激进主义者海登等人，也并未完全摆脱与成人社会的联系。这种激进主义在一定意义上说是本能的激进主义、消极的激进主义。连海登本人也不得不承认，这种激进主义是"一种近乎本能的反抗"。④ 这使他们在反抗这个社会的同时仍然与它保持着千丝万缕的联系。因此，他们的抗争难以发展成为以一种新制度代替一种旧制度的斗争。事实上，他们的激进言辞只是一种"唤起人们关注改良主义者要求社会正义和一个更负责任的政府的引人注目的

---

① 参阅［美］彼德·科利尔、戴维·霍洛维兹：《破坏性的一代》，北京，文津出版社，2004年4月版，第204、205页。

② 参阅［美］理伯卡·E·卡拉奇：《分裂的一代》，覃文珍等译，北京，社会科学文献出版社，2001年11月版，第36页。

③ Seymour Martin Lipset, "The Activists: A Profile," in Daniel Bell, and Irving Kristol, eds., *Confrontation: the Student Rebellion and the Universities*, (New York: Basic Books, 1969), pp. 51～52.

④ Kirkpatrick Sale, *SDS*, (New York: Vintage Books, Random House, 1973), p. 37.

方式"。① 即是说,他们抗争的目的是希望这个社会更公正、更合理一些,这种抗争没有脱离自由主义的大传统。由此,他们对社会的反抗也就少了一些坚定性和彻底性,这使他们有可能在一定条件下重返主流社会。而美国社会在青年思潮的冲击下发生的一定的变革,则为青年的体制内回归提供了契机。

5.2.1　美国社会顺应青年思潮诉求的"同向"改革

60 年代青年反战思潮发生的一个深层原因是既存政治合法性的衰减。所谓政治合法性,就是指政府基于被民众认可的原则基础上实施统治的正统性和正当性,就是政府实施统治在多大程度上被公民视为合理的和符合道义的。如果说政治权力回答了"政治秩序如何可能"的问题,那么政治合法性所关注的就是"政治秩序如何持久"的问题。政治合法性是政治发展的一个重要内容,离开了合法性就无所谓政治发展。而一个权力结构要变成合法,就必须使生活在该体系中的民众觉得当权者够条件享有其权威地位,能公正地尽其职责,能发布适当的使人觉得非为不可的命令,并且能够接纳通过既定程序向上反映的意见,即卢梭所说的"把自己的强力转化为权利,把服从转化为义务"。② 只有遵循人民公意的统治,人民才会当作义务去服从。在 60 年代的美国,这种合法性的基础就是当政者能真实地反映大多数人的愿望,能保护少数民族的权益,而其政策又是以改善人民的福利为原则制定的。从青年自身来说,60 年代的美国青年之所以反战,在很大程度上是出于对自我命运和前途的担忧,这使每个个体的自主意识表现得非常鲜明。当然,这并不排斥他们在人权与和平方面对社会理想的追求,正是这种追求成了精神性的鼓舞。但是,由于反战青年目标比较具体,且贴近切身利益,它虽能强烈地刺激青年个体的参与意识,却不能锻炼他们坚韧的斗争精神和团结精神。由此决定了,当青年的意愿受到重视,他们的利益得到维护时,美国既存政治的合法性就会有所恢复,青年就有了重返主流社会的可能。尼克松越南政策的变化在青年中引起的反响就表明了这一点。

越南战争是反战青年、特别是新左派用以反抗美国政治和社会制度的"支撑点"。越战的发生和升级使新左派青年的造反具有了无可争议的合法性和正义性,他们相信,只有通过革命,推翻奉行帝国主义政策的政府,越南战

---

① Ted Robert Gurr, "Political Protest and Rebellion in the 1960s: the United States in World Perspective," in Hugh Davis Graham and Ted Robert Gurr, eds., *Violence in America: Historical and Comparative Perspectives*, (Beverly Hills, Calif.: Sage Publications, 1979), p. 72.

② [法] 卢梭:《社会契约论》,何兆武译,北京,商务印书馆,1980 年版,第 12 页。

争才有可能结束。但是，美国政府从越南撤兵表明美国社会现行的制度还能运转，并且是行之有效的。彼德·科利尔和戴维·霍罗威茨在谈到美国从越南撤兵对新左派的影响时说："当美国军队最终撤回国时，我们一些人开始对我们的政治设想和信念进行长久和痛苦的反思。"① 美国政府越南政策的变化，在很大程度上消解了激进青年反战思潮的基础。

而60年代后美国社会顺应青年思潮诉求的"同向"改革也为青年回归主流社会提供了良好的社会环境。一方面，青年们逐渐摆脱了60年代的理想主义，② 将注意力更多地集中在生活条件和环境的改善上；另一方面，60年代后美国社会诸多方面的改良表明，美国的社会制度在很大程度上能够适应新的条件，避免大的重建，而同时又能向那些急于变革的人提供某种实在的满足。③ 这使既存制度的合法性得到一定的恢复，激进青年的不满情绪有所缓解，从而逐渐采取了与主流社会合作的态度。这说明，当成人社会的改革运动积极、有力地进行时，青年更有可能加入其中，而不是寻求独立的政治表达的方式。以下主要从三个方面进行分析。

5.2.1.1　生态运动和绿党的出现

20世纪60年代大规模的美国青年反战思潮是在批判现代文明和工具理性

---

① Peter Collier and David Horowitz, "Lefties for Reagan," *The Washington Post Magazine*, March 17, 1985, p. 10.

② 反战青年理想主义破灭的主要原因在于：首先，60年代的美国反战青年从理想主义出发，投身青年运动，希望按照他们的理想来改造社会。经过60年代的激烈斗争，他们认识到，激进的、尤其是暴力的手段会使他们陷于孤立，从而脱离"沉默的大多数"。同时，受美国70年代"水门事件"等政治丑闻的影响，美国青年精英对政府作用和本人从政都持比较消极的看法，他们的政治立场趋于保守，许多人转向企业界以追求经济利益。其次，这时外部世界发生的一些事情也促使美国青年的理想主义破灭。当年，他们站在社会正义一方，反对美国侵略越南的反动政策，支持正义的越南北方，他们相信，胡志明市和西贡相比是一座天堂。但在美军撤出、越南统一后，印度支那战火又起，人民的处境仍然悲惨。后来，"红色高棉"波尔布特政权的暴政被揭露，中国"四人帮"垮台，对"文化大革命"做了新的诠释，原来的误读被更正。这使原来为青年们所推崇的理想和信念，以及所热爱的人和物在现实面前发生了颠覆。正如SDS成员休·吉拉德所说："我没有过去那种改变世界的忠诚感。……导致愤世嫉俗的（事情之一）是观察国际图景，看到好运动变成了坏运动或者说好的理想只是导致了暴行……你看到了发生在柬埔寨的暴行……那是丢人的，因为当我们……从政治上支持他们并且没有意识到它正在发生时，那些事情已进行了一段时间。"她从中得出结论："资本主义是腐朽的，但共产主义也没有做得太好。"［美］理伯卡·E·卡拉奇：《分裂的一代》，覃文珍等译，北京，社会科学文献出版社，2001年11月版，第435页。激进青年因而失去了政治支撑以及改造美国社会的模本和蓝图，感到理想灭灭。

③ 参阅 Michael X. Delli Carpini, *Stability and Change in American Politics: the Coming of Age of the Generation of the 1960s*, (New York: New York University Press, 1986), p. 221.

的过度发展的大背景下发生的。战后的科技革命在引起生产力快速增长的同时，也极大地破坏了自然环境。千百万群众（包括大批青年）涌上街头示威抗议，把斗争的矛头直指环境公害的元凶资本家，以及对环境污染和生态破坏放任自流的政府。1962 年，美国的卡逊女士所著《寂静的春天》一书问世，标志着人类环境意识的深刻觉醒。而越战期间美国的化学战对越南的田野、河流造成的毒害使那些对环境问题和生态平衡日益关注的人们更感担忧。① 在这种情况下，如果生态危机得不到有效解决，政府的合法性危机就不可避免。这迫使政府开始重视环境问题，并直接介入环境管理，增加环保公共支出，将生态环境问题纳入国家政治结构。1969 年后的十年，美国政府颁布了一系列限制农药使用、保持土壤和空气的立法，并于1972 年成立了资本主义世界第一个环保局，作为专门负责环境保护的国家机构，行使保护环境的国家职能。

进入70 年代以来，随着生态运动的蓬勃发展，一些人士组建"绿党"，开始以政党的形式进入政治体制，以期达到促进社会进步的目的。美国的绿党成立于1973 年，它提出"我们不是从父母那里继承了地球，而是从子孙那里借来了这个星球"的口号，② 试图解决当前的困境，得到了广大中下层人士、特别是一代青年的拥护，成为一支不可忽视的社会力量。在生态运动的强大压力下，环境问题成为社会中心问题，促使社会政治从只处理人与人之间的社会关系，发展到也处理人与自然的生态关系，环境问题进入政治结构，使政治开始带有生态保护的色彩。1976 年，卡特在总统竞选中高举"生态"大旗，这为他赢得了不少选票，成为他竞选成功的重要原因。布什（指老布什）在竞选时许诺要做一名"环保总统"，并在当选后声称自己不仅是"环保主义者"，而且是一个"预防污染主义者"。③ 他们在竞选时都作出环境保护的承诺，并将环境保护作为当选后施政纲领的重要组成部分，将环境保护目标同更广泛的政治目标结合起来。正如一篇题为《西方政治正在绿化》的报道所说：

"经过几十年的忽视之后，环境问题正从地缘政治学的边缘移向中心位置，环境问题成为地缘政治学的中心问题。"④

---

① Charles Debenedentti, *The Peace Reform in American History*, (Bloomington: Indiana University Press, 1980), p. 190.

② 向明：《向绿色要健康》，http://www.windrug.com/pic/30/15/12/17/1178.htm.

③ ［美］巴里·康芒纳：《与地球和平共处》，王喜六等译，上海，上海译文出版社，2002 年9 月版，第167、168 页。

④ 参阅《文化新世纪——生态文化的理论阐述》，http://hnbc.hpe.sh.cn/01/01a/10/01/23 -2.pdf.

到 2000 年时，绿党派出了拉尔夫·纳德为总统候选人参加总统竞选，并获得 3% 的选票。① 2004 年，绿党全国代表大会又推举本党党员戴维·科布为总统选举候选人。虽然美国的政治格局在短期内不会因绿党的参与发生根本的改变，总统的权柄还会一如既往地掌握在民主党或共和党手里，但生态运动的开展、绿党的成立甚至参与总统竞选都表明，它不仅已为美国主流社会所认可，而且成为一支不可忽视的政治力量；它的主张，如维护生态平衡、实行广泛的民主、维护世界和平等也具备了宣扬的合法舞台和一定的实践可能，成为新生社会运动的政治喉舌。它既是社会异化发展的产物，也是社会政治协调化发展的希望。60 年代反战青年的主张，在新的历史时期已具备了从体制外呼吁转向体制内诉求的条件。

5.2.1.2　黑人境遇的改善

60 年代蕴育和激发青年反战思潮的一个重要因素是美国黑人的恶劣处境和民权运动。民权运动培育了反战青年的政治意识和斗争策略，黑人的境遇使青年们看到了美国社会不公正的一面，促进了青年反叛意识的产生，而越南战争也使黑人青年更多地感受到黑人与白人之间的不平等，以及战争对改善黑人自身状况的消极影响。青年们、尤其是黑人青年将民权运动与反战运动联系在一起，将战争看作是改良社会的障碍。青年们变革不公正社会的愿望越迫切，他们反对战争、敌视主流社会的动机就越强烈。因此，美国政治权威的恢复，是与黑人争取为宪法所保障的民权及经济平等的实现分不开的。

经过五六十年代激烈的群众运动与反抗斗争，美国政府通过了民权法（1964 年）、投票权利法（1965 年）以及"肯定性行动计划"（affirmative action plan，1965 年)② 等法律法规，开始以制度的形式保障黑人种族平等的权利，"种族的区别对待"成为美国的一大禁忌。由于积重难返，犯忌的人不少，法律和现实之间依然存在很大差距，种族裂痕并未消弥。但从法律上清除长期以来存在于美国社会各方面的种族歧视与种族隔离，对现代美国社会的政治进程、种族关系演进具有深远的影响，有利于黑人的进一步解放。黑人的经济状况、教育水平、政治地位等逐步得到改善。

---

① 参阅《美绿党推出候选人》，http：//news. dayoo. com/，2004 年 6 月 28 日。

② 1965 年 9 月，约翰逊总统在一项行政命令中首次提到该计划。该命令要求联邦政府承包商采取肯定行动计划，保证求职者被雇用，不得有种族、性别、祖籍的歧视。以后，肯定行动发展到政府以行政命令和规章规定，一个单位（包括政府机构在内）或大学在就业或接受学生入学方面，要为过去受歧视的黑人和妇女等保留一定的份额。

从经济状况上看，1966 年有 55.1% 的黑人人口处于贫困线之下，而到 1973 年，这个数字下降为 34.1%。[①] 从 1950 年到 1970 年，黑人的平均收入由占白人收入的 54% 上升为 64%，其中黑人妇女平均收入由占白人妇女的 40% 上升为 92%。与白人相比，黑人工人的收入不再随年龄的增长而越来越少。[②] 到 70 年代中期，已有三分之一的黑人家庭上升为中产阶级。

黑人贫困人口的下降是与其教育状况的重大变化联系在一起的。1960 年，有 22.7 万黑人攻读学位，到 1970 年，这个数字增加到 55.2 万。黑人还进入白人大学学习，1970 年，大约有 37.8 万名黑人在此类大学或学院接受教育。[③] 到 80 年代，黑人受教育程度已与白人接近。黑人青年受教育机会的取得和随之而来的就业机会的扩大，大大满足了他们对受教育权利和工作权利的要求，缓和了他们对社会的不满情绪。

黑人中产阶级的出现、他们所受的良好教育和较高的经济地位使黑人参与社会和政治的要求更为强烈。他们希望以政治方式，在现存政治框架中通过"民主程序"，用选票来争取自己应有的权益，而社会也为他们提供了参与的机会——他们所拥有的选票已使自己成为一支重要的政治力量。事实上，这在 60 年代末期就有所体现。以 1969 年亚特兰大市的选举为例。

在 1969 年前的将近 20 年间，亚特兰大黑人社区在官员选举中一直扮演着"沉默的合作者"的角色，但在 1969 年，黑人领导人拒绝了对白人精英选择的市长候选人的支持，而是支持了一位名叫山姆·马索（Sam Massell）的富裕的白人房地产经纪人。在初选中，黑人领导发生了分歧，一些人支持山姆·马索，另一些人则支持了黑人教育家霍莱斯·泰特（Horace Tate）。结果黑人候选人获得 49% 的黑人选票，马索获得 44.2% 的选票，而代表白人商业利益的候选人罗德尼·库克（Rodney Cook）只获得 7% 的选票。尽管黑人候选人由于没有白人选票的支持最终在决赛中失利，但得到黑人支持的马索却获得了 25% 的白人选票和 92.2% 的黑人选票，取得了选举胜利。[④] 黑人选票的力量于此可见一斑。

① 参阅胡锦山：《20 世纪六七十年代美国城市黑人参政原因初探》，《东北师大学报》（哲学社会科学版），2000 年第 1 期，第 26 页。

② William Issel, *Social Change in the United States*,（New York: Schocken Books, 1985），p. 163.

③ 赵晓兰：《美国黑人争取选举权运动探悉》，《杭州师范学院学报》，1999 年第 5 期，第 30 页。

④ Mack H. Jones, "Black Political Empowerment in Atlanta: Myth and Reality," in Richard D. Lambert（ed.），*The Annals of the American Academy of Political and Social Science*, Vol. 439（Sept. 1978），p. 99.

据凯普贝尔等人说，1965年，在南部大约只有70名黑人民选官员，而到1974年，黑人民选官员在南部11州的人数已达1314人，其中大多数在地方一级担任官职。黑人在市议会取得的成功最为显著。在南部最大的185个城市中，有三分之一的城市拥有至少一名黑人议员。① 1975年，黑人市长的数量已由1970年的48人增加到135人，他们甚至开始在纽瓦克（Newark）、底特律和印第安纳州的钢城加利（Gary）等较大的城市主政。② 新左派组织黑豹党虽然强调必须与警察的镇压活动作斗争，但是黑豹党人也主张通过选举争得权力。1973年，他们独自参加了选举活动，并在黑豹党领袖博比·西尔（Bobby Seale）竞选奥克兰市长时呼吁白人和黑人投他的票。1973年和1977年，另一位黑豹党人布朗女士两次参加了市议会的竞选。难怪有人评论说，他们已经成了"奥克兰社会编织体的组成部分。"③ 1983年11月3日，在大多数黑人领袖的积极支持下，黑人牧师杰克逊宣布参加1984年民主党总统候选人提名竞选。在这次竞选中，杰克逊得到12%的支持率。1988年，杰克逊再次竞选民主党总统候选人，获得了全国700万选民和民主党29%代表的支持，超过了1984年的成果。这一年当选的总统布什任命了第一位黑人参谋长联席会议主席。④ 1990年，有24名黑人当选国会众议员，使这届国会成为重建以来黑人议员最多的一届国会。该年黑人民选官员有7335人，比1980年增加了68%，黑人当选市长人数继续上升，有一名黑人（道格拉斯·威尔德）当选为弗吉尼亚州州长，成为美国历史上第一个黑人州长。此外还有几十名黑人被任命为联邦法官、驻外使节，黑人将军鲍威尔被任命为参谋长联席会议主席。⑤ 进入21世纪，鲍威尔成为美国历史上第一位黑人国务卿，黑人在美国政治中发挥着越来越重要的作用。

虽然美国的种族问题依然存在，"黑人也许会成为中产阶级，也许会有所

---

① David Campbell and Joe R. Feagen, "Black Politics in the South: A Descriptive Analysis", *Journal of Politics*, No. 37 (February 1975), pp. 139, 148 ~ 149.

② William Issel, *Social Change in the United States*: 1945 ~ 1983, (New York: Schocken Books, 1985), p. 185.

③ Wallace Turner, "Huey Newton Denies Murder and Assault," *The New York Times*, Vol. Cxxvii, No. 43767 (Nov. 22, 1977), p. L11.

④ 许平等著：《一场改变了一切的虚假革命》，上海，上海人民出版社，2004年1月版，第233、234页。

⑤ David Green Stone and Paul Peterson, *Race and Authority in Urban Politics*, (New York: Russel Sage Foundation, 1973), pp. 95 ~ 96.

成就，但是他们终究逃脱不了种族主义"，① 但60 年代后的黑人问题已不像五六十年代时那么突出。社会进行的改革和民选（或被任命的）黑人官员被吸纳进入政治领域，减少了潜在的黑人解放运动的威胁，有利于社会的稳定。正如1967 年当选为克里夫兰市市长的卡尔·斯托克斯所说：

"很显然，我是一个'安全的'候选人。在那些白人的心里，他们相信一旦他们把我推到前面，他们就能收买下整个聚居区。"②

这不仅有助于实现黑人反叛青年的主流化，而且也使那些追求社会公正的白人青年看到了社会的进步，从而失去了一个重要的反叛社会的激发因素。

5. 2. 1. 3　政府工作的改革

基于越战和国内反战浪潮的经验教训，美国政府在60 年代后对政府工作进行了一系列的改革，这些改革措施在恢复人们对政府的信任上起到了一定的作用。

在对外政策上，国会开始发挥较大的作用，总统的权力受到限制。与越战时期不同，国会不再偏信总统及其顾问提供的情报。从1947 年到1976 年，国会私人雇员的数量从2030 名增加到了10190 名。1966 年，有对外政策顾问的参议员很少，但越战结束后却几乎人人都有，有些人甚至有不止一个。各委员会人员数量也同样有所增加。参议院对外关系委员会的人员由1960 年的25 名增加到1975 年的62 名；而众议院外交事务委员会的成员则从14 名增加到了54 名。③ 这些人员为议员们提供对外政策信息，在外交事务中发挥着越来越重要的作用，而许多议员也成了外交政策方面的专家。这在一定程度上限制了总统在处理对外事务上的"自由度"，使对外政策的合法性有所恢复，因为政策的合法性有赖于对从总统及其顾问到大众的诸多个人和群体的吸纳。

1973 年11 月，美国国会通过了《战争权力法》。这一法律规定，只有在正式宣战、依法授权、美国本土或美国领地受到攻击造成全国紧急状态等情况下，总统才能把美国的武装力量投入对敌行动。在未经国会宣战的情况下使用武力交战，总统须在48 小时内向国会作出书面报告；除非国会同意继续使用武装力量，否则总统必须在60 天内终止任何对美国武装力量的使用；如果出

---

① 冯卓然、谷春德：《人权论集》，北京，首都师范大学出版社，1992 年版，第367 页。

② Carl Stokes, *Promises of Power: a Political Biography*, (New York: Simon and Schuster, 1973), p. 96.

③ 参阅 I. M. Destler, Leslie H. Gelb, and Anthony Lake, *Our Own Worst Enemy*, (New York: Simon and Schuster, 1984), p. 137.

于对美国安全的考虑必须继续使用武力，这一期限可再延长 30 天；在此期间，国会两院共同做出的决定可以终止军队的使用。①《战争权力法》削弱了二战以来总统在战争问题上的权力，在一定程度上避免了"帝王总统"式的权力滥用；更为重要的是，其象征性意义要远大于其实际效力，有利于恢复饱受越战之苦的美国人民、尤其是青年对政府的信心。

尽管美国政府出于对自身国家利益的考虑不可能因为越战的教训和国内的反战潮流放弃战争政策，但其决策者在对外政策上不得不更多地考虑到民众的看法和意愿。在 1976 年总统选举中，卡特这样说到：

"我们知道了，除非美国及其人民的安全受到直接而明显的军事威胁，我们的国家再不应军事介入另一国的事务。我们不应利用 CIA 或其他秘密方式引起任何政府和政府政策的暴力变更。这样的介入不能给世界和平带来最大利益，它们在本质上几乎注定会失败。……我们再不能对国会和美国人民隐瞒我们外交政策的进展。对于我们的选择，我们的承诺、我们的进步或我们的失败，他们再不应被误导。"②

1977 年，他又指出，近来美国外交政策的表达和内容极大地忽视了公众的愿望。如果人民能参与讨论政策决定而不是受政府的欺骗和不被理睬，"那么过去对我们的国家造成如此破坏的一些错误"就有可能避免。③ 这包含了在 60 年代一代人的分裂之后重建国内一致的思想，在一定程度上有利于减少政府和民众间的矛盾。

在国内政策上，许多具有改革和公正思想的政治家决心公开政府的工作，同时致力于完善对总统和其他各级官员的监督机制。1974 年 7 月 12 日，国会通过《国会预算与搁置控制法》 （the Congressional Budget and Impoundment Control Act of 1974），规定了一些程序以限制尼克松时期不受限制搁置国会预算案的做法，规定只有在发生意外事件、通过条件的变更或更为有效的运作可

---

① *United States Code* （2000edition），Vol. 27，（Washington：Government Printing Office，2001），pp. 210 ~ 211.

② Jimmy Carter，"New Approach to Foreign Policy，" American Chamber of Commerce，Tokyo，May28，1975，in The Presidential Campaign1976，Volume One，Part One，Jimmy Carter （Washington：U. S. Government Printing Office，1978），p. 67. 转引自 Adam Garfinkle，*Telltale Hearts*，（London：Macmillan Press Ltd.，1995），p. 212.

③ Jimmy Carter，"Question-and-Answer Session with a group of publishers，Editors，and Broadcasters，" June24，1977. 转引自 Richard A. Melanson，*American Foreign Policy since the Vietnam War*，（Amonk，New York；London，England：M. E. Sharpe，Inc.，1996），p. 107.

以获取储蓄以及法律特别规定的情况下，才允许搁置预算案。① 1975 年1 月，国会两院选举产生了分别由众议员奥迪斯·派克和参议员弗兰克·彻奇领导的特别调查委员会，展开了对政府内最隐秘的中央情报局的调查，发现了其许多不为人所知的事情和滥用权力的不法行为，暴露了政府行为黑暗的一面。这有助于公众了解政府工作，维护自身利益。1978 年，《独立检察官法》应运而生。根据该法规定，在联邦政府高级官员被确认有违反公众利益的行为或被指控有刑事犯罪行为时，就可启用独立检察官（independent counsel）。② 同时，各州也相继通过了包括民权、国防、教育、就业、能源、贸易、司法、选举等各方面法律法规在内的"阳光法"（Sunshine Act），以增加政府的透明度。其中，它要求为每个人提供平等就业的机会，禁止因种族、肤色、宗教、性别或民族差异导致的就业歧视，通过各部门中持续的肯定性计划，促进平等就业机会的完全实现；③ 它还对各政党全国委员会的大选费用以及总统候选人的竞选费用作出了限制。④ 这些举措对于恢复人们对政府的信任具有积极的意义。

综上分析，美国社会自上而下的改革缓和了社会危机。社会课题是青年思潮存在的依据，而社会改革则使社会课题得到了解决或部分解决，青年的诉求在社会发展中得到体现，产生青年反叛心理的社会因素在一定程度上消失了，青年对社会的信任得以恢复，他们与社会之间重又达成了某种一致。这也说明，美国社会之所以能够避免无序的政权更替，正是因为它能依据时代的要求作出必要的变革；变革是美国社会不断化解矛盾和自我完善的动力与手段。胡适于20 世纪20 年代曾发感慨说："美国不会有社会革命，因为美国天天在社会进步之中，这种革命是渐进的。"⑤ 这决非毫无根据的虚妄之谈。

5.2.2 美国社会的宽容化

美国社会60 年代后的改良和调整使一些社会问题得到一定程度的解决，社会矛盾趋于缓和，人们的观念得到更新。再者，国际国内环境的变化也使美

---

① *United States Code* （2000edition），Vol. 1，（Washington：Government Printing Office，2001），pp. 358-359.

② The Office of the Federal Register，National Achives and Records Service and General Services Administration，*Code of Federal Regulations*：*Judiciary and Judicial Procedure*（Title28），（Washington：Government Printing Office，2001），pp. 233，236-237.

③ Ibid.，*Labor*（Title29），p. 199.

④ Ibid.，*Federal Election*（Title11），pp. 75～76.

⑤ 姚鹏、范桥编著：《漫游的感想》，《胡适散文集》，北京，中国广播电视出版社，1992 年版，第150 页。

国社会不再将左派当作一个大的威胁，它对自己化解社会矛盾和危机的能力比较自信。在许多社会领域，对非正统价值观和生活方式的宽容程度明显增强了。理查德·弗拉克斯认为，现在的许多美国人"具有空前宽广的身份选择的范围、无比丰富的自我发展的资源和一定程度的自我表达的自由，这使我们比我们或任何其他人以往任何时候都更加接近自由的理想"。① 卡冯考也指出："今天，能同情地听取对美国社会激进批判并认真地对待的人比1963年时要多得多。"② 知识分子的自由也得到了发展，高等教育对不同的观点和群体变得更加包容了。丹尼尔·雅克洛维奇通过对60年代和70年代校园的比较得出结论，70年代的大学生对政治和工作的态度更加接近于社会大众，而社会大众也更愿意接受60年代反叛青年关于性和文化的价值观。他发现，以前为小部分大学青年所拥有的价值观现在扩散到了整个一代人。③ 60年代的青年要求有的新文化，已经成为此后社会生活的重要内容了。而各权势集团也认识到青年在政治生活中的巨大作用，更加重视争取青年人的支持。80年代里根在其第一任期内对青年选民的重视、加里·哈特提出笼络青年人的口号——"老一代的时代已经过去，现在我们的时代来了。"——等都可以表明这一点。④ 社会观念的变革和青年人政治地位的变化给青年提供了更为广阔的发展空间，他们的权利可以得到较好的实现和保障。

在这样的社会氛围中，社会给予反战青年更多的理解和同情。人们认识到，如果美国真要接受战争的悲剧，它就得既接受那些服役人员，也接受那些以任何形式抵制战争的人。对抵制征兵者和破坏军法者的宽恕是使国家走向和谐和重新安排国家重点的重要一步。⑤ 从美国政府对反征兵者的处置看，在越战期间超过20万人的拒绝应征者中，只有8750人获罪，而被判入狱者有3000人，平均服刑18个月。⑥ 这表明，大多数的反征兵者并没有因为他们的行为

① Richard Flacks, *Making History: the Radical Tradition in American Life*, (New York: Columbia University Press, 1988), p. 186.

② Adam Garfinkle, *Telltale Hearts*, (London: Macmillan Press Ltd., 1995), p. 291.

③ 参阅 Daniel Yankelovich, *The New Morality*, (New York: McGraw-Hill Book Company, 1974), pp. 3~5.

④ 参阅陈勇为：《80年代美国青年面面观》，《青年运动论丛》，1989年1期，第58、59页。

⑤ 参阅 Charles Debenedentti, *An American Ordeal*, (New York: Syracuse University Press, 1990), p. 354.

⑥ 参阅 Stewart Burns, *Social Movements of the 1960s: Searching for Democracy*, (Boston: Twayne Publishers, 1990), p. 102.

而受到严厉惩罚，政府在这一问题上是从宽的。而对于那些在战争期间公民权利遭到侵害的人，政府也进行了一定的补偿。例如，1981 年 3 月，美国司法部同意给予宪法权利遭受 FBI 侵害的 5 人每人 10000 美元的赔偿。这 5 人中包括了原 SDS 成员路易斯·科尔（Lewis Cole）和黑豹党成员莎丽·布莱克波恩（Sara Blackburn）。① 在一些个案上，社会的宽容也有所表现。下面以两个案例说明。

其一是阿姆斯特朗案。② 1970 年，威斯康星大学学生阿姆斯特朗在陆军数学研究中心制造了爆炸事件，这一事件被称为美国历史上大学校园里"最具破坏性的恐怖主义爆炸事件"。1973 年，美国法院对此案进行了审理。在这个过程中，很多人给予阿姆斯特朗理解和同情。他的律师威廉·昆斯特勒（William Kunstler）指出，与大学——军方的研究计划和尼克松总统的政策所造成的几百万越南孤儿相比，一名威斯康星大学学生死于爆炸事件是微不足道的。这使为阿姆斯特朗的辩护变成了对美国冷战外交政策的控诉。

在学界和政界，也有许多人支持阿姆斯特朗。麻省理工学院的语言学家诺姆·乔姆斯基（Noam Chomsky）将新左派的恐怖主义看作是对美国在印度支那所犯战争罪行的必然反应。他认为，阿姆斯特朗之类的理想主义者"提高了越南战争的国内成本"。美国政府与纳粹德国几乎没有什么区别，它没有权力惩罚阿姆斯特朗。对于这种观点，普林斯顿大学教授理查德·方克（Richard Falk）表示支持。他认为，美国的越南战争是犯罪，作为一个有道德心的人，阿姆斯特朗别无选择，只能反击美国纳粹式的对外政策。新左派历史学家加布里埃尔·科尔克则认为："谴责阿姆斯特朗就是谴责整个痛苦的一代"。波斯顿大学历史学家霍华德·辛（Howard Zinn）认为阿姆斯特朗有"好的社会动机"。而行动主义者斯堂顿·林德则将阿姆斯特朗与美国著名的废奴主义者、认为恐怖主义和谋杀在实现社会正义上具有必要性的约翰·布朗相比。在政界，对 1964 年"东京湾决议案"投反对票的两位参议员之一的欧内斯特·格里宁（Ernest Gruening；另一位是莫尔斯）告诉法庭，炸毁陆军数学大楼是阻止越战所必需的。

尽管法庭最终宣判阿姆斯特朗有罪，但他在几年后就获得了假释，后来成为麦迪逊市的一名商人。应该注意的是，对阿姆斯特朗的判决是在美国暴力事

---

① Peter Kihss, "5 Gain Settlements for FBI Acts in the 70's," The New York Times, Nov. 22, 1977, p. 26. 转引自 James Kirkpatrick Davis, *Assault on the Left*, (Westport, Conn. : Praeger, 1997), p. 213.

② 本案资料参阅 Kenneth J. Heineman, *Put Your Bodies upon the Wheels*: Student Revolt in the 1960s, (Chicago: I. R. Dee, 2001), pp. 205 ~ 206.

件仍在不断发生的背景下进行的，实际上，直到 20 世纪 80 年代初还有黑人解放军（一个由黑豹党发展来的组织）和 SDS 的成员在活动，但对阿姆斯特朗的判决却未出于威慑的目的而变得过于严厉。

其二是对"气象员"组织成员的处理。① 在对"气象员"组织这样极端激进组织成员的处理上，政府也遵循了宽容为主的原则。该组织最著名的三位领袖分别是马克·鲁德（Mark Rudd）、比尔·艾尔斯（Bill Ayers）和波那丁·多恩（Bernardine Dohrn）。在 70 年代中期和 80 年代初，他们通过与政府谈判摆脱了牢狱之灾。多恩后来成为芝加哥西北大学法学院的一员；艾尔斯则获得了哥伦比亚大学师范学院的教育学博士学位，后来成为芝加哥伊利诺斯大学的教授。对于这种变化，艾尔斯自豪地概况为："罪行滔天，自由如鸟（guilty as hell，free as a bird）。"他认为"美国是个了不起的国家。"实际上，即使在他们步入主流社会之后，他们也并未放弃原先的信仰，他们仍然称赞 SDS，并认为过去的暴力行为是对美国种族主义和压迫的合理反应。在谈到多恩和艾尔斯等婴儿潮一代的行动主义者时，肯尼斯·J·海因曼指出，对于中产阶级和中产阶级上层的白人青年——甚至对于像休伊·牛顿这样的黑人强硬分子——来说，抗议是没有代价的。尽管他的说法多少含有揭露阶级、种族不平等的意味，但即便如此，它在客观上也会影响到以白人中产阶级青年为主体的青年反战思潮的走向，为反战青年的体制内回归准备了条件。

5.2.3　青年体制内表达渠道的获得

越战过后，相对宽容的社会环境使原先的反战青年获得了一定的表达意愿的渠道，青年民主参与的愿望得到一定程度的实现，他们对社会公共生活和自我命运有了一定的决定权，工业社会和战争给人们带来的压抑情绪得以缓解。这是反叛青年斗争的结果，也是社会趋于进步的标志。

5.2.3.1　职业参与：青年自我表达的一般渠道

青年的职业参与是青年社会参与的重要方面，是青年对自我概念的确定和评价，也是青年加入成人社会的关键转折和标志。这是青年成长的必然要求，也是社会接纳青年的重要标志。当青年面临着失业、社会排斥等不稳定因素的威胁时，他们个人发展的希望和社会理想便无从实现，青年也难以融入社会。对于 60 年代的反战青年来说，他们良好的知识教育水平和社会的宽容为他们

---

① 参阅 Kenneth J. Heineman, *Put Your Bodies upon the Wheels: Student Revolt in the 1960s*, (Chicago: I. R. Dee, 2001), pp. 207 ~ 208.

的职业参与提供了便利条件。

如前所述，在反战思潮衰落后，许多60 年代的反战青年并没有放弃原来的政治主张，而是继续保存了他们的核心价值观，但是策略发生了改变。许多原来激进的行动主义者关注当地的或小规模的变革而不是以全国性或革命性变革为目标。他们不再采取极端暴力的形式表达自己的政治意愿，而是将它们贯穿于所从事的工作当中，通过职业生涯体现自己的政治倾向和政治理想。对他们来说，工作不仅是养家活口的途径，而且是实现自我抱负的手段。这可以分为两种情况。

一种情况是原来的反战青年从事了体现其政治理想的工作。这其中有将自己的主张通过大学课堂表达出来的自由意志论者、学院教授莎伦·普莱斯利，她在辞去教职后还创立了一个名为"独立思考资源"（Resources for Independent Thinking）的组织，开发提高批判性思考的教育途径；原"气象员"组织领导人波那丁·多恩，他在90 年代初担任了西北大学儿童与家庭公正中心主任，旨在改进芝加哥的青少年司法体制；与汤姆·海登一起去过河内的 SDS 成员维维安·罗思斯坦担任了女权主义者创办的海洋公园社区中心主任。这些人将自己的工作看作是自己"关心的问题的放大镜"（波那丁）和自己政治的延续（维维安）。第二种情况是原来的反战青年从事了与政治完全脱节的工作。这些工作不是表达政治观的载体，然而政治信仰继续塑造了这些行动主义者的工作生活。原 SDS 成员林恩·戴克斯特拉虽然做了外科医生，但她认为"在 SDS 的经历教会她在工作中为自己坚信的东西而抗争"；而60 年代在华盛顿大学从事左翼政治活动的弗雷德·福斯特后来却成了一家他批判过的主流报纸的撰稿人，由于他的经历，他对工人问题更为敏感。① 尽管这些人职业参与的方式不尽相同，但他们都获得了个人发展和表达政治信仰的机会，实现了由体制外表达到体制内表达的转变。

通过职业参与，原来的反战青年获得了自我实践的机会。他们运用其专业技巧，通过团体工作和其他的介入方式表达自己的主张和见解，这增加了他们的尊严感、自信心及能力感，使他们有机会意识到自身拥有能够影响社会的权力，从而产生一种正面的自我评价。至少在主观上，这可以使人产生个人充权（personal empowerment）——即变得更有权力——的感觉。这对于重新定位个人和社会的关系、实现个人的社会融入和增强社会的凝聚力起着

① 参阅［美］理伯卡·E·卡拉奇：《分裂的一代》，覃文珍等译，北京，社会科学文献出版社，2001 年11 月版，第395～400 页。

积极的作用。

5.2.3.2 公民运动：青年自我表达的重要渠道

美国是一个公民社会①较为发达的国家。托克维尔曾经指出，不同年龄、各个阶层和各种志趣的美国人无时不在组织社团。在法国，凡是创办新的事业都由政府出面，在英国则由当地的权贵带头，而在美国，你会看到人们一定在组织社团。② 当人们对国家产生怀疑、失望和不满的时候，便会将目光投向公民社会。美国政府在60年代解决大量社会问题时表现出来的无能，使得一些人在寻找救治的药方时不再把目光局限在国家本身，而是转向了公民社会，希望在公民社会的建构中寻找出路。而60年代青年反叛思潮的冲击，也使各种社团组织在美国得到更多的包容和认同。于是，一场范围广泛的公民运动在70年代开始了，大量的社团不断涌现，并承担起社会调节的职能。公民运动的发展，标志着公民社会的觉醒，它使更多的公民愿意和有意识地直接参与社会公共事务管理，有利于民主政治的进一步完善和发展。同时，它的发展为大批活跃于社会底层的职业政治家和普通民众提供了前所未有的良好条件，使他们有机会参与政治和社会管理，使自己的愿望和理想有可能通过体制内渠道得以实现。在有些人看来，公民运动是困扰当时"许多美国人的绝望和失败情感的替代。"它表明了美国"最古老的观念"——美国政府是一个民有、民治、民享和为大众而致力于自由和公正的政府——在现代美国的重现。③ 这让那些在60年代的斗争中遭受了打击的青年人看到了新的实现理想的希望。

1979年，SDS成员汤姆·海登帮助发起了"争取经济民主运动"组织（The Campaign for Economic Democracy，即CED），该组织在洛杉矶的圣·莫尼卡城开展了反对开发商和房屋转换商的斗争，汤姆·海登本人也因此进入了州议会。这一运动后来扩展到其他城市，被称为"加利福尼亚运动"。④

---

① 所谓公民社会，是指"国家和家庭之间的一个中介性的社团领域，这一领域由同国家相分离的组织所占据，这些组织在同国家的关系上享有自主权并由社会成员自愿结合而形成以保护或增进他们的利益或价值。"［英］戈登·怀特：《公民社会、民主化和发展》，《马克思主义与现实》，何增科编译，2000年第1期，第33、34页。

② 参阅［美］托克维尔：《论美国的民主》（下卷），董果良译，北京，商务印书馆，2002年版，第635、636页。

③ Harry C. Boyte, Heather Booth, and Steve Max, *Citizen Action and the New American Populism*, (Philadelphia: Temple University Press, 1986), p. 5.

④ 参阅 David Chalmers, *And the Crooked Places Made Straight: The Struggle for Social Change in the 1960s*, (Baltimore: Johns Hopkins University Press, 1991), p. 184; Also see "Legislative Achievements", http://www.tomhayden.com/Legislat. 1988. html.

希瑟·托毕斯（Heather Tobis）曾在 1964 年夏为密西西比的自由学校和选举人登记工作过，后来积极参加了反战运动并与 SDS 早期领导人保罗·布思结婚。1973 年反战运动沉寂后，她组织了"中西部学会"（Midwest Academy）。到 80 年代末，该学会派出约 16000 名社区组织者与非裔美国人、拉美人、蓝领工人、农民、穷人、老人和中产阶级白人合作。SDS 成员斯蒂夫·麦克思（Steve Max）负责培训工作。该学会通过短期课程培训一般民众组织、筹款等方面的技巧，其目标是争取自身权利并使社会发生变革。它在组织和构想上为许多寻找实现理想的新方法的、60 年代的学生行动主义者提供了新的视角。通过在争取自身利益的斗争中积极参与并发挥作用，人们增强了参与和管理社会事务的信心，并逐渐改变着社会的权力均势。这实际上是对 60 年代价值观的继承，不同的是原先的体制外组织变成了今天的体制内组织，运动因而具有了更加坚实的成功运作的社会基础。除"中西部学会"外，"工业地区基金"组织（Industrial Areas Foundation）、"全国训练和信息中心"（National Training and Information Center）、"组织训练中心"（Organize Training Center）等也都是 70 年代新的培训公民组织者和领导者的中心。

后来，希瑟·布思成为七八十年代负有盛名的、在全国拥有许多分支机构的"公民行动"组织（Citizen Action）的联合领导人之一，"中西部学会"成为其培训机构。"公民行动"的主要活动方式是就筹款、征集请愿签名等问题进行挨家挨户的游说。这种方式被认为是大规模动员工人阶级和中产阶级对抗公司压力的一种方式，它对反击有关环境、消费者等方面不合理的政府法规起着重要作用，使普通民众在权势面前不再那样无能为力。兰利·马科斯（Larry Marx）指出："我们不是无助的受害者。我们能够控制自己的生活。"对于游戏规则，人们不必简单地予以接受。① 出于对决策的关注，"公民行动"日渐卷入选举政治，支持自己的成员和那些赞成和帮助自己事业的人进入权力中心。80 年代，"公民行动"支持伊阿华州的汤姆·哈金②、伊利诺斯州的保

---

① Boyte interview with Larry Marx，June21，1985，St. Paul. 转引自 Harry C. Boyte, Heather Booth, and Steve Max, *Citizen Action and the New American Populism*,（Philadelphia：Temple University Press, 1986），p. 72.

② 哈金 1970 年开始他的反战生涯。作为国会山一位议员的助理和反战者，他与一些共产党的同情者一起访问了越南。他在越南监狱拍摄了照片，并对"老虎笼"作了详细描述。后来，他将这些东西登载在美国《生活》杂志上。"Tom Harkin,"http：//en. wikipedia. org/wiki/Tom_ Harkin.

罗·西蒙①、华盛顿的布洛克·亚当②、伊利诺斯州的议会平民党党员干部会议领导莱恩·伊文思③取得选举胜利。田纳西州的阿尔伯特·戈尔、马里兰州的巴巴拉·米库斯基等人也都从干部会议进入了参议院。到80年代末，有1000多名社区领导、政治行动主义者、基层组织者、当选官员和全国的候选人参加了"中西部学会"年会，其影响可见一斑。④

此外，"清洁水行动计划"（Clean Water Action Project）、"公民劳工能源联盟"（Citizen Labour Energy Coalition，即 CLEC）等组织也成为60年代反叛青年在不同领域表达自己主张、反映自己利益的渠道。80年代，虽然由于国家干预政策使美国经济深陷"滞胀"困境，经济、军事实力相对下降，对苏"缓和"政策破产，美国霸权地位日益削弱，国内各种社会矛盾更加尖锐。在这种历史条件下，自由派的地位节节下降，保守势力的影响则不断上升，各种保守思潮和组织互相呼应，汇合成一股席卷美国的保守主义政治潮流。但是，60年代的反叛者们并没有放弃对理想的追求，他们"将人民党⑤和新政政治

---

① 保罗·西蒙1974年当选为美国众议院议员，之后又连续4次当选。"Biography of Paul Simon," http：//www. igpa. uiuc. edu/ethics/simon – bio. htm.

② 布洛克·亚当在六七十年代是众议院中华盛顿州的代表，任期12年；另外还任参议员六年。在议会中，他站在反对越战的一边。他还在推动铁路建设、艾滋病研究等方面发挥了作用。http：//www. historylink. org/essays/output. cfm? file _ id = 5739；also see "Brock Adams," http：//en. wikipedia. org/wiki/Brock_ Adams.

③ 莱恩·伊文思1982年当选为美国众议院议员。他曾是越战时期美国海军陆战队成员，因此他在议会中常常反映老兵的愿望和呼声；他带头呼吁禁止使用杀伤性地雷，另外还是一名环保工作者。"Lane Evans：Biography," http：//www. house. gov/evans/evans/about_ evans. htm.

④ 关于"中西部学会"和"公民行动"组织的资料可参阅 David Chalmers, And the Crooked Places Made Straight：*The Struggle for Social Change in the 1960s*, （Baltimore：Johns Hopkins University Press, 1991），p. 186.

⑤ 19世纪下半期，普尔、托拉斯、控股公司等垄断组织在美国得到迅速发展，随之而来的是对垄断的不满在全国范围内的兴起。在农村，这种不满集中表现在平民主义思潮和运动的兴起上，90年代初人民党运动，即平民党运动就是其中之一。在1892年大选中，人民党获得8.5%的普选票和22张选举人票，有3人当选国会参议员，10人当选国会众议员，4人当选州长，成为一支重要的政治力量。但是由于人民党成分的分散性和农民利益的多样性，它的政治主张十分复杂，后来其基本主张又被民主党政纲吸收，这样人民党逐渐失去了作为独立政党的政治基础。尽管如此，人民党改革运动的影响是不能低估的，它对资产阶级两党制起一种制约作用，并在很大程度上影响着美国现代史开端时期的现代资本主义的两党政治，成为现代美国一系列改革运动的先声，成为从杰斐逊、杰克逊民主到罗斯福新政改革的桥梁，是一次有着深远影响的制约美国两党制的第三党运动。参阅黄安年："美国的发展与200年的改革潮（A）"，学术交流网/世界历史研究/2004年7月28日首发，www. annian. net。

的老传统与索尔·阿林斯基（Saul Alinsky）① 的基层和民族的组织、SNCC 在南部腹地的经历以及 SDS 在北部少数民族聚居区的 EPAP 计划结合起来，使60 年代的激进精神永存。"②

相对于通过个人职业生涯实现的个人充权而言，公民运动是一种集体的充权（Collective Empowerment）。它不是由有权力者赋予的，而是一个赢得权力的过程。它使使用者能运用其作为公民的权力而融入社会，并改变社会对待他们的方式。虽然公民社会与国家间的矛盾关系不可能彻底消除，但公民运动为60 年代反战青年的利益表达提供了一条新的、有效的渠道，在维护其自身利益上发挥了积极作用。而在客观上，公民社会的组织在实现反叛青年主流化中起到了国家"政策工具"的作用。

5.2.3.3　总统竞选：青年政治行为主流化的集中体现

这种行为虽然不具有普遍性，但却富有重要的象征意义。1992 年，美国"婴儿潮"一代的代表人物克林顿当选总统，表明社会对60 年代反叛青年的宽容和接纳。实际上，由于社会的理解和宽容，战后一代向美国最高权力的冲击于1988 年的总统大选时就开始了。当时的民主党大选政纲非常重视这一代人的作用，强调美国正站在机会和变革的新世纪的边缘，大选应该是这一代人的事，只有这代人才能应对美国所面临的挑战。③ 这实际上昭示了美国新一代领导人的思想轨迹。而1992 年大选年中克林顿击败老布什最终揭开了"后战后"总统的时代。

1992 年美国大选中出现的"代际更替"现象在很大程度上受到了青年政治行为主流化的影响。这次大选争论的焦点集中在越战时期克林顿逃避服兵役的事件上。对于此事的看法分为两派：一派认为克林顿的所为是理智和自然

---

① 索尔·阿林斯基（1909～1972），美国社会活动家和组织者，曾就自上而下的、精英式的规划后果过这样一段话："这不是一个民主的方案，而是充分证明了他们对人民群众的能力和智慧缺乏信任，不相信人民自己能想出办法成功解决自己的问题，人民几乎完全被排斥在外。"加里·哈梅尔：《战略就是革命》，http：//vipaa.net/ad/hyxx/hy_ show.asp? id =1352&lbid =2 ，2005 年2 月23 日。20 世纪60 年代，他对青年运动仍有一定的影响。他开展了一些组织活动，并试图与新左派建立联系。但在当时的社会氛围中，阿林斯基只是一个改革者、而非革命者的形象，因此这种联系最终未能建立起来。Mike miller，"The 60's Student Movement & Saul Alinsky：an Alliance that Never Happened，" *Social Policy*，Vol. 34，Issue 2/3（Winter2003/Spring2004），pp. 104 ~110.

② David Chalmers，*And the Crooked Places Made Straight：The Struggle for Social Change in the 1960s*，（Baltimore：Johns Hopkins University Press，1991），p. 186.

③ 参阅吴潮：《论美国总统的代际更迭》，《浙江师大学报》（社科版），2000 年第5 期，第49 页。

的，属于这一派的大多是 60 年代反战运动的参加者。他们认为在 1965 年或 1966 年像克林顿那样的做法也许是怯懦的，但到 1969 年时，人都能看出战争即使不是犯罪，至少也是一个错误，没人愿意接受一个前去冒险而会白白丢掉性命的总统。① 在他们看来，克林顿没有盲从政府是值得称道的，因为如果没有那些"富有思想的人们的影响，……我们也许仍在探索隧道尽头的光明，就像如果没有 18 世纪 60 年代人的类似行动，我们也许仍在向英国国旗致意一样。"一派认为克林顿是自私的，而自私的人是不能做总统的。越战老兵、宾夕法尼亚大学教授瓦尔特·A·麦克道戈尔认为克林顿抛弃了所有的权威，而同时为了有一天能让美国屈服于他的权威而经营着自己的事业。因此，按照克林顿的逻辑，今天的美国公民"对一个克林顿政府的权威表示尊重的义务不会多于那时他向我们的政府表现出的尊重。"②

尽管人们对克林顿在越战时期的表现看法各异，但选举的结果表明，大多数人对其表现是理解的，社会给予他更多的是宽容。以佐治亚州为例，该州五分之四的选民声称，克林顿在越战期间逃避兵役的问题并没有给他们对他的评价带来不良影响。约三分之二的选民说对克林顿试图逃避越南征兵的非难没有影响他们的投票，十之其一的人甚至说这件事使他们以称许的眼光看待他。③ 这是因为，克林顿的行为"在他那一代人的环境中不是什么特别的事情。实际上，它们几乎是……那一代知识精英分子的典型表现。"④ 因此，任何对他在越战时期的表现的非难和攻击都不仅是对他个人的侮辱，而且也是对整个一代人的怀疑和侮辱。这是老布什所始料未及的。

实际上，并没有材料证明克林顿在 60 年代是坚定的"反战派"，但是充斥青年一代生活内容的逃避服兵役、反对越战等思想行为无疑使克林顿的思维方式、价值取向深深打上了同代人的印记而与战后总统代（肯尼迪、约翰逊等）的道德价值观念相异，这是克林顿受到各种非难的原因，但同时也成为他为美国公众谅解的社会原因。之所以如此，是因为 60 年代被认作离经叛道

---

① Harold Fowler, "Getting Out Vietnam Did U. S. Credit," *The New York Times*, Vol. cxli, No. 48895 (March 4, 1992), p. A22.

② Walter A. Mcdougall, "What We Do for Our Country," *The New York Times*, Vol. Cxli, No. 48879 (February 17, 1992), p. A17.

③ Peter Applebome, "Clinton Draft Issue Doesn't Sway Most in Georgia," *The New York Times*, Vol. Cxli, No. 48895 (March 4, 1992), p. A16.

④ Michael Kelly with David Johnson, "Campaign Renews Disputes of the Vietnam War Years," *The New York Times*, Vol. Cxlii, No. 49114 (Oct. 9, 1992), p. A20.

的思想和行为，因为包含了今天世界的某些元素，不但没被打上历史的封条，反而被看作是对现代精神的探索。尽管社会在对 60 年代反叛青年的态度上没有达成完全的一致，但其总体趋势是越来越宽容了。而且，随着冷战的结束，美国社会的安全保障系数大为增强，意识形态观念日益淡化，对青年的激进叛逆行为承受力也大为增强，非主流文化不再动辄被视为洪水猛兽，因而获得了更为广阔、自由的存在空间。就 1992 年的选举看，"其他问题——经济、教育、健康维护——更为重要，选举是在 1992 年的问题上、而不是在 1968 年的形象上进行斗争。"① 这体现了一种既往不咎、着眼于现在和未来的包容精神。

与上述两种实现充权的方式相比，克林顿的当选更具有政策性充权的象征意味。它通过权力、机会及社会地位的公平分配的社会政策，取缔了原先带有歧视性、惩罚性的社会政策，使原来的反叛者获得了为社会承认的权利。这在客观上给他们提供了影响国家政治的更大机会，也使青年选民出于对克林顿的认同而主动参与国家政治，青年文化逐渐成为社会政治力量的有机组成部分。

总之，在 60 年代反战青年主流化的过程中，社会对青年一定的理解和宽容起了重要作用。但这并不意味着反战青年的主流化仅仅是社会宽容的结果。正如上文表明的，它与青年人思想意识的变化不无关联。青年人意气风发，疾恶如仇，他们有着改变世上一切不公正的愿望和要求。但随着年龄的增长，社会环境和主观因素的限制使他们意识到，这种愿望和要求是难以在现有的社会环境中实现的。所以，他们开始注重理智的思考，从离经叛道的青年变成主流社会的一员。而社会的宽容就是在为青年的理智思考提供条件。青年不同于儿童，他们会根据已有的经验在各种社会行为规范中进行选择。为青年创造一个良好的社会环境，让他们在这种社会环境中进行选择，这比演说家的灌输作用要大得多。

反战青年的主流化意味着青年与社会达成了统一，但这并不意味着青年完全放弃了主体意识，消极地顺应于社会；或者反过来，要求社会无原则地放弃整体意志，迎合青年的一切要求。这种"主流化"既不利于青年的成长，也不利于社会的进步。反战青年的主流化意味着，作为社会总体文化之一部分的青年文化，在能动地影响社会总体文化的过程中，社会普遍接受了青年当中某些积极的、代表时代进步和反映历史发展趋向的亚文化；这些亚文化上升为社会主流文化，成为社会共享文化的一部分。而随着社会的发展，这种趋向会表

---

① Adam Garfinkle, *Telltale Hearts*, (London：Macmillan Press Ltd. , 1995), p. 235.

现得越来越明显。这种"主流化"是青年成长、社会"返青"① 和历史进步的关键环节。

5.3　本章小结

本章主要思想归结如下：

一、60 年代的美国青年反战思潮表明，压制的行为剥夺了人们的权利，其必然后果是人们政治态度和行为的激进化和政府对立面的扩大，形成严重的社会不稳定因素。因为激进化了的政治态度和行为会使社会出现政治信任危机，导致社会离心力产生，极易使整个社会出现分化瓦解的无政府状态；而且，激进化了的政治态度和行为在一部分社会成员中会产生非理性对抗政府和社会的行为，破坏正常的社会秩序。

二、社会的宽容是实现反战青年主流化的重要原因。宽容是互相冲突的观点和立场之间的相互理解和彼此允许对方的存在，是对他人权利的尊重和维护。它避免了使他人走入感情的死胡同，是个人之间、组织之间以及个人与组织之间一种比较文明的行为方式，是实现个人自由和社会和谐的手段和条件。

当然，在面对一种青年思潮时究竟应采取何种应对方式，不可一概而论，而要联系当时的社会现实，对社会矛盾的性质和青年思潮的性质作出具体分析，在有利于推动社会文明进步的前提下作出正确、理智的判断和选择。

三、当社会以积极的姿态将青年诉求中反映社会发展趋势的因素转化为社会变革的实在内容时，青年更有可能参与其中，而不是寻求独立的政治表达的方式。

四、反叛青年的主流化意味着，青年反叛文化在能动地影响社会总体文化的过程中，社会普遍接受了青年当中某些积极的、代表时代进步和历史发展趋向的亚文化；这些亚文化上升为社会主流文化，成为社会共享文化的一部分。

---

① 即社会的"青年化"。这不仅体现在青年在社会群体结构中所占的比例和他们在社会结构中的功能、地位上，而且更主要地是体现在精神的层面上，即青年文化深刻地影响濡染着整个社会文化及人们的精神风貌，整个社会变得更有朝气和活力了。

第六章

结论与启示

 青年问题是社会转型时期一个值得特别关注的话题，对这一问题的研究有助于维护社会的稳定和促进社会的发展。为使我国的青年工作适应社会变化并与之相协调，我们需要不断开拓视野，吸取国内的和国外的历史经验教训。本课题的研究也正是基于这样的考虑。回顾历史、联系现实，我们对 20 世纪 60 年代的美国青年反战思潮有所认识，也有所领悟。

6.1 青年反战思潮的历史进步意义

 20 世纪 60 年代的美国青年反战思潮是在社会出现危机、社会矛盾发展到一定程度时出现的。这时，人们普遍需要新的信仰和新的追求目标以获取自我精神的支撑点；他们寻求能够反映自我利益、愿望和要求的理论，并在危机感中渴求重大的社会变革，解决面临的社会问题。青年反战思潮是对资产阶级意识形态的承诺和资产阶级社会现实之间的鸿沟的揭露和控告，具有左翼思潮的特征。它与帝国主义的侵略战争政策做斗争，甚至对资本主义政治体制提出挑战，充分表现了青年、尤其是青年学生和知识分子在西方资本主义国家中所起的积极的甚至是革命的作用。加尔布雷思指出：

 "带头反对越战的是大学，逼迫约翰逊总统下野的是大学，……迫使20多位随波逐流者、军界的阿谀奉承者和鹰派人物退出最后一次国会选举的也正是大学。"①

 以致霍布斯鲍姆这样评价道："60 年代末期学生的反抗运动，是旧式世界

---

 ① ［美］J·K·加尔布雷思：《进入纽约、华盛顿及其他迷人地方的成人指南》，载《纽约》（第 15 期，1971 年 12 月），第 52 页。转引自 ［美］西摩·马丁·李普塞特：《一致与冲突》，张华青等译，上海，上海出版社，1995 年版，第 331、332 页。

革命的最后欢呼。"①

60 年代青年反战思潮虽然带有"否定一切"的无政府主义倾向，但它表现出的叛逆性决不是对旧文化的非理性反应，恰恰相反，它是旧文化合乎逻辑的结果，是其潜在可能性的表现，是修正其缺陷的理性努力。在某种意义上说，是其逻辑完成。在青年无数次看似非理智的"冲动"背后，是青年在一个新的时代对新文化和新的生活方式的理性探索与追求。如果说旧文化的中心目标是克服经济匮乏，那么青年的反叛就是站在旧文化的肩上，实现、复活和表达这一文化被忽视的、潜在的希望。反战青年是他们所继承的危险的和不公正世界的产物，他们受到一个更加自由、更加和平、更加解放了的和更加公正的社会构想的激励。因此，反战青年不是历史的反动派，而是历史的先锋。他们将维护自身权利的特殊利益诉求与社会历史的发展趋向相结合，从而使自身的历史作用得到了极大的发挥，并最终获得主流社会的认同。

6.2 美国青年反战思潮今昔相通

20 世纪 60 年代的美国青年反战思潮虽然早已过去，但其对美国社会的影响仍然巨大，青年反战作为一种传统延续了下来。

早在 1991 年 1 月，《纽约时报》登载了密歇根大学"讲谈会"的一幅照片，标题为："当波斯湾战争最后期限临近时，一次反战运动正在美国形成。密歇根大学星期三的讲谈会讨论了重新颁布军事征兵的可能性。一名赞成征兵的学生（上方）被喊声淹没。"② 而"讲谈会"正是 60 年代反战运动的创造。在 90 年代初的反战运动中，同样出现了 60 年代那样的不同的反战派别，它们的言论、策略等与 60 年代有诸多相似之处，原因之一即是人们对 60 年代反战思潮的鲜活记忆及其示范作用。

人们对现代社会中的高科技战争进行了谴责。麻省理工学院的一名学生说道："我们在海湾的所作所为是野蛮的。当我们在技术上越来越先进时，我们的人性却越来越低劣。"③ 这与 60 年代新左派的言论何其相似！歌手们也利用

① ［英］霍布斯鲍姆：《极端的年代》（下），郑明萱译，南京，江苏人民出版社，1998 年 3 月版，第 665 页。

② 参阅 Adam Garfinkle, *Telltale Hearts*, (London: Macmillan Press Ltd., 1995), p. 239.

③ Anthony Depalma, "On Campuses, Coordinated Antiwar Protests," *The New York Times*, Vol. Cxl, No. 48519 (February22, 1991), p. A10.

歌曲的形式唤起人们对战争的抗议。与当年的鲍勃·迪伦和约翰·列农不同的是，新一代的歌手们开始利用互联网技术反对伊战，①其影响更为迅速而广泛。

无独有偶，当小布什发动伊拉克战争时，许多青年加入到反战的行列。彼得·D·哈特研究协会2003 年的一项调查表明，每12 名受访青年中就有一人参加过反战抗议，还有更多的人说战争影响着他们的投票计划。在战争期间，青年政治参与的积极性空前高涨。尽管有三分之二的受访者说他们支持战争，但54% 的人相信反战者的行为是爱国的，而且仅有41% 的人说要投布什的票。②这表明，这部分青年在对待政府的态度上是矛盾的，他们对同辈中的反战者并不敌视。这有利于反战青年建立自己的投票集团，从而可能对政府的决策产生更大的影响。而美国面临的征兵危机也表明，美国青年的反战情绪正在酝酿。统计显示，2004 年10 月和11 月，陆军预备役部队的实际征兵人数比预期目标减少了10%，国民警卫队则比预期目标减少了30%。另据《今日美国报》报道，2005 年2 月美国陆军招募现役军人名额为5114 人，比7050 人的预期目标减少了1936 人，减少率达27.4%，而这是在新兵大幅提薪和即将为延长服役期的陆战队官兵大幅度增加奖金数额后发生的。③有报道称，此时的征兵人员陷入了尴尬境地，有些人甚至处在了"神经崩溃"的边缘，因为不论他们对青年作出怎样的承诺，青年及其家人都会说"不"。④从2005 年9月24 日发生在华盛顿、洛杉矶、旧金山、西雅图等地的大规模反战示威（仅华盛顿一地就有10 余万人参加，其中有许多青年呼吁、组织并参加了这次示威），到2009 年3 月19 日美国全国各地举行的反战活动，都清楚地表明，美国的反战浪潮从未平息。

如果将目前的青年反战思潮与上世纪60 年代的反战思潮做个比较，可以发现它们在反战的动机上其实并无本质的区别。2003 年3 月，一个名叫"全国青年和学生和平联盟"（National Youth and Student Peace Coalition，即NYSPC）的组织举行了有数千名大中学生参加的反战集会，主题为"要书本

---

① Jay Greene, " Give Peace a Download," *Business Week*, Issue 3827（4/7/2003），http：//search. epnet. com/login. aspx？direct = true&db = aph&an = 9432734.

② Liza Featherstone, "Antiwar Students Rock the Vote," *Nation*, Vol. 277, Issue4（8/4/2003 – 8/11/2003），http：//search. epnet. com/login. aspx？direct = true&db = aph&jid = NAT.

③ 翁寒松：《美军面临有史以来最严重的征兵危机》，人民网，2005 年3 月16 日。

④ 参阅 John Catalinotto, "Youths Say No to Pentagon Wars," www. workers. org, April7, 2005, p. 1.

不要炸弹"（"Books not bombs"）。学生领袖们认为，伊拉克战争不仅是非正义的，而且这一费用巨大的战争还会导致公共高等教育拨款的进一步削减。"非商业区青年争取和平正义"组织的成员卡里姆·洛佩兹说：

"我们觉得这是对这里的年轻人的进攻，用在战争预算中的金钱直接取自社会公共服务，包括教育。"①

而"现在行动终止战争暨结束种族主义"组织（Act Now to Stop War and End Racism）的协调人林德赛则指出：

"我们想将钱用于工作而不是战争……我们知道（对伊拉克的）占领不是（对它的）解放，斗争必须继续。"②

一个由各校园反战委员会组成的反战网络（CAN）也在其网站上公开宣布：

"我们需要钱来发展教育、改善工作和促进医护，而不是将它用在战争和占领上。"③

尤其在2005年8月下旬飓风登陆美国以来，美国国内贫困问题和种族问题的显现使反战者更加清醒地认识到结束战争、关注国内民生的紧迫性。这表明，战争的性质、它对国内社会发展以及青年自身发展的不良影响仍然是促使青年反战的主要因素。

所不同的是，目前的青年反战思潮所拥有的同盟者更多了，它的群众基础更为广泛。在60年代，反战思潮和运动带有鲜明的青年反文化的色彩，许多上一辈的人很难在这一运动中找到自己的位置，而目前的反战运动则是由不同代人共同参与的。反伊战运动不仅包括左派、反全球化行动主义者和和平组织，也包括教会、其他宗教组织、工会和许多其他与左派不相干的组织。它也包括了大量以个人、而不是以组织成员的名义参加示威的人以及以前从未参加过政治抗议的人。④ 在反战运动中，有许多大学教授参与其中，他们几乎都是

---

① Jeffrey R. Young, "Thousands of Students Walk out of Classes to Protest Possible War," *Chronicle of Higher Education*, Vol. 49, Issue 27 (3/14/2003), http://search. epnet. com/login. aspx?

② Lori S. Robinson, "Teen Leader Prominent in Antiwar Movement," *Crisis* (The New), Vol. 110, Issue3 (May/Jun2003), p. 12.

③ "What is CAN?" http://www. campusantiwar. net/index. php? option = content&task = view&id = 5&Itemid = 29.

④ Barbara Epstein, "Notes on the Antiwar Movement," *Monthly Review*: an Independent Socialist Magazine, Vol. 55, Issue. 3 (Jul. , 2003), p. 109.

在越战时期成长起来的，都受过 60 年代反战思潮的洗礼。① 他们自身是反战的重要力量，而且，他们的思想和行为将历史和现实联系在一起，给青年、尤其是青年学生带来了许多反战的教育因素，这有利于将青年反战思潮推向前进。

当谈到青年反战思潮的作用时，一位研究校园抗议运动的学者曾经这样说道："如果联合国安理会不能阻止布什，我认为学生们也不能阻止布什。"尽管如此，青年反战思潮还是使他面临着一个"他将不得不与之竞争的广泛的和平和社会正义运动。"② 这话是中肯的。面对有着广泛社会基础的、日益发展并颇具影响的反战思潮，任何一届美国政府和领导人都不能不考虑民意的力量，不能不为"另一个越南"（another Vietnam）的可能前景担忧。

尽管由于当前美国社会"纺锤体"的分配结构、其信息预警机制的不断完善以及志愿兵制的实施，青年反战思潮已不像 60 年代时那样潮起潮落、波澜壮阔，它对美国社会的威胁也大为减弱，但时代在变化，青年实现社会公正和维护自身权利的诉求却没有变，青年反战思潮在逻辑上是今昔相通的；从而，在南北战争时期就有所表现、在越战时期达到高潮的美国青年反对战争、要求和平的反战传统没有变。只要具备一定的条件，它总是会以这样那样的形式表现出来。

6.3　青年反战思潮的启示

反思 20 世纪 60 年代的美国青年反战思潮，联系我国的社会现实，我们将主要得到以下启示：

第一，要辩证地看待青年问题。③

20 世纪 60 年代的美国青年反战思潮启示我们，青年问题这种"偏差"现象虽然打破了社会的和谐状态，但我们不能简单地认定它对社会进步没有丝毫意义，对此必须以辩证的眼光看待。

总的看来，青年问题总是包含着一定的社会不稳定因素，至少，它的存在

---

① 参阅《新闻周刊》，http：//www. minfeng. net，2004 年 4 月 10 日。

② Jeffrey R. Young, "Thousands of Students Walk out of Classes to Protest Possible War," *Chronicle of Higher Education*, Vol. 49, Issue 27 （3/14/2003），http：//search. epnet. com/login. aspx? direct = true&db = aph&an = 9339465.

③ 指狭义的违反了特定的社会规范或期望的青年社会性问题。

构成了对现有稳定状态的挑战，因此它往往被认定为"坏"的东西。但是，社会稳定不能被理解为一种静态的、固定不变的状态，而是充满生机和活力的、开放的社会状态。就是说，不能简单地以是否有利于现时的稳定来判定青年问题的"是"与"非"。特别是当一个社会处于快速变革的时期，表面稳定的状态往往会含有一些不合理的东西，这种稳定一定程度的打破，则是社会在更高层次上实现稳定、和谐与进步的前提。一些青年问题的存在对既有规范起到一定的动摇作用，但它提醒主导价值作出某些反应与调整，促进了社会以特定的方式对旧的稳定中的不合理问题的解决，使社会更加趋于和谐。

就青年中的激进主义看，它在很多情况下是包含着杂质的，如虚无主义、无政府主义，以至冒进等。但是不论是革命还是建设，都不会是一帆风顺的，而是相当复杂的，在这一意义上，杂质又是不可避免的。而且从历史上看，群众性的运动从来都不会是很单纯的，其中会表现出不同的思想倾向和不同的派别：有的激进，有的稳健，有的保守。而激进主义（尤其是那些有利于社会进步的激进主义）在提出时代课题、唤醒民众、感召后来者、推动社会变革上往往起着积极的作用。因此，不能将激进主义简单地当作坏的东西加以抛弃，如果这样，就是不懂得历史的实在情形。在许多国家都有一句以不同形式出现的格言："一个人在20岁时还不是激进主义者是没有心肝的人；一个人在40岁时还是激进主义者是没有头脑的人。"这句话的前半句可能比后半句更为重要，因为它意味着一种社会期望：青年应该是激进主义者，青年激进主义有其值得称道的地方，因为它反映了青年对社会的关注和承担责任的自觉态度。"是青年保守者、青年'老顽固'，而不是青年激进主义者背离了社会期望。"① 对于一个社会来说，缺乏青年的激进主义，这个社会迟早会失去生机与活力。因此，对于青年激进主义不能全盘否定，而要吸收其中积极的成分，使其成为推动社会进步的力量。

青年是社会的"晴雨表"，他们对社会变革最为敏感。但社会是矛盾的，青年也是一个矛盾的统一体，青年激进主义决非"铁板一块"，其中也有良莠之分。反观我国历史，青年的激进主义思潮和运动在不同的历史时期和不同的社会历史条件下有着不同的性质，起着不同的作用：近现代历史上的爱国学生运动是激进的，文革中的红卫兵运动是激进的，反对"四人帮"的"天安门

---

① Seymour Martin Lipset, *Rebellion in the University*, (Chicago: The University of Chicago Press, 1971), pp. 19～20.

事件"是激进的，1989 年的"八·九风波"也是激进的，但它们的历史作用却大不相同。总的说来，只有那些反映了最广大人民群众的根本利益、与社会历史发展进程相一致的青年激进主义，才会得到人民群众的支持并最大限度地发挥其推动历史进步的作用。因此，对于青年激进主义，我们必须以矛盾分析的方法、在具体的历史的环境中加以识别；在对其中符合社会进步的内容给予鼓励和支持、对有利于社会进步的行为方式加以引导的同时，也要对其中不正确的、消极的因素予以批评和克服，尽量减少其负面影响。

总之，尽管青年的激进主义可能存在这样那样的缺陷和不足，但只要还有青年——哪怕是其中的一小部分——成为历史进步的推动力量和时代的引领者，青年的激进主义就有值得称道的地方，社会就是充满希望的。

第二，青年权利意识的增强是青年问题产生的重要思想原因。

所谓权利意识，是指人对自己作为独立主体的利益和自由的认识、主张和要求，以及对他人同样的认识、主张和要求的社会评价。60 年代的美国青年反战思潮是现代化转型过程中青年权利意识的增强和青年权利被剥夺的矛盾运动的结果。虽然说，反战青年具有追求社会公正和强调社会责任的理想主义色彩，但他们同时又表现出强烈的个人主义倾向。新左派就曾指出："战争是参与民主的绝对敌人。因为美国是通过精英决断、而不是经由民主讨论和大众分析进入战争的……"① 这反映了青年参与政治和争取民主权利的愿望。实际上，个人主义正是发达资本主义社会赖以建立的基础，青年的价值观与整个社会的基本观念和规范并无二致，只是在社会的现代化转型时期，在社会快速发展变化的时期，社会没能满足青年日益强烈的对自身权利的追求和维护，或者说，相对于青年对权利的要求，社会满足这种要求的观念和行为滞后了。

青年权利意识的增强，从根本上说是现代化进程中社会进步和政治发展的结果。首先，政治学领域中的现代化理论普遍认为，所谓现代化就是民主参与。现代化需要广泛的社会动员，而青年是社会发展潜在的或现实的生力军甚至主力军，他们必然成为需要动员的重要力量。这种社会氛围不断强化着青年的公民意识和权利意识。其次，利益关系的调整激发了青年的权利意识。马克思指出："人们奋斗所争取的一切，都同他们的利益有关。"② 现代化转型过程

---

① 　Paul Berman, *A Tale of Two Utopias*, (New York and London: W. W. Norton and Company, Inc., 1996), p. 59.

② 　《马克思恩格斯选集》（第 1 卷），北京，人民出版社，1995 年版，第 82 页。

中必然会产生深刻的社会利益关系调整，从而打破原有的社会利益格局，形成新的利益关系。青年、尤其是青年学生由于自身的智力优势，在社会生活和生产中扮演着越来越重要的角色，青年群体的利益日渐显现，他们实现自身权利的愿望也越来越强烈。再次，经济的发展和社会的繁荣增强了青年的权利意识。这主要表现在两个方面：一方面，经济的发展和社会的繁荣使青年看到了实现自身权利的希望，同时在摆脱了经济匮乏的束缚后，他们有可能将目光转向对更广泛的权利的追求。另一方面，信息技术的快速发展，极大地提高了信息的传播和青年获取资讯的能力。青年作为新知识的拥有者，最容易掌握和使用最先进的信息技术手段，使其接受政治信息的能力大大增强，为青年形成共同利益上的共知和共识创造了条件。这有利于青年权利意识的进一步增强。

应该说，在现代化的进程中，青年是满怀着希望的，他们渴望自身权利得到社会的承认和维护，在社会的发展中体现自身的力量。然而，60 年代的美国青年并没有得到社会对其权利应有的尊重和保障，尤其是在战争期间，青年的权利更是受到前所未有的威胁。正如《天主教工人报》的汤姆·康乃尔（Tom Cornell）所说："个人权利似乎从来没有像在今天这个自动化、群众政治欺骗、思想控制和制度化了的疯狂的世界上这样弱。"① 于是，为了维护自身的权利，青年将矛头指向这个高度控制的社会，并不可避免地对权势集团及其代表人物的权力提出置疑。他们的权利意识越强，社会控制越严格，他们的被剥夺感就越强，从而他们的反抗也越激烈。青年问题正是青年在社会化过程中反思、反抗、反叛社会的表现，是在社会发展决定青年发展的状态下，青年反作用影响社会的结果。青年反叛社会的思潮，代表了青年中积累起来的意义系统、表达方式和手段，青年试图通过这些方式和手段向处于主导地位的意义系统发起挑战，以改变自身处境并获取社会的认同。

就我国现阶段的青年问题看，它与上世纪 60 年代西方国家的青年问题是有一定的差异性的，西方青年问题研究中产生的各种理论、结论不可能完全或直接适用于目前的中国。由于社会制度不同，发展道路不同，市场经济和现代化发展的历史阶段不同（我国目前处于第一次现代化的发展期，而上世纪六七十年代的美国处于第二次现代化的起始阶段），中西文化价值观也存在差异，表面相同的青年问题在具体社会内涵和变动规律上会有很大的不同。如在

---

① "Response to the Cold War," *Catholic Workerxxix*, 6（January1963），p. 8. 转引自 Walter L. Hixson, *The Vietnam Antiwar Movement*,（New York and London：Garland Publishing, Inc. , 2000），p. 48.

发出"人变了"的慨叹时，在我国可能主要是指一代代青年从"传统人"向"现代人"的不断转化的积极后果，反映了青年不断变革、奋进、探索自身和社会现代化的昂扬风貌，而在西方发达国家则可能主要是指"后现代化"人的发展越来越"异化"、"单面化"的负面后果；在我国社会主义的社会里，青年和社会的冲突从根本上说是在对同一奋斗目标所显示的未来前景的探索过程中形成的，青年和社会之间不存在根本的利益冲突，随着青年社会化程度的不断加强和青年对中国社会发展更为理性的思考，他们能够将个人的选择、自我价值的实现与社会规范的要求结合起来，从而避免资本主义社会里由于阶级、阶层、种族等利益关系的矛盾冲突而产生的深刻危机。但同样不可否认的是，由于同样处于社会急遽变革的时期，我国的青年问题和西方国家的青年问题又具有相当的共通性，存在着某种基础的同一性，西方发达国家发生在社会转型期的青年问题在我国也有不同程度的表现。如在参与意识、权利意识的增强上，东西方的青年就表现出很大的相似性。一则报道说，上海师大校长在BBS 的"校长在线"上就学校有关管理的问题公开和学生进行了民主的平等对话。一时间，大量有关"乱收费、师德、学生食堂、治安"等敏感问题不断被学生提出，原定 4 个小时左右的时间，最后不得不延长到 6 个小时。而在北京大学，青年学生则提出了"大学是大学生们的学校，大学生是大学的主人!"的口号。① 再如在校大学生对正常交往权利和隐私权的要求，对"婚育"权利的要求，以及对"言论自由"权利的要求等，都体现了青年学生强烈的参与意识和权利意识。应该说，这对于改善整个社会的法制氛围、提高整个国家的政治思想水平都是有益的。对此如果认识不足，处理不当，必然会导致青年与他人、青年与社会的紧张关系，影响社会的和谐发展与稳定。

第三，创造良好的社会环境是解决青年问题的关键。

60 年代美国最激进的反战者往往是那些受到良好教育的青年，这表明，单凭社会的教化和青年对社会的适应（甚至是被动适应）并不能确保社会与青年关系的和谐发展。要使青年与社会的关系趋于和谐，就不能不重视青年个体对社会环境的能动选择和良好的社会环境的创造。

首先，要了解青年。要知道青年在干什么、想什么、喜欢什么、厌恶什么、渴望什么、追求什么，要掌握青年学习、生活、婚恋、工作、娱乐的最新

---

① 《北大学生要"亲政"》，http://edu.tom.com，2004 年 9 月 23 日，来源：《21 世纪人才报·大学周刊》。

情况，要了解不同群体青年的真实生活和真实想法。青年与社会是一种互动关系，社会既影响青年，青年也影响社会。社会各部门、各组织、各群体、尤其是青年工作者要承认和接受青年一代的优点，自觉向青年人学习，增强了解青年的愿望和自觉性，尽量主动地去接近青年、了解青年。认识青年才能认识未来，赢得青年才能赢得未来。这一点对加强和改进我们思想政治教育工作意义重大。

其次，要将青年与社会的冲突制度化。从历史上看，一个国家的工业化过程总是伴随着青年问题，不论是发达国家还是发展中国家都是如此，而且在进入现代化转型期的时候，青年与社会的冲突往往表现出常规化的特征；就是说，它开始成为我们日常生活中的一个正常的组成部分，有无青年问题也不能作为社会进步与否的标准。当青年问题作为一种对现有秩序的压力或挑战而出现时，关键是如何有效地予以解决。

所谓有效，一是能够解决或缓解问题；二是在解决或缓解问题的过程中必须是没有大的震荡、可控制的。在我国这样一个经过几代人的艰苦努力取得了显著进步的社会里，大的社会震荡更应该避免。为此，我们不能以简单的方式压制青年问题、尤其是青年中的激进主义，而要形成有效的社会制度安排。因为决定冲突功能性质的一个重要因素就是社会结构。在一个僵化的、压抑冲突、没有将冲突制度化的社会里，冲突往往具有反功能，它会加大冲突强度，威胁和破坏人与人之间、人与社会之间的关系基础。相反，如果社会结构富有弹性，承认冲突，允许冲突的存在并将其制度化，将其作为民主建设的一个重要方面，将这种冲突尽可能地置于理性的基础上并保持在理性的范围内，就可能将分歧和敌意减少到最少。这有利于促进社会的联结和社会结构的完善。社会容忍青年"越轨"或偏差言行的程度，是制度力量控制"异己"力量能力的证明，也是衡量既有秩序可靠程度的标志。

再次，要吸收青年参与社会的发展与变革。社会对青年的吸纳，既是青年实现自身权利的重要条件保障，也是使青年了解自身权利的合理限度、克服青年诉求中不合理内容的根本之点。须知，只有最了解社会的人才可能是最正确的人。因此，正像列宁所说的那样，我们"必须更广泛和更大胆地、更大胆和更广泛地、再更广泛地和再更大胆地吸收青年参加工作，不要对青年不放心"。[①]

---

① 《致亚·亚·波格丹诺夫和谢·伊·古谢夫》，《列宁全集》（第9卷），北京，人民出版社，1987年版，第228页。

要鼓励青年密切联系社会实际，让青年参与到社会的发展和变革中来，让他们在实践中成为社会进步潮流的推动力量。在我国，就是要让青年参与到改革开放和社会主义现代化建设的大潮中去，让青年了解世情、国情、民情（尤其是最广大基层人民的情况），准确把握时代脉搏，恰当做出行为选择，将个人的前途同祖国的前途与命运紧密联系起来，从而实现青年和社会的和谐发展。

最后，要树立青年——社会协调发展观。一方面，青年发展目标要与社会发展目标相一致，青年要积极参与社会，投身于社会发展之中，促进社会的全面进步；另一方面，全社会要解放思想，以政策和法律作保障，维护青年的权利，满足青年发展的要求，为青年健康、充分、全面的发展提供条件。尤其是在社会迅速变化的转型时期，各级组织、每个部门、各行各业更要及时、准确地把握青年的思想动向，了解青年的各种诉求，并将其中合理的成分及时、充分地体现在既有制度的框架内。正是人不满足于必然的存在而不断追求对存在的理解和超越，同时社会又能够给予个人实现愿望的机会，现代新文化才取代了旧文化。人们越能实现丰富的愿望并做出合理的行为选择，社会越能给予人们实现个人愿望的机会，社会就越有理性、越有人性。随着青年为社会发展服务，社会为青年发展服务的良性循环，青年和社会都得到了发展，青年日渐社会化，社会也实现了"青年化"。

参考文献

一、中文部分

［美］艾伦·布鲁姆：《走向封闭的美国精神》，谬青等译，北京，中国社会科学出版社，1994 年版。

［意］安琪楼·夸特罗其、［英］汤姆·奈仁：《法国 1968：终结的开始》，赵刚译，北京，三联书店，2001 年版。

［美］巴里·康芒纳：《与地球和平共处》，王喜六等译，上海，上海译文出版社，2002 年 9 月版。

［法］鲍德里亚：《消费社会》，刘成富、全志钢译，南京，南京大学出版社，2001 年版。

《北大学生要"亲政"》，http://edu.tom.com，2004 年 9 月 23 日。

［美］彼德·科利尔、戴维·霍洛维兹：《破坏性的一代》，"美国政要热读"编译委员会译，北京，文津出版社，2004 年 4 月版。

［美］布卢姆等：《美国的历程》（下册），杨国标、张儒林译，北京，商务印书馆，1988 年版。

［美］查尔斯·赖特·米尔斯：《权力精英》，王崑等译，南京，南京大学出版社，2004 年 7 月版。

陈嘉放等著：《文明与暴力》，成都，四川人民出版社，2003 年 3 月版。

陈勇为：《80 年代美国青年面面观》，《青年运动论丛》，1989 年 1 期，第 56～58 页。

［美］戴维·凯泽：《美国悲剧》，邵文实等译，北京，昆仑出版社，2001 年 9 月版。

［英］戴维·米勒、韦农·波格丹诺编：《布莱克维尔政治学百科全书》，中国问题研究所等组织翻译，北京，中国政法大学出版社，1992 年 6 月版。

［美］戴维·斯泰格沃德：《六十年代与现代美国的终结》，周朗等译，北京，商务印书馆，2002 年版。

［加］菲利普·汉森：《历史、政治与公民权：阿伦特传》，刘佳林译，南京，江苏人民出版社，2004 年 5 月版。

［美］费林格蒂等著、文楚安主编：《透视美国》，成都，四川文艺出版社，2002 年 9

月版。

冯卓然、谷春德：《人权论集》，北京，首都师范大学出版社，1992 年版。

［美］福斯特：《美洲政治史纲》，冯明方译，北京，三联书店出版社，1959 年 9 月版。

高照成、冯海燕：《"愤怒的青年"与"垮掉的一代"之比较研究》，《无锡商业职业技术学院学报》，2004 年 3 月第 1 期，第 65~67 页。

［英］戈登·怀特：《公民社会、民主化和发展》，《马克思主义与现实》，何增科编译，2000 年第 1 期。

共青团中央、中共中央文献研究室编：《毛泽东邓小平江泽民论青少年和青少年工作》，北京，中央文献出版社、中国青年出版社，2000 年版。

共青团中央青运史工作指导委员会、中国青少年研究中心编：《邓小平论社会主义时期青年和青年工作》，北京，红旗出版社，1992 年 3 月版。

［苏］Н·В·西瓦切夫、Е·亚济科夫：《美国现代史》，黄肇炯等译，武昌，武汉大学出版社，1988 年 2 月版。

何卓：《众叛亲离》，《人民日报》，1965 年 8 月 21 日，第 3 版。

胡锦涛：《迈向新世纪，创造新业绩——在共青团第十四次全国代表大会上的祝词》，新华网，1998 年 6 月 19 日。

胡锦涛：《树立和落实科学发展观》，《在中央人口资源环境工作座谈会上的讲话》，新华网，2004 年 4 月 4 日。

胡锦山：《20 世纪六七十年代美国城市黑人参政原因初探》，《东北师大学报》（哲学社会科学版），2000 年第 1 期，第 25~29 页。

黄志坚：《中外青年比较》，北京，中国青年出版社，1993 年 2 月版。

黄安年：《美国的发展与 200 年的改革潮（A)》，学术交流网/世界历史研究/2004 年 7 月 28 日首发，www. annian. net。

［英］霍布斯鲍姆：《极端的年代》（下），郑明萱译，南京，江苏人民出版社，1998 年 3 月版。

［美］J·艾捷尔编：《美国赖以立国的文本》，赵一凡等主译，海口，海南出版社，2000 年 3 月版。

［美］吉尔伯特·C·菲特等著：《美国经济史》，司徒淳等译，沈阳，辽宁人民出版社，1981 年版。

加里·哈梅尔：《战略就是革命》，http: //vipaa. net/ad/hyxx/hy_ show. asp? id = 1352&lbid = 2，2005 年 2 月 23 日。

姜长斌［美］罗伯特·罗斯主编：《从对峙走向缓和—冷战时期中美关系再探讨》，北京，世界知识出版社，2000 年版。

江泽民：《在纪念中国共产主义青年团成立八十周年大会上的讲话》，《人民日报》，2002 年 5 月 16 日，第 1 版。

《揭穿约翰逊谎言的大学辩论会》，《中国青年报》，1965年6月17日，第4版。

［美］杰克·凯鲁亚克：《在路上》，文楚安译，桂林，漓江出版社，1998年版。

《经济：请战争拉一把？》，新华网，2002年1月14日。

邝海春：《困惑的新生代》，南宁，广西教育出版社，1989年7月版。

［英］拉尔夫·达仁道夫：《现代社会冲突》，林荣远译，北京，中国社会科学出版社，2000年版。

［美］拉尔夫·德·贝茨：《1933～1973美国史》（下），南京大学历史系英美对外关系研究室译，北京，人民出版社，1984年4月版。

［美］兰登·琼斯：《美国坎坷的一代》，贾蔼美等译，北京，社会科学文献出版社，1989年7月版。

［美］莱斯立·里普森：《政治学的重大问题》，刘晓等译，北京，华夏出版社，2001年版。

［美］理伯卡·E·卡拉奇：《分裂的一代》，覃文珍等译，北京，社会科学文献出版社，2001年11月版。

［美］理查德·弗拉克斯：《青年与社会变迁》，李青等译，北京，北京日报出版社，1989年4月版。

李道揆：《美国政府和美国政治》，北京，商务印书馆，1999年版。

李巨廉：《战争与和平——时代主旋律的变动》，上海，学林出版社，1999年12月版。

梁启超：《清代学术概论》，北京，中华书局，1954年版。

《列宁全集》（第9卷），北京，人民出版社，1987年版。

《列宁全集》（第22卷），北京，人民出版社，1990年版。

林标译：《向华盛顿进军》，《国际问题译丛》，1965年第6期，第19、35页。

［联邦德国］林德内尔等：《从霹雳舞到反战》，周曦等译，北京，农村读物出版社，1988年版。

刘书林：《青年的最大利益是自身发展》，《北京青年政治学院学报》，1999年第1期，第6～10页。

刘绪贻：《20世纪30年代以来美国史论丛》，北京，中国社会科学出版社，2001年5月版。

［法］卢梭：《社会契约论》，何兆武译，北京，商务印书馆，1980年版。

［美］路易斯·哈茨：《美国的自由主义传统》，张敏谦译，北京，中国社会科学出版社，2003年版。

［美］罗伯特·S·麦克纳马拉：《回顾：越战的悲剧与教训》，陈丕西等译，北京，作家出版社，1996年版。

《罗念生全集》（第1卷），上海，上海人民出版社，2004年6月版。

吕庆广：《60年代美国学生运动》，南京，江苏人民出版社，2005年1月版。

［苏］M·苏斯洛夫：《保卫和平与对战争贩子的斗争》，《争取持久和平，争取人民民主!》，1950 年1 月28 日中文版第17 期，解放社，第5 ~ 12 页。

［美］马尔库塞：《工业社会和新左派》，任立编译，北京，商务印书馆，1982 年版。

［美］马尔库塞：《单面人》，左晓斯等译，长沙，湖南人民出版社，1988 年版。

［美］玛格丽特·米德：《文化与承诺：一项有关代沟问题的研究》，周晓虹等译，石家庄，河北人民出版社，1987 年12 月版。

［美］玛格丽特·米德：《代沟》，曾胡译，北京，光明日报出版社，1988 年1 月版。

《马克思恩格斯选集》（第1 卷），北京，人民出版社，1995 年版。

［美］马克斯韦尔·泰勒：《剑与犁——泰勒回忆录》，伍文雄译，北京，商务印书馆，1981 年版。

［加拿大］迈克尔·布雷克：《越轨青年文化比较》，岳西宽等译，北京，北京理工大学出版社，1989 年5 月版。

［美］迈克尔·沙勒：《二十世纪的美国和中国》，王杨子、刘湖译，北京，光明日报出版社，1985 年版。

［美］曼彻斯特著，广州外国语学院美英问题研究室翻译组、朱协译：《光荣与梦想》（下），海口，海南出版社、三环出版社，2004 年3 月版。

《美国的底层》，《人民日报》，1962 年7 月18 日，第4 版。

《美绿党推出候选人》，http：//news. dayoo. com/，2004 年6 月28 日。

［美］莫里斯·迪克斯坦：《伊甸园之门》，方晓光译，上海，上海外语教育出版社，1985 年8 月版。

［美］尼克松：《不再有越战》，王绍仁等译，北京，世界知识出版社，1999 年1 月版。

《潘恩文集》，北京，商务印书馆，1991 年版。

《前进吧，美国人民!》，《人民日报》，1965 年11 月29 日，第4 版。

秦前红、陈道英：《言论自由的法律界限初探——美国相关经验之述评》，http：//so. bylw. com/xzf/2004128155918. htm。

任东来等著：《当代美国——一个超级大国的成长》，贵阳，贵州人民出版社，2000 年9 月版。

沈汉：《20 世纪60 年代西方学生运动的若干特点》，《史学月刊》，2004 年第1 期，第80 ~ 86 页。

［美］斯帕尼尔：《第二次世界大战后美国的外交政策》，段若石译，北京，商务印书馆，1992 年版。

时殷弘：《美国在越南的干涉和战争》（1954 ~ 1968），北京，世界知识出版社，1993 年5 月版。

《所要求的是"和平"》，《国际问题译丛》，1965 年第7 期，第24 ~ 26 页。

［美］特里·M·珀林编：《当代无政府主义》，吴继淦等译，北京，商务印书馆，1984

年版。

团中央国际联络部编：《国外青年与青年工作》，北京，外文出版社，2004 年版。

［法］托克维尔：《旧制度与大革命》，冯棠译，北京，商务印书馆，1996 年版。

［法］托克维尔：《论美国的民主》，董果良译，北京，商务印书馆，2002 年版。

王念宁编译：《西方跨掉的一代》，《青年研究》，1985 年 12 月，第 46～52 页。

王绍光、胡鞍钢、丁元竹：《最严重的警告：经济繁荣背后的社会不稳定》，http：//www. mlcool. com/html/ns001669. htm。

王玮：《冷战的根源》，《世界历史》，2002 年第 2 期，第 2～10 页。

《危机》，《人民日报》，1965 年 11 月 22 日，第 4 版。

［英］威廉·葛德文：《政治正义论》，何慕李译，北京，商务印书馆，1997 年版。

《文化新世纪——生态文化的理论阐述》，http：//hnbc. hpe. sh. cn/01/01a/10/01/23－2. pdf。

温洋：《美国六十年代的"新左派"运动》，http：//www. mgyj. com/american_ studies/1988/third/third06. htm。

翁寒松：《美军面临有史以来最严重的征兵危机》，人民网，2005 年 3 月 16 日。

吴潮：《论美国总统的代际更迭》，《浙江师大学报》（社科版），2000 年第 5 期，第 47～50 页。

［美］西奥多·A·哥伦比斯、杰姆斯·H·沃尔夫：《权力与正义》，白希译，北京，华夏出版社，1990 年版。

奚广庆等：《西方新社会运动初探》，北京，中国人民大学出版社，1993 年 4 月版。

［美］西摩·马丁·李普塞特：《一致与冲突》，张华青等译，上海，上海出版社，1995 年版。

向明：《向绿色要健康》，http：//www. windrug. com/pic/30/15/12/17/1178. htm。

［美］小阿瑟·M·施莱辛格：《一千天——约翰·F·肯尼迪在白宫》，仲宜译，北京，三联书店，1981 年 8 月版。

《新闻周刊》，http：//www. minfeng. net，2004 年 4 月 10 日。

徐飞：《美国青年文化？让伍德斯托克告诉你》，《青年研究》，1995 年第 7 期，第 45～49 页。

许平等著：《一场改变了一切的虚假革命》，上海，上海人民出版社，2004 年 1 月版。

荀春生等译：《展望二十一世纪——汤因比与池田大作对话录》，北京，国际文化出版公司，1985 年版。

姚鹏、范桥编著：《漫游的感想》，《胡适散文集》，北京，中国广播电视出版社，1992 年版。

［美］约翰·柯林斯：《大战略》，中国人民解放军军事科学院内部参考。

［美］约翰·肯尼斯·加尔布雷斯：《自满的年代》，杨丽君等译，海口，海南出版社，

2000 年7 月版。

[美] 詹姆斯·多尔蒂等:《争论中的国际关系理论》(第5 版),阎学通等译,北京,世界知识出版社,2003 年1 月版。

张述祖等审校:《西方心理学家文选》,北京,人民教育出版社,1983 年版。

张文生等:《全球出击》,北京,中共中央党校出版社,1997 年12 月版。

张友伦等:《美国历史上的社会运动和政府改革》,天津,天津教育出版社,1992 年2 月版。

赵晓兰:《美国黑人争取选举权运动探悉》,《杭州师范学院学报》,1999 年第5 期,第27～32 页。

中共中央宣传部宣传教育局等组编:《〈中共中央国务院关于进一步加强和改进大学生思想政治教育的意见〉学习辅导读本》,北京,中国人民大学出版社,2005 年版。

中国共产主义青年团中央团校编:《革命领袖论青年和青年工作》,北京,中国青年出版社,1984 年版。

二、外文部分

Agee, Phil, Jr. , "CIA Infiltration of Student Groups: the National Student Association Scandal," *Campus Watch*, Fall 1991, 12～13, http://www. cia-on-campus. org/nsa/nsa2. html .

Albert, Judith Clavir and Stewart Edward Albert (1984), *The Sixties Papers*, NewYork: Praeger.

Altbach, Philip G. and Robert S. Laufer (1972), *the New Pilgrims: Youth Protest in Transition*, New York: David McKay Company, Inc.

Altbach, Philip G. (1997), *Student Politics in America: a Historical Analysis*, New Brunswick, NJ, USA: Transaction Publishers.

Anderson M. (ed.) (1982), *The Military Draft: Selected Readings on Conscription*, California: Hoover Institution Press.

Anderson, Terry H. (1995), *The Movement and the Sixties*, New York: Oxford University Press.

——(1999), *The Sixties*, New York: Longman.

Applebome, Peter, "Clinton Draft Issue Doesn't Sway Most in Georgia," *The New York Times*, Vol. Cxli, No. 48895 (March 4, 1992), A16.

Arenger, Erika, "Racist Recruiting Tactics," http://www. socialistworld. net/eng/2004/10/15us. html, October15, 2004.

Arrighi, Giovanni, Terence K. Hopkins&Immanuel Wallerstein (1989), *Antisystemic Movements*, London and New York: Verso.

Bacciocco, Edward J. Jr. (1974), *The New Left in America*, Califonia: Hoover Institution

Press.

Bachellar v. Maryland, 397 U. S. 564 (1970) 397 U. S. 564, http://caselaw. lp. findlaw. com.

Bertha, Carlos E. , "Is Selective Conscientious Objection Tenable?"
http://atlas. usafa. af. mil/dfpfa/CVs/Bertha/Sco. html.

"Biography of Paul Simon," http://www. igpa. uiuc. edu/ethics/simon-bio. htm.

Bloom, Alexander (2001), Long *Time Gone*, New York: Oxford University Press.

Baritz, Lorened (1971), *The American left: Radical Political Thought in the Twentieth Century*, New York: Basic Books.

Bell, Daniel and Irving Kristol (eds.) (1969), *Confrontation: The Student Rebellion and the Universities*, New York: Basic Books.

Bell, David, "Passive Protest: the Vietnam Antiwar Movement at Eastern Illinois University, 1968 ~ 70," http://www. eiu. edu/ ~ historia/2003/eiu_antiwar. htm.

Berman, Paul (1996), *A Tale of Two Utopias*, New York and London: W. W. Norton and Company, Inc.

Boyte, Harry C. , Heather Booth, and Steve Max (1986), *Citizen Action and the New American Populism*, Philadelphia: Temple University Press.

Braungart, Richard G. & Margaret M. Braungart, *The Childhood and Youth Experiences of Former Political Activist Leaders from the 1960s*, http://www. alli. fi/nyri/young/1994 – 4/artikkel-Braungart4 – 94. htm.

"Brock Adams," http://en. wikipedia. org/wiki/Brock_Adams.

Brown, Sam, "The Politics of Peace," *The Washington Monthly*, Vol. 10 (August, 1965), 27.

Buhle, Paul (1991), *Marxism in the United States*, London and New York: Verso.

Burns, Stewart (1990), *Social Movements of the 1960s: Searching for Democracy*, Boston: Twayne Publishers.

Burr, Beverly, "Chapter 4: The Student Movement Thrives," *History of Student Activism at the University of Texas at Austin* (1960 ~ 1988), http://www. utwatch. org/archives/burr/ ,2005 – 02 – 02.

Campbell, David and Joe R. Feagin, "Black Politics in the South: A Descriptive Analysis," *The Journal of Politics*, No. 37 (February 1975), 129 ~ 162.

Campbell, Janis M. , "Parenting Classes: Focus on Discipline," *Journal of community Health Nursing*, Vol. 9, Issue 4, 1992, 197 ~ 208.

Carson, Clayborne (1981), *In Struggle: SNCC and the Black Awakening of the 1960s*, Cambridge, Mass. : Harvard University Press. .

Carpini, Michael X. Delli (1986), *Stability and Change in American Politics*, New York: New York University Press.

Catalinotto, John, "Youths Say No to Pentagon Wars,"www. workers. org, April7, 2005, 1, 6 ~7.

Cavallo, Dominick (1999), *A Fiction of the Past*, New York: Palgrave.

Chalmers, David (1991), *And the Crooked Places Made Straight: the Struggle for Social Change in the 1960s*, Baltimore: Johns Hopkins University Press.

Chatfield, Charles (1992), *The American Peace Movement*, New York: Twayne Publishers.

Coffey, David, "African Americans in the Vietnam War," http://www. english. uiuc. edu/maps/poets/s_z/stevens/africanamer. htm.

Cohen, Warren L. (1996), *Pacific Passage: The Study of American-EastAsian Relations on the Eve of the Twenty-First Century*, New York: Columbia University Press.

Collier, Peter and David Horowitz, "Lefties for Reagan," *The Washington Post Magazine*, March 17, 1985, 8 ~11, 25 ~28.

Coward, Russell (2004), *A voice from the Vietnam War*, Westport, Conn. : Greenwood Press.

Daum, Andreas W. , Lloyd C. Gardner and Wilfried Mausbach(2003), *America, the Vietnam War, and the world: comparative and international perspectives*, Cambridge ; New York: Cambridge University Press.

Davis, James Kirkpatrick (1997), *Assault on the Left*, New York: Praeger.

Davis , Kingsley, "the Sociology of Parent-Youth Conflict," *American Sociological Review*, Vol. 5, No. 4 (Aug1940), 523 ~535.

Debenedentti, Charles (1980), *The Peace Reform in American History*, Bloomington: Indiana University Press.

—— (1990), *An American Ordeal*, New York: Syracuse University Press.

Degroot, Gerard J. (1998), *Student Protest: the Sixties and after*, London and New York: Longman.

Depalma, Anthony, "On Campuses, Coordinated Antiwar Protests," *The New York Times*, Vol. Cxl, No. 48519 (February22, 1991), A10.

Destler, I. M. , Leslie H. Gelb, and Anthony Lake (1984), *Our Own Worst Enemy*, New York: Simon and Schuster.

Diggins, John P. (1973), *The American Left in the Twentieth Century*, New York:Harcourt Brace Jovanovich.

Douglas, William O. , "the Black Silence of Fear," *The New York Times Magazine*, January13, 1952, 7, 37 ~38.

Dowd, Douglas F. (1974), *The Twisted Dream*, Massachusetts: Winthrop Publishers, Inc.

Drake, Jeff, "How the U. S Got Involved in Vietnam," http://www. vietvet. org/jeffviet. htm.

Dudley, William (1997), *The 1960s: Opposing Viewpoints*, San Diego, Calif. : Greenhaven Press.

Dumbrell, John (1989), *Vietnam and the Antiwar Movement*, Aldershot and Brookfield: Avebury.

Eisenhower, Dwight D. (1963), *The Mandate for Change: the White House Years*, Vol. 1, New York: Doubleday.

Epstein, Barbara, "Notes on the Antiwar Movement,"*Monthly Review: An Independent Socialist Magazine*, Vol. 55, Issue 3(Jul2003), 109 ~ 117.

Farber, David (1994), *The Age of Great Dreams: America in the 1960s*, New York: Hill and Wang.

Farber, David and Beth Bailey (2001), *America in the 1960s*, New York: Columbia University Press.

Featherstone, Liza, "Antiwar Students Rock the Vote," *Nation*, Vol. 277, Issue4 (8/4/2003 – 8/11/2003), http://search. epnet. com/login. aspx? direct = true&db = aph&jid = NAT.

Feuer, Lewis S. (1969), *The Conflict of Generations: the Character and Significance of Student Movements*, New York and London: Basic Books, Inc. , Publishers.

Fisher, Robert (1994), *Let the People Decide: Neighborhood Organizing in America*, New York: Twayne Publishers.

Flacks, Richard (1988), *Making History: the Radical Tradition in American Life*, New York: Columbia University Press.

Flanagan, Constance A. and Lonnie R. Sherrod, "Youth Political Development: an Introduction," *Journal of Social Issues*, Vol. 54, No. 3, 1998, 447 ~ 456.

Flowers, Ronald B. (2003), *To Defend the Constitution*, Lanham, Maryland, and Oxford: the Scarecrow Press, Inc.

Foss, Daniel A. and Ralph W. Larkin, "From' the Gates of Eden' to' Day of the Locust' : An Analysis of the Dissident Youth Movement of the 1960s and its Heirs of the Early 1970s ——the Post-movement Groups,"*Theory & Society*, Vol. 3, Issue 1(Spring1976), 45 ~ 64.

Fowler, Harold, "Getting Out Vietnam Did U. S. Credit,"*The New York Times*, Vol. cxli, No. 48895 (March 4, 1992), A22.

From a Special Issue of Fortune (1969), *Youth in Turmoil*, New York: Time, Inc.

FRUS, 1952 ~ 1954, Vol. 14.

Fukui, Hank, "Letter to Youth: Should Conscientious Objection be an Expression of the SGI-USA's Victory-Over-Violence Initiative?" http://www. fortunechildbooks. com/objector. htm.

Garfinkle, Adam (1995), *Telltale Hearts*, London: Macmillan Press Ltd.

Garrow, David J. (1978), *Protest at Selma*, New Haven and London: Yale University Press.

Getler, Michael, "CIA Faked '65 Evidence on War in Vietnam, Ex-Officer Charges," *The Washington Post*, No. 105 (March20, 1982), A19.

Gilbert, Marc Jason (2001), *The Vietnam War On Campus*, Westport: Praeger Publishers.

Gitlin, Todd (1987), *The Sixties: Years of Hope, Days of Rage*, New York: Bantam.

——" Reflections on 1968 and Environs," *Dissent*, Vol. 40, Iss. 4 (New York: Fall 1993), 483.

Goldson, Edward, "the Effect of War on Children," *Child Abuse&Neglect*, Vol. 20, No. 9, 1996, 809 ~ 819.

Goodman, Paul (1960), *Growing up Absurd*, New York: Random House.

Graham, Hugh Davis and Ted Robert Gurr (eds.) (1979), *Violence in America: Historical and Comparative Perspectives*, Beverly Hills, Calif. : Sage Publications.

Greenberg, David, "How Anti-War Protest Movements Have Made the U. S. Stronger," http://slate. msn. com/id/2080735/, March 26, 2003.

Greene, Jay, "Give Peace a Download," *Business Week*, Issue 3827 (4/7/2003), http:// search. epnet. com/login. aspx? direct = true&db = aph&an = 9432734.

Groot, Gerard De, *History Today*, Vol. 45, Issue 9 (Sep, 1995), 31 ~ 36.

"Ground War in Asia," *The New York Times*, Vol. Cxiv, No. 39219 (June 10, 1965), 4.

Mitchell K. Hall, "The Vietnam Era Antiwar Movement," *OAH Magazine of History*, October 2004, 13 ~ 17.

Harrington, Michael (1963), *The Other America: Poverty in the United States*, Baltimore: Penguin.

Harris, David (1996), *Our War*, New York: Times Books.

Harris, Fred R. (1986), *America's Democracy*, Soston: Scott, Foresman and Company.

Heineman, Kenneth J. (2001), *Put Your Bodies Upon the Wheels*, Chicago: I. R. Dee.

Henderson, William, "South Vietnam Finds Itself," *Foreign Affairs*, Vol. 35, No. 2 (January 1957), 283 – 294.

Hess, Gary R. (1990), *Vietnam and the United States: Origins and Legacy of War*, Boston, Mass. : Twayne Publishers.

Hess v. Indiana, Appeal from the Supreme Court of Indiana, No. 73 – 5290, http:// caselaw. lp. findlaw. com/.

Hixson, Walter L. (2000), *The Vietnam Antiwar Movement*, New York and London: Garland Publishing, Inc.

Hofstadter, Richard (1967), *The Paranoid Style in American Politics and Other Essays*, New York: Vintage Books, Random House.

Hollander, Paul (1998), *Political Pilgrims: Western Intellectuals in Search of the Good Socie-*

ty, New Brunswick, N. J. : Transaction Publishers.

Hoopes, Townsend (1973), *The Devil and John Foster Dulles*, Boston: Little Brown.

http://www. historylink. org/essays/output. cfm? file_id = 5739.

Huberman, Leo and Paul M. Sweezy (1961), *Cuba: Anatomy of a Revolution* (*Second Edition*), New York: Monthly Review Press.

Issel, William (1985), *Social Change in the United States: 1945 ~ 1983*, New York: Schocken Books.

Isserman, Maurice and Michael Kazin (2000), *America Divided*, New York, Oxford: Oxford University Press.

Jacobs, Paul and Saul Landau (1966), *The New Radicals: a Report with Documents*, New York: Random House.

Jeffreys-Jones, Rhodri (1999), *Peace now!: American society and the ending of the Vietnam War*, New Haven and London: Yale University Press.

JoeJohnson, "A Tale of Two COs," http://www. delicatemonster. com/vol4/.

Johnson, Lyndon B. (1966), *Public Papers of the Presidents*, Jan. 20, 1965, Washington, D. C. : G. P. O.

Jones, Jacqueline, Peter H. Wood, et. al. (2003), "The Nation Divides: The Vietnam War and Social Conflict (1964 - 1971)," *Created Equal: A Social and Political History of the United States*, Volume2, New York: Longman, 2 ~ 35.

Jones, Mack H. , "Black Political Empowerment in Atlanta: Myth and Reality," in Richard D. Lambert (ed.), *The Annals of the American Academy of Political and Social Science*, Vol. 439 (Sept. 1978), 90 ~ 117.

Kahin, George Mcturnan and John W. Lewis (1969), *The United States in Vietnam*, New York: Delta.

Kail, F. M. (1973), *What Washington Said*, New York: Harper & Row, Publishers.

Katsiaficas, George (1987), *The Imagination of the New Left*, Massachusetts: South End Press Boston.

Kelly, Michael, with David Johnson, "Campaign Renews Disputes of the Vietnam War Years," *The New York Times*, Vol. Cxlii, No. 49114 (Oct. 9, 1992), A1, A20.

Keniston, Kenneth (1971), *Youth and Dissent: The Rise of a New Opposition*, New York: Harcourt Brace Jovanovich.

Kimball, Jeffrey P. (1990), *To Reason Why*, New York: McGraw-Hill, Inc.

Kimball, Roger (2000), *The Long March*, San Francisco: Encounter Books.

King, Martin Luther, "Beyond Vietnam," http://www. africanamericans. com/mlkjrbeyondvietnam. html.

Kinnard, Douglas (1977), *The War Managers*, Hanover, N. H. : University Press of New England.

"Lane Evans:Biography,"http://www. house. gov/evans/evans/about_evans. htm.

Lasch, Christopher (1970), *The Agony of the American left*, London: Andren Deutsch.

Lee, Calvin B. T. (1970), *The Campus Scene, 1900 ~ 1970; Changing Styles in Undergraduate Life*, New York: McKay.

"Legislative Achievements," http://www. tomhayden. com/Legislat. 1988. html .

Levy, Peter B. (1994), *The New Left and Labor in the 1960s*, Urbana: University of Illinois Press.

Lipset, Seymour Martin (1971), *Rebellion in the University*, Chicago: The University of Chicago Press.

Long, Priscilla (ed.) (1969), *The New Left: a Collection of Essays*, Boston: P. Sargent.

Lynd ,Staughton, "The New Left,"in Richard D. Lambert (ed.), *The Annals of the American Academy of Political and Social Science*, Vol. 382 (March 1969), 64 ~ 72.

Macedo, Stephen (1997), *Reassessing the Sixties*, New York and London: W. W. Norton&Company, Inc.

Maclear, Michael (1981), *The Ten Thousand Day War: Vietnam: 1945 ~ 1975*, New York: Avon Books.

Madsen, Deborah L. (1998), *American Exceptionalism*, Edinburgh: Edinburgh University Press.

Mailer, Norman (1957), *The White Negro*, San Francisco: Dissent Publishing Associates.

Marlatt, Greta E. , "Reseaching the Vietnam Conflict through U. S. Archival Sources", *Journal of Government Information*, vol. 22, No. 3, 1995,195 ~ 226.

Marwick, Arthur (1998), *The Sixties: Cultural Revolution in Britain, France, Italy, and the United States, c. 1958 – c. 1974*, Oxford, New York: Oxford University Press.

Mattson, Kevin (2002), *Intellectuals in Action*, University Park: The Pennsylvania State University Press.

——(2003),*Engaging Youth:Combating the Apathy of Young Americans toward Politics*, New York: The Century Foundation Press.

Matusow, Allen J. (1984), *The Unraveling of America: a History of Liberalism in the 1960s*, New York: Harper & Row.

McCleneghan, Sean, "Reality Violence on TVnews:it News: It Began with Vietnam,"*The Social Science Journal*, Vol. 39, Issue4 (2002), 593 – 598.

Mcdougall, Walter A. , "What We Do for Our Country," *The New York Times*, Vol. cxli, No. 48879 (February 17, 1992), A17.

McElroy, Wendy, "World War I and the Suppression of Dissent," April 1, 2002, http://www. independent. org/newsroom/article. asp? id = 1207.

McEvoy, James and Abraham Miller (eds.) (1969), *Black Power and Student Rebellion*, Belmont, Calif. : Wadsworth Pub. Co.

McPherson, James M. (1982), *Ordeal by Fire: the Civil War and Reconstruction*, New York: Alfred A. Knopf, Inc.

Meier, August, Elliott Rudwick, and Francis L. Broderick (eds.) (1965), *Black Protest Thought in the Twentieth Century*, New York: Bobs-Merrill.

Melanson, Richard A. (1996), *American Foreign Policy Since the Vietnam War*, Amonk, New York; London, England: M. E. Sharpe, Inc.

Miller, Mike, "The 60's Student Movement & Saul Alinsky: An Alliance that Never Happened," *Social Policy*, Vol. 34, Issue 2/3 (Winter2003/Spring2004), 104 ~ 110.

Mills, C. Wright (1951), *White Collar: the American Middle Classes*, New York: Oxford University Press.

——(1960), *Listen, Yankee: the Revolution in Cuba*, New York, Toronto, London: McGraw-Hill Book Company, Inc.

Moore, Jessica, "A World Torn by War and the Socialist Alternative," *Justice*, No. 32, November 2002, http://socialistalternative. org/literature/occupation/.

Morgenthau, Hans, "Truth and Power," *New Republic*, Vol. 155, Issue 22 (Nov. 26, 1966), 8 ~ 14.

"Needed Immediately: 200 College Presidents," *U. S. News& World Report*, Vol. lxvii, No. 4 (July28, 1969), 46.

Nickens, Bradley Harrison, "*Postmaterialism and Democracy: What Does the Postmaterialist Value Shift Mean for Democracy?*" MA, diss. , Virginia Polytechnic Institute and State University, 2004, http://scholar. lib. vt. edu/theses/available/etd-05082004 – 115347/unrestricted/NickensThesis. pdf.

Nixon, "The Long Dark Night for Ameica Is about to End," *U. S. News& World Report*, Vol. lxv, No. 8 (August19, 1968), 54 ~ 56, 76 ~ 77.

Nuechterlein, James, "Our New Deal Nation," *First Things: A Monthly Journal of Religion & Public Life*, Issue146 (Oct2004), 40 ~ 49.

Oglesby, Carl (ed.) (1969), *The New Left Reader*, New York: Grove Press, Inc.

Pace, Eric, "Jerry Rubin, 56, Flashy 60's Radical, Dies; 'Yippies' Founder and Chicago 7 Defendant," *The New York Times*, Vol. cxliv, No. 49896 (Nov30, 1994), B13.

"People's Peace Treaty," October25, 2004, http://ice. he. net/ ~ freepnet/kerry/staticpages/index. php? page = peoples.

Popov, Milorad I. (1972), *The American Extreme Left: a Decade of Conflict*, London: Institute for the Study of Conflict.

Powers, Thomas (1973), *The War at Home*, New York: Grossman Publishers.

Proctor, John "The New Left," *Political Affairs*, vol. Xliv (Dec. 1965), 32 ~ 43.

Prouty, L. Fletcher (1992), *JFK: The CIA, Vietnam and the Plot to Assassinate John F. Kennedy*, New York: Coral Publishing Group.

Public Papers of the Presidents of the United States: John F. Kennedy, Jan. 20 to Dec. 31, 1961 (1962), Washington: U. S. Government Printing Office.

Ramonet, Ignacio, "Show Us the Truth about Vietnam," http://mondediplo. com/2000/04/15vietnam? var_recherche = Show + Us + the + Truth + About + Vietnam.

Rand, Ayn (1971), *The New Left: The Anti-Industrial Revolution*, New York: Signet.

Reed, Timothy L. , "Peace Profile: Muhammad Ali," *Peace Review*, Vol. 16, Issue. 1 (Mar2004), 107 ~ 111.

Reich, Charles A. (1970), *The Greening of America*, New York: Random House.

Robbins, Mary Susannah (1999), *Against the Vietnam War*, New York: Syracuse University Press.

Robinson, Lori S. , "Teen Leader Prominent in Antiwar Movement," *Crisis* (The New), Vol. 110, Issue3 (May/Jun2003), 12.

Rossinow, Doug (1998), *The Politics of Authenticity*, New York: Columbia University Press.

Rothman, Hal K. , *LBJ's Texas White House: "Our Heart's Home"*, (Electronic Edition), Feb. 20, 2002, http://www. nps. gov/lyjo/Ourheartshome/index. htm.

Ruder, Eric, "Turning point for the antiwar movement," http://socialistworker. org/2005 – 2/554/554_06_TurningPoint. shtml.

Rudy, Willis (1996), *the Campus and a Nation in Crisis*, New Jersey, England and Ontario: Associated University Presses.

Sale, Kirkpatrick (1973), *SDS*, New York: Vintage Books, Random House.

Schacht v. United States, 398 U. S. 58 (1970), 398 U. S. 58, http://caselaw. lp. find-law. com.

Schlesinger, Arthur M. (1967), *The Bitter Heritage: Vietnam and American Democracy*, 1941 ~ 1966, London: Deutsch.

Simons, Geoff (1998), *Vietnam Syndrome*, London: Macmillan Press Ltd.

Small, Melvin (2002), *Antiwarriors*, Wilmington, Delaware: Scholarly Resources Inc.

"Speaking Out," *Nation*, Vol. 204, Issue 19(May8, 1967), 578 ~ 581.

Stokes, Carl (1973), *Promises of Power: a Political Biography*, New York: Simon and Schuster.

Stolz, Matthew (1971), *Politics of the New Left*, California: Glencoe Press.

Stone, David Green and Paul Peterson (1973), *Race and Authority in Urban Politics*, New York: Russel Sage Foundation.

Sullivan, Michael P. (1985), *The Vietnam War: A Study in the Making of American Policy*, Kentucky: University Press of Kentucky.

"Text of Johnson's Message on State of the Union," *The New York Times*, Vol. cxiii, No. 38701 (January9, 1964), 2.

The Cox Commission Report (1968), *Crisis at Columbia: Report of the Fact – Finding Commission*, New York: Vintage Books.

The Office of the Federal Register, National Achives and Records Service and General Services Administration (2001), *Code of Federal Regulations: Federal Election (Title11)*, Washington: Government Printing Office.

——*Code of Federal Regulations: Judiciary and Judicial Procedure (Title28)*, Washington: Government Printing Office.

——*Code of Federal Regulations: Labor (Title29)*, Washington: Government Printing Office.

The Pentagon Papers (1971), Toronto, New York, London: Bantam Books, Inc.

"35 Years Later: an Interview with a Vietnam Draft Resister," http://www. eelpie. org/cricket/vietnam. htm.

Tinker v. Des Moines School Dist. , 393 U. S. 503 (1969), http://caselaw. lp. findlaw. com.

Tipton, Steven M. (1982), *Getting Saved from the Sixties*, California: University of California Press.

"Tom Harkin," http://en. wikipedia. org/wiki/Tom_Harkin.

Turner, Wallace, "Huey Newton Denies Murder and Assault," *The New York Times*, Vol. Cxxvii, No. 43767 (Nov. 22, 1977), p. L11.

Unger, Irwin (1974), *The Movement: a History of the American New Left, 1959 ~ 1972*, New York: Dodd, Mead.

United States Code (2000edition) (2001), Vol. 1and Vol. 27, Washington: Government Printing Office.

U. S. Census Bureau (2000), *Statistical Abstract of the United States: the National Data Book*, Wash. , D. C. : U. S. Department of Commerce.

U. S. Department of State Bulletin, Vol. 31, No. 791, August23, 1954.

U. S. Department of State Bulletin, Vol. 32, No. 837, July11, 1955.

"U. S. Imperialism and Vietnam," *Political Affairs*, Nov 1963, Vol. Xlii, No. ii, 1 ~ 7.

Viorst, Milton (1979), *Fire in the Streets: America in the 1960s*, New York: Simon and Schuster.

Webb, James, "Peace? Or Defeat?" *The American Enterprise*, May/June, 1997, 46 ~ 49.

Weihrauch, Benjamin, "An Examination of the Vietnam Antiwar Movement at Wisconsin State University-La Crosse, 1965 ~ 1973," http://murphylibrary. uwlax. edu/digital/jur/2002/weihrauch. pdf.

Weinstein, James (1975), *Ambiguous Legacy: the Left in American Politics*, New York: New Viewpoints.

Wells, Tom (1994), *The War Within*, Berkeley: University of California Press.

Westby, David L. , and Richard G. Braungart, "Class and Politics in the Family Backgrounds of Student Political Activists,"*American Sociological Review*, Vol. 31, No. 5 (Oct. , 1966), 690 ~ 692.

Westmoreland, William C. , "Vietnam in Perspective,"*Military Review*, Vol. Lix, No. 1 (January1979), 34 ~ 43.

"What is CAN?" http://www. campusantiwar. net/index. php? option = content&task = view&id = 5&Itemid = 29.

Wicker, Tom, "Johnson Urges New Federalism to Rebuild U. S. ," *The New York Times*, Vol. cxiii, No. 38836 (May23 ~ 24, 1964), 1 and 3.

Williams, William A. (1962), *The Tragedy of American Diplomacy*, New York: Dell Publishing Co. , Inc.

——(1974), *History as a Way of Learning*, New York: New Viewpoint.

Wofford, Harris (1980), *Of Kennedys and Kings: Making Sense of the Sixties*, Pittsburgh: University of Pittsburgh Press.

Wolff, K. H. (ed. &trans.)(1950), *The Sociology of Georg Simmel*, New York: Free Press.

Yankelovich, Daniel (1974), *The New Morality*, New York: McGraw-Hill Book Company.

Young, Jeffrey R. , "Thousands of Students Walk out of Classes to Protest Possible War," *Chronicle of Higher Education*, Vol. 49, Issue 27 (3/14/2003), http://search. epnet. com/login. aspx? direct = true&db = aph&an = 9339465.